面向 21 世纪课程教材
国家外语非通用语种本科人才培养基地教

主　编　汪大年

缅甸语教程

第二册

本册编著　林　琼

北京大学出版社
北　京

图书在版编目(CIP)数据

缅甸语教程. 第二册/ 林琼编著. —北京：北京大学出版社，2004.8

ISBN 978-7-301-07646-0

Ⅰ. 缅…　Ⅱ. 林…　Ⅲ. 缅语-高等学校-教材　Ⅳ. H421

中国版本图书馆 CIP 数据核字(2004)第 069672 号

书　　　名：缅甸语教程　第二册
著作责任者：林　琼 编著
责 任 编 辑：杜若明
标 准 书 号：ISBN 978-7-301-07646-0/H·1077
出 版 发 行：北京大学出版社
地　　　址：北京市海淀区成府路 205 号　100871
网　　　址：http://cbs.pku.edu.cn
电　　　话：邮购部 62752015　发行部 62750672　编辑部 62753374
电 子 信 箱：zpup@pup.pku.edu.cn
排　版　者：北京华伦图文制作中心
印　刷　者：三河市博文印刷有限公司
经　销　者：新华书店
　　　　　　890 毫米×1240 毫米　A5　9.5 印张　261 千字
　　　　　　2004 年 8 月第 1 版　2022 年 11 月第 7 次印刷
定　　　价：28.00 元

编者的话

1. 《缅甸语教程》是教育部"高校外语专业面向 21 世纪教育内容和课程体系改革计划"中的入选项目,也是北京大学外语主干课程教材基础建设的一项重要科研任务。十五年前,我们曾经编写过《缅甸语基础教程》,出版后受到广大读者的欢迎,也被许多兄弟院校采用。但是,十多年来,国内外形势有了很大变化,尤其是进入 21 世纪,我国加入 WTO,客观形势对外语教学又提出了新的更高的要求。为了适应时代发展的需要,我们在总结以往经验和教训的基础上,重新编写了从基础到高级的全套《缅甸语教程》。

2. 《缅甸语教程》主要读者对象为大专院校缅甸语专业本科生,也可供从事缅甸语言教学和研究人员及自学人员参考和学习。

3. 《缅甸语教程》共分六册,供两个阶段学习:第一、第二、第三册为基础阶段教材,学习时间一般为一年半,共教词汇约 4500 个;第四、第五、第六册为提高阶段教材,学习时间为一年半,词汇量约 5000 左右。

  第一册(基础教程)为语音阶段和基础句型阶段所用。包括 12 课语音教材及 8 课基本句型为主的课文。语音阶段教学的主要目的是使学生掌握缅甸语的语音基础、熟练掌握缅甸语的发音、变音、声调、基本语调及缅甸文字拼写规律。第 13－20 课的课文阶段主要目的是使学生了解缅甸语的基本句子构成和常用语表达方式。还是以巩固基本语音、基本句型为主,不要求深入分析语法关系,同时以实用的日常会话来带动语音学习。

进大学学习缅甸语的学生与学英语的学生外语基础不同，学习缅甸语的学生都是从零开始，因此《缅甸语教程》特别重视语音的基本功训练。同时由于缅甸语中书面语体和口语体有较大的差别，往往形成学生学习中的障碍，为了尽快消除这些障碍，根据多年来的教学经验，我们采取在基础教材中口语体和书面语体同步前进的方式。

第二、第三册（基础教程），以基本词汇、基本语法和基本句型的教学为主，围绕生活会话的内容进行语言训练。要求经过三册的学习，达到了解和熟悉缅甸语的基本语言规律，较熟练地掌握生活会话。

第四、第五、第六册（高级教程），为提高阶段所用。这三册都以原文注释词汇和课文内容。通过大量练习，不断提高外语的理解能力和表达能力；通过对原文学习，使学生更多地了解缅甸的政治、经济、文化和风俗习惯等，进一步扩大学生的知识面和培养学生独立思考能力和解决问题的能力；通过大量严格的训练，全面提高学生的听、说、写、读等能力并熟练掌握汉缅、缅汉语言互译的基本技能和技巧。

4.《缅甸语教程》的主要特点是：

（1）以实践第一为原则：首先，我们筛选经典或精品作课文的主要内容，同时补充有时代感和前瞻性的作品。21世纪全球共同关注的经济一体化、发展高科技、加速信息化、远离艾滋病以及与缅甸关系密切的禁毒反毒等内容都在课文中有所反映。使学生真正做到学以致用。其次，注重"精讲多练"，扩大课文中的练习内容，使课堂不仅是老师授业的场所，更成为学生得到反复训练机会的场所。

（2）贯彻以人为本的原则：教材除提供各种丰富的练习内容，还提供了补充阅读材料，便于"因材施教"，使各类学生都能得到充分发挥的机会。同时，教材还着重考虑到调动和发挥学生的积极性,尤其是练习内容不仅要使学生学到有用的知识,更重要的是注重培养学生优良的道德品质和较强的独立思考和解决问题的能力。

(3) 确保教材的系统性和科学性:《缅甸语教程》包括缅甸语中基本语音、词汇、语法及习用语等,从基础教程到高级教程基本做到深浅合适,符合循序渐进的要求。

(4) 题材和体裁丰富多彩,并有多种常用的应用文内容,便于扩大学生的知识面和提高实际应用能力。

(5) 知识性与趣味性有机的结合:课文不仅内容丰富,形式多样并有许多诸如儿歌、成语、绕口令、谜语、讨论题、辩论题等生动内容,为学生创造轻松、自如的学习氛围,进行有效的学习。

5.《缅甸语教程》编委成员有:

汪大年、林琼、杨国影、姜永仁、姚秉彦、李谋

编写任务分工如下:

主　　编: 汪大年　(负责全书的审定)

分册编著:

第一册: 汪大年

第二册: 林　琼

第三册: 杨国影、汪大年

第四册: 姜永仁

第五册: 姚秉彦

第六册: 李　谋

6.《缅甸语教程》的编写,得到了教育部"高校外语专业面向 21 世纪教学内容和课程体系改革计划"项目的经费资助。同时也得到"北京大学创建世界一流大学计划"、"北京大学国家外语非通

用语种人才培养基地"的经费资助，使编写工作得以顺利完成。《缅甸语教程》的出版还得到北京大学基干课程教材出版基金的资助。

7. 《缅甸语教程》编写过程中，我们与兄弟院校的师生进行了广泛座谈和探讨，吸取了许多宝贵意见和他们的好经验。

8. 《缅甸语教程》的编写也受到北京大学外国语学院和东语系各级领导的关心和支持。责任编辑杜若明认真审读并提出了许多宝贵的修改意见。缅甸语言文化专业博士研究生祝湘辉和硕士研究生邹怀强在编写过程中，帮助做了许多具体工作。在此一并表示衷心的感谢。

9. 《缅甸语教程》的编写，经过反复的修改、补充，前后历时4年，大家都尽心尽力，埋头苦干，总希望能将教材编得最好。然而，毕竟编写教材是一项细致而又长期的科研工作，不可能毕全功于一役，也难以做到尽善尽美。《缅甸语教程》中难免有疏漏和不当之处，衷心希望和热诚欢迎本教程使用者提出宝贵意见和建议，使教材质量精益求精、不断提高。

编　者

2002.7.1

မာတိကာ

သင်ခန်းစာ(၁) 1
       ဖတ်စာ   တစ်နေ့တာ
       စကားပြော   အချိန်ကိုလေးစားပါ

သင်ခန်းစာ(၂) 20
       ဖတ်စာ   ပီကင်းတက္ကသိုလ်စာကြည့်တိုက်
       စကားပြော   စာတိုက်မှာ

သင်ခန်းစာ(၃) 39
       ဖတ်စာ   ပီကင်းတက္ကသိုလ်
       စကားပြော   အရှေ့တိုင်းဘာသာစကားဌာန

သင်ခန်းစာ(၄) 58
       ဖတ်စာ   မြန်မာပြည်ရာသီဥတု
       စကားပြော   ရာသီဥတု

သင်ခန်းစာ(၅) 73
       ဖတ်စာ   ဗမာ့ရေးရာသိကောင်းစရာ
       စကားပြော   မြန်မာလူမျိုးတို့၏နေလေ့ထုံးစံ

သင်ခန်းစာ(၆) 94
  ဖတ်စာ   မိဘဆီကိုပေးစာ
  စကားပြော မြန်မာမိတ်ဆွေဆီကစာတစ်စောင်

သင်ခန်းစာ(၇) 111
  ဖတ်စာ   ရန်ကုန်မြို့အကြောင်း
  စကားပြော ဘေကျင်းမြို့အကြောင်း

သင်ခန်းစာ(၈) 128
  ဖတ်စာ   ရိုင်းပင်းကူညီကြက်ခြေနီ
  စကားပြော ဆေးရုံသွားခြင်း

သင်ခန်းစာ(၉) 146
  ဖတ်စာ   မြေခွေးနဲ့ကျီးကန်း
  စကားပြော တယ်လီဖုန်းဆက်ခြင်း

သင်ခန်းစာ(၁၀) 163
  ဖတ်စာ   မြန်မာနိုင်ငံ
  စကားပြော ချစ်ကြည်ရေး

သင်ခန်းစာ(၁၁) 181
  ဖတ်စာ   သားတစ်ယောက်ကိုသာမြင်သည်
  စကားပြော ကုလားအုတ်တရား

သင်ခန်းစာ(၁၂) 198

	ဖတ်စာ	မြန်မာချစ်ကြည်ရေးအဖွဲ့အားဘောကျင်း၌ဂုဏ်ပြုစာည်းခံခြင်း
	စကားပြော	မြန်မာပြည်ကိုသွားခြင်း

သင်ခန်းစာ(၁၃) ၂၁၇

	ဖတ်စာ	ကျန်းမာရေးမျှား
	စကားပြော	ပြေးခုန်ပစ်ပြိုင်ပွဲ

သင်ခန်းစာ(၁၄) ၂၃၂

	ဖတ်စာ	စည်းလုံးခြင်းအကျိုး
	စကားပြော	စာမေးပွဲ

သင်ခန်းစာ(၁၅) ၂၄၉

	ဖတ်စာ	မစူးစမ်းမဆင်ခြင်သောယုန်သူငယ်
	စကားပြော	ပစ္စည်းဝယ်ခြင်း

ဝေါဟာရများ ၂၆၇

သင်ခန်းစာ (၁)

ဖတ်စာ

တစ်နေ့တာ

ကျွန်တော်နိုးလာသောအခါ ခြောက်နာရီထိုးရန် ၁၀ မိနစ်သာ လိုတော့သည်။ ဆောင်းရာသီဖြစ်၍ မိုးစင်စင်မလင်းသေးချေ။ မောင်လှမြိုင်ကမူ မနိုးသေးပါ။ သူ့ကို ကျွန်တော်နိုးလိုက်ရပါသည်။ ကျွန်တော်တို့သွားတိုက်၊ မျက်နှာသစ်၊ ကိုယ်လက်သုတ် သင်ကြသည်။ နံနက်စာမစားမီ အချိန်အနည်းငယ်ရှိသေး၍ ကျွန်တော်တို့က မြန်မာစာ ဖတ်ကြပါသည်။ ၇ နာရီခွဲမှ ထမင်းစားရံသို့ သွားကြပါသည်။

အင်္ဂါနေ့မနက်ပိုင်းတွင် ၈ နာရီမှ ၁၂ နာရီအထိ ကျွန်တော်တို့သင်တန်းတက်ကြ ရပါသည်။ ကျွန်တော်တို့အားလုံး အချိန်ကိုလေးစားသူဖြစ်ကြ၍ အတန်းကို နောက်ကျ သွားလေ့မရှိပါ။ ကျောင်းမတက်မီ စာသင်ခန်းသို့ ကြိုတင်ရောက်ကြပါသည်။

၁၂ နာရီတိတိမှ ကျွန်တော်တို့ နေ့လယ်စာသွားစားကြသည်။ ထမင်းစားပြီးလျှင် တစ်နာရီကြာ အနားယူချိန်ရပါသည်။ နှစ်နာရီကျမှ ကျောင်းတက်ရပါသည်။ တနင်္လာ နေ့နှင့်ကြာသပတေးနေ့တွင် လေးနာရီအထိ တက်ကြရပြီး အင်္ဂါနေ့နှင့်သောကြာနေ့ တွင်မူ ငါးနာရီအထိ တက်ကြရပါသည်။

ညနေတိုင်း တစ်နာရီကြာ ကျန်းမာရေးလေ့ကျင့်ကြပါသည်။ ရေချိုးပြီးမှ ညစာ သွားစားလေ့ရှိကြပါသည်။

ညတွင်မူ ကျောင်းတက်စရာမရှိပါ။ စာကြည့်တိုက်သို့သွားပြီး စာကျက်လေ့ရှိသည်။ သတင်းစာလည်းဖတ်လေ့ရှိကြသည်။ ည ၁၀ နာရီခွဲမှ အခန်းသို့ပြန်ကြသည်။

အခြားသူအား အနှောင့်အယှက်မပေးရန် ဖြည်းညင်းစွာ အိပ်ရာဝင်ကြပါသည်။

***** ***** *****

စကားပြော

အချိန်ကိုလေးစားပါ

က။ ကျောင်းသား

ခ။ ထွန်းကလေး

က။ ။ ဟေ့–ထွန်းကလေး–ထ–ထ။

ခ။ ။ ဟင်–ဘယ်နှစ်နာရီထိုးပြီလဲ။

က။ ။ ခြောက်နာရီတောင်ထိုးတော့မယ်။

ခ။ ။ ခြောက်နာရီထိုးဘို့ဘယ်နှစ်မိနစ်လိုသေးသလဲ။

က။ ။ ခြောက်နာရီထိုးဘို့ငါးမိနစ်ဘဲလိုတော့တယ်။

ခ။ ။ ဟာ–စောပါသေးတယ်။

က။ ။ မစောတော့ဘူး။

ခ။ ။ ဘာဖြစ်လို့လဲ။

က။ ။ ဒီနေ့ကျနော်တို့အားလုံးပြွဲသွားကြည့်ကြမယ်။ မင်းလိုက်မယ်မဟုတ်လား။

ခ။ ။ လိုက်မှာပေါ့။

က။ ။ ဒါဖြင့် အခုဘဲထ။ မြန်မြန်သွားတိုက်၊ မျက်နှာသစ်။ ခြောက်နာရီမထိုးခင် အားလုံးအဆင်သင့်လုပ်လိုက်။ ကားမှတ်တိုင်မှာသွားစုရမယ်။

ခ။ ။ ပြပွဲသွားကြည့်တာဘဲ။ အရေးကြီးတဲ့ကိစ္စလုပ်တာမဟုတ်ဘူး။ နှန်နှောက်ကျ
 ယင်လဲကိစ္စမရှိဘူး။
က။ ။ မဟုတ်ဘူးလေ။ ချိန်းထားတာကခြောက်နာရီတစ်မတ်မှာလူစုရမယ်။ ထရော့
 လီဘတ်စ်နဲ့သွားကြမယ်။ အချိန်မီမသွားယင်ဘယ်ကောင်းမလဲ။
ခ။ ။ အေး–ဟုတ်ပါတယ်။ ဒါဖြင့် ကျနော်အခုဘဲထမယ်။
က။ ။ ခြောက်နာရီတောင်ထိုးပြီ။ မြန်မြန်လုပ်လိုက်နော်။
ခ။ ။ စိတ်ချပါ။ ငါးမိနစ်အတွင်းအပြီးလုပ်လိုက်မယ်။
က။ ။ အင်း–ပြီးပြီလား။ ကောင်းပါတယ်။ လေးမိနစ်ဘဲကြာတယ်။
ခ။ ။ ဟုတ်တာပေါ့။ ကျနော်ကအချိန်ကိုလေးစားတဲ့လူပါ။ က–သွားကြရအောင်။
 ဆယ်မိနစ်ကြာလမ်းလျှောက်ရအုံးမယ်။
က။ ။ ကောင်းပါပြီ။ သွားကြစို့။

*****   *****   *****

စကားပုံ

အချိန်နှင့် ဒီရေသည်လူကိုမစောင့်

အချိန်သည် ရပ်နားခြင်းမရှိ။ မှန်မှန်သွားနေသည်။ ဒီရေသည်လည်း ၄င်း၏အ
တက်အကျကို မှန်မှန်တက်ကျနေသည်။ မည်သူ့ကိုမျှစောင့်ဆိုင်းခြင်းမရှိ။ မည်သူစောင့်
ဆိုင်းခိုင်း၍လည်းမရပေ။ ထို့ကြောင့် ဤစကားပုံသည်မိမိအလုပ်ကို အချိန်မီလုပ်ဆောင်
သင့်ကြောင်း သတိပေးသည့်စကားပုံဖြစ်သည်။

*****   *****   *****

ဝေါဟာရ

နိုး (က) 醒

စင်စင် (ကဝ) 完全地，清楚地

လင်း (က)	天亮
နှိုး (က)	叫醒，唤醒
ကိုယ်လက်သုတ်သင် (က)	（雅）解手、上厕所
အနည်းငယ် (န)	少许，稍
ကြိုတင် (ကဝ)	预先，提前
အနှောင့်အယှက် (န)	妨碍，干扰
ဖြည်းညင်းစွာ (ကဝ)	轻手轻脚地，轻轻地
အိပ်ရာဝင် (က)	睡觉
လေးစား (က)	尊重
အဆင်သင့် (ကဝ)	准备好
ကားမှတ်တိုင် (န)	汽车站
စု (က)	集合
ချိန်း (က)	约定，相约
အချိန်မီ (ကဝ)	及时
စိတ်ချ (က)	放心
အတွင်း (န)	中间，之内
လမ်းလျှောက် (က)	步行

ရှင်းပြချက်

၁။ ။ 缅甸语的时间表达法：

နာရီ 小时、点　　မိနစ် 分　　စက္ကန့် 秒

询问时间时，一般用下列两种句型：

- အခုဘယ်အချိန်ရှိပြီလဲ။ 　　现在什么时候了？
- အခုဘယ်နှစ်နာရီထိုးပြီလဲ။ 　　现在几点了？

回答时有多种表达方式。ဥပမာ-

၈ : ၀၀　ရှစ်နာရီထိုးပြီ။
　　　　ရှစ်နာရီတိတိရှိပြီ။
၈ : ၀၅　ရှစ်နာရီငါးမိနစ်ရှိပြီ။
၈ : ၁၅　ရှစ်နာရီဆယ့်ငါးမိနစ်ရှိပြီ။
　　　　ရှစ်နာရီတစ်မတ်ရှိပြီ။
၈ : ၂၉　ရှစ်နာရီနှစ်ဆယ့်ကိုးမိနစ်ရှိပြီ။
　　　　ရှစ်နာရီခွဲဘို့တစ်မိနစ်လိုတယ်။
၈ : ၃၀　ရှစ်နာရီခွဲပြီ။
၈ : ၄၀　ရှစ်နာရီမိနစ်လေးဆယ်ရှိပြီ။
၈ : ၄၅　ရှစ်နာရီလေးဆယ့်ငါးမိနစ်ရှိပြီ။
　　　　ရှစ်နာရီသုံးမတ်ရှိပြီ။
　　　　ကိုးနာရီထိုးဘို့တစ်မတ်လိုတယ်။
　　　　ကိုးနာရီထိုးဘို့ဆယ့်ငါးမိနစ်လိုတယ်။
၈ : ၅၅　ရှစ်နာရီငါးဆယ့်ငါးမိနစ်ရှိပြီ။
　　　　ကိုးနာရီထိုးဘို့ငါးမိနစ်လိုတယ်။

表示时间的长短时，一般在时间后加"ကြာ"。ဥပမာ-

　　- နှစ်နာရီကြာစောင့်တယ်။
　　　等了两个小时。

　　- နာရီဝက်ကြာလမ်းလျှောက်ခဲ့တယ်။
　　　走了半个小时。

表示"在什么时间"时，一般在时间后加状语助词"မှာ"。ဥပမာ-

　　- ၇ နာရီ ၁၅ မိနစ်မှာသူလာတယ်။
　　　他是七点十五分时来的。

　　- ၉ နာရီမိနစ် ၂၀ မှာမီးရထားထွက်မယ်။
　　　火车将在九点二十开。

၂။ ။ ဘို့ 状语助词。口语体,用于动词或名词、代词之后。书面语体为"ရန်",表达下列各种意思:

၁၊ 表示动作的目的。ဥပမာ–

– စာအုပ်ဝယ်ဘို့မြို့ထဲသွားတယ်။
进城去买书。(进城的目的是为了买书。)

– သူများအားအနှောင့်အယှက်မပေးရန်အပြင်သွားစကားပြောသည်။
为了不打扰别人,到外面去说话。

– ခင်ဗျားကိုပေးဘို့ယူလာတာပါ။
是给你拿来的。

– ဒီစာအုပ်ဟာသူ့ဘို့ဝယ်လာတာပါ။
这本书是给他买来的。

၂၊ 表示时间。用于"离几点差几分"的句型中。ဥပမာ–

– ကိုးနာရီထိုးဘို့တစ်မိနစ်ဘဲလိုတော့တယ်။
只差一分钟就九点了。

– ငါးနာရီထိုးဘို့နာရီဝက်ရှိသေးတယ်။
离五点还差半个小时呢!

၃။ ။ သေး၊ တော့ 助词。用于动词之后,表示不同的感情色彩。

၁၊ 表示从容时用"သေး"。ဥပမာ–

– ကိုးနာရီထိုးဘို့ ၁၀ မိနစ်လိုသေးတယ်။
离九点还差十分钟呢。

– ကျောင်းအောင်ဘို့တစ်နှစ်လောက်လိုသေးတယ်။
还有一年才毕业呢。

၂၊ 表示紧迫时用"တော့",常与"ဘဲ"搭配使用,"ဘဲ"的书面语为"သာ"。ဥပမာ–

– ကိုးနာရီထိုးဘို့ ၁၀ မိနစ်ဘဲလိုတော့တယ်။

只差十分钟就九点了。

- ကျောင်းအောင်ဘို့တစ်နှစ်ဘဲလိုတော့တယ်။
  还有一年就要毕业了。

၄။ ။ 及物动词和不及物动词

可以带宾语的动词称为及物动词,不可以带宾语的动词称为不及物动词。ဉပမာ-

及物动词:　　ကြိုက်　　喜欢　　　မြင်　　看见
　　　　　　　ရိုက်　　　打

不及物动词:　　ပျံ　　　飞　　　　နာ　　　痛
　　　　　　　 ငို　　　 哭

有些动词,例如"ရယ်"笑,既可以作及物动词,又可以作不及物动词。ဉပမာ-

- သူရယ်နေတယ်။
  他正在笑。(不及物动词)

- သူ့ကိုရယ်နေကြတယ်။
  大家正在笑他。(及物动词)

有些不及物动词可以通过形态变化变成及物动词。例如有些不及物动词为不送气音,变成送气音即变成及物动词。ဉပမာ-

ကျ　　　落下(不及物)　　→　　ချ　　　使落下、降下(及物)
ကျိုး　　断(不及物)　　　→　　ချိုး　　折断(及物)
ကြောက်　害怕(不及物)　→　　ခြောက်　恫吓(及物)

将有鼻辅音或边音的不及物动词加上送气音"ှ",变成及物动词。ဉပမာ-

နိုး　　　醒(不及物)　　　→　　နှိုး　　　唤醒(及物)
လွတ်　　自由(不及物)　　→　　လွှတ်　　释放(及物)

နိမ့်　　　低的（不及物）　→　နှိမ့်　　　降低（及物）

5. ၍ 连词。书面语体，用于主从复句中表示原因的从句之后。口语体为 "လို့"。ဥပမာ-

- ဆောင်းရာသီဖြစ်၍မိုးစင်စင်မလင်းသေးချေ။
  因为是冬季，所以天还没大亮。
- နေမကောင်း၍ကျောင်းပျက်ခဲ့ရသည်။
  生病了，所以没上学。
- နားမလည်သေးလို့ဆရာ့ကိုသွားမေးမယ်။
  还没弄懂，所以要去请教老师。
- မိုးရွာ၍လမ်းချောသည်။
  因为下雨，路很滑。

6. မှ 语气助词。表示强调，可用于各种句子成分之后，相当于汉语 "才" 的意思。书面语和口语体形式相同。ဥပမာ-

- ၅ နာရီမှလာမယ်။
  五点才来。
- ဒါမှကောင်းတယ်။
  只有这样才好呢！
- မနေ့ကမှပြန်လာသည်။
  昨天才回来。

မှ 作连词时，用于动词和形容词之后，表示前面分句为条件，相当于汉语 "……才……"。ဥပမာ-

- ဆရာရှင်းပြပြီးမှကျနော်နားလည်သဘောပေါက်လာတယ်။
  老师讲解之后，我才弄明白。
- ဈေးသက်သာမှအရောင်းတွင်မည်။

薄利才能多销。
- စစ်ရောက်မှမြား ချွန်
临阵（才）磨枪。

၇။ ။ မှ---အထိ 习用形式。书面语体，表示从某一时间、地点开始，直到某一时间、地点为止。口语体为"က---အထိ"。ဥပမာ-
- ကျွန်တော်သည်အိမ်မှကျောင်းအထိလမ်းလျှောက်သွားသည်။
我从家步行到学校。
- ဘေကျင်းမြို့မှရန်ဟယ်မြို့အထိမီးရထားနှင့်သွားမည်ဆိုလျှင်ဘယ်လောက် ကြာမည်နည်း။
从北京乘火车到上海要多久？
- ကျွန်တော် ၆ နှစ်မှ ၁၀ နှစ်အထိဤမြို့တွင်နေသည်။
我从六岁到十岁一直住在这座城市里。
- နံနက် ၉ နာရီမှည ၆ နာရီအထိဖွင့်သည်။
从早上九点一直开到下午六点。

၈။ ။ တိုင်း 后缀。用于名词或动词之后，表示"每……"的意思。
ဥပမာ-

နေ့တိုင်း	每天	လုပ်တိုင်း	每次做……
နှစ်တိုင်း	每年	ငှား:တိုင်း	每次借……
လူတိုင်း	每人	ပြောတိုင်း	每次说……

၉။ ။ ဟင် 感叹词。用于句首，表示听不清、有疑问，语调向上。
ဥပမာ-
- ဟင်-ဘာပြောတယ်။
嗯？你说什么？

- ဟင်–ဘယ်နှစ်နာရီထိုးပြီလဲ။

  啊？几点了？

၁၀။ ဟာ 感叹词。用于句首，表示埋怨、不耐烦或不满意。ဥပမာ–

- ဟာ–စောပါသေးတယ်။

  哎呀，还早着呢！

- ဟာ–မလုပ်နဲ့ဗျာ။

  哎，别这样干！

- ဟာ–ဒုက္ခပါဘဲ။

  哎呀，糟糕！

၁၁။ ဘာဖြစ်လို့လဲ။ 习用形式。意即"为什么？"

၁၂။ ဒါဖြင့် 插入语。多用于口语中，表示转折语气，意为"那么"。ဥပမာ–

- က။ ကျနော်ရုပ်ရှင်မကြည့်ချင်ဘူး။

  甲：我不想去看电影。

- ခ။ ဒါဖြင့် ပြပွဲသွားကြည့်ကြရအောင်။

  乙：那咱们去看展览吧！

- က။ ကျနော်လဲဆပ်ပြာဝယ်ချင်တယ်။

  甲：我也想买肥皂。

- ခ။ ဒါဖြင့် လိုက်ခဲ့။

  乙：那你就跟我走吧。

၁၃။ အခုဘဲ 习用形式。表示"马上、立即"的意思。

၁၄။ ။ ကိစ္စမရှိဘူး။ ။ 习用形式。表示"不要紧，不用多虑"，相当于汉语"没事儿"、"没关系"的意思。

၁၅။ ။ မဟုတ်ဘူးလေ။ ။ 习用形式。表示不赞成、不同意对方的意见，相当于汉语"那怎么行呢"。

၁၆။ ။ 反义疑问句。用反问的形式来表示否定的意思。ဥပမာ-
- ဘယ်ကောင်းမလဲ။
怎么会好呢？（意即：不好。）
- ဘယ်သိမလဲ။
怎么会知道呢？（意即：不知道。）
- ဘယ်သဘောတူမလဲ။
怎么会同意呢？（意即：不同意。）
- အချိန်မီမသွားယင်ဘယ်ကောင်းမလဲ။
不准时到达多不好啊！

၁၇။ ။ အေး: 感叹词。用于句首，表示同意或允诺。ဥပမာ-
- အေး-ကောင်းပါတယ်။
嗯，好的。
- အေး-ငါသဘောတူပါတယ်။
好，我同意。
- အေး-အေး-သွား၊သွား။
嗯，去吧！去吧！
- အေး-အဲဒီအတိုင်းဘဲလုပ်ပါ။
嗯，就这样办吧！

၁၈။ တောင် 语气助词。口语体，表示强调，相当于汉语"甚至"、"连"的意思。它可以放在各种句子成分之后，表示对不同成分的强调。书面语为"ပင်"。ဥပမာ-

- လိပ်တောင်ရောက်ပြီ။ ဘာဖြစ်လို့ယုန်ကမရောက်သေးသလဲ။
    连乌龟都到了，怎么兔子还没到呢？（强调主语）
- သူတောင်မသိဘူး။ ကျနော်ဘယ်သိမလဲ။
    连他都不知道，我怎么会知道呢？（强调主语）
- ဒါကိုတောင်မသိဘူးလား။
    连这个也不知道呀？（强调宾语）
- သူ့ကိုတောင်မပေးဘူးလား။
    连他都不给呀？（强调宾语）
- သင်ခန်းစာ ၆ ကိုတောင်ဖတ်ပြီးပြီ။
    连第六课都看完了。（强调宾语）
- ကျနော်တို့အခန်းမှာတောင်ရှိတယ်။
    就连我们的房间里也有。（强调状语）
- တရုတ်ပြည်မြောက်ပိုင်းမှာတောင်စပါးစိုက်နေပြီ။
    甚至在中国北方地区也种植水稻了。（强调状语）

၁၉။ အင်း 感叹词。用于句首，表示深有感触或若有所悟。ဥပမာ-

- အင်း-ကောင်းပါတယ်။
    嗯，不错！
- အင်း-အခုမှသဘောပေါက်လာတယ်။
    嗯，现在才明白过来。
- အင်း-ဘာလိုလိုနဲ့တစ်နှစ်တောင်ပြည့်သွားပြီ။
    唉，不知不觉已经过了一年了！

သင်ခန်းစာ (၁)

လေ့ကျင့်ခန်း

၁။ ။ အောက်ပါမေးခွန်းများကိုဖြေပါ။

၁။ သူဘယ်အချိန်နိုးလာသလဲ။
၂။ ခြောက်နာရီတောင်ထိုးတော့မယ်။ ဘာဖြစ်လို့မိုးမလင်းသေးသလဲ။
၃။ နံနက်စာမစားခင်သူဘာလုပ်သလဲ။
၄။ ဘယ်အချိန်မှာသူထမင်းစားရုံကိုသွားသလဲ။
၅။ သူနေ့တိုင်းအချိန်မီကျောင်းသွားသလား။
၆။ နေ့လယ်တိုင်းမှာအနားယူချိန်ရသလား။
၇။ နေ့တိုင်းဘယ်နှစ်နာရီကြာကျောင်းတက်ရသလဲ။
၈။ ညမှာကျောင်းတက်စရာရှိသေးသလား။
၉။ ညမှာဘာတွေလုပ်လေ့ရှိကြသလဲ။
၁၀။ ညမှာအခန်းကိုပြန်လာတဲ့အခါသူများကို အနှောင့်အယှက်မပေးဘို့ ဘယ်လိုလုပ်ကြရသလဲ။
၁၁။ ညမှာဘယ်ကိုသွားပြီးစာကျက်လေ့ရှိပါသလဲ။
၁၂။ မနက်စာမစားခင်ကျွန်မာရေးလေ့ကျင့်ကြသလား။
၁၃။ နေ့တိုင်းဗမာစာသင်တန်းရှိပါသလား။
၁၄။ ကျောင်းတက်စရာမရှိတဲ့အခါဘာတွေလုပ်လေ့ရှိပါသလဲ။
၁၅။ ခင်များကအချိန်ကိုလေးစားသလား။

၂။ ။ အောက်ပါစကားပြောများကိုမြန်မာဘာသာသို့ပြန်ဆိုပါ။
貌钦貌基，你今天晚上有课吗？
没有。干吗？
我这儿有两张电影票，是美国电影，想去看吗？
当然想了！电影几点开始？
六点半。
大约要放映多长时间？

可能要两个小时,九点以前就可以回来了。
那你六点十分来叫我一下,咱们骑车去。
好的。

你的火车票买好了吗?
买好了。明天我就回家了。
明天几点的火车?
晚上九点四十七分的。
什么时候能到家?
从北京到上海大约要十三个小时。后天下午一点左右就到了。
你的东西都收拾好了吗?
哎呀,还早着哪!明天再收拾吧。

北大图书馆什么时候开放?
每天早上七点半到晚上十点开放。
中午不休息吗?
中午有一个半小时的休息时间。是从中午十二点一刻到下午一点三刻。
星期六和星期天呢?
星期六也开放。星期天休息。

၃။ ။ အောက်ပါပုံစံအတိုင်းအမေးအဖြေလုပ်ပါ။
 (၁) ဘယ်နှစ်နာရီထိုးပြီလဲ။
  ၅ နာရီထိုးပြီ။
  ၁: ၀၀ ၂: ၁၅ ၃: ၃၀ ၄: ၄၅ ၁၂: ၄၅

သင်ခန်းစာ (၁)

(၂) ဘယ်အချိန်ရှိပြီလဲ။
    ၃ နာရီ ၁၃ မိနစ်ရှိပြီ။
    ၃း ၁၃   ၂း ၁၉   ၉း ၄၀   ၆း ၃၃   ၁း ၃၃

(၃) ၆ နာရီခွဲပြီလား။
    ၆ နာရီမခွဲသေးဘူး။
    ၆ နာရီခွဲဘို့ ၂ မိနစ်လိုသေးတယ်။
    ၆ နာရီခွဲဘို့ ၂ မိနစ်ဘဲလိုတော့တယ်။
    ၅း ၂၇ ၄း ၂၃ ၃း ၂၆ ၂း ၂၉ ၁း ၂၁

(၄) ၁ နာရီထိုးဘို့ဘယ်နှစ်မိနစ်လိုသေးသလဲ။
    ၁ နာရီထိုးဘို့ ၁ မိနစ်လိုသေးတယ်။
    ၁ နာရီထိုးဘို့ ၁ မိနစ်ဘဲလိုတော့တယ်။
    ၂း ၁၉ ၄း ၃၃ ၅း ၅၈ ၁၀း ၅၅ ၁၁း ၅၂

၄။ ။ အောက်ပါဝါကျများကိုမေးခွန်းဝါကျအဖြစ်ပြင်ရေးပါ။
    ၁။ တနင်္ဂနွေတစ်ပတ်မှာ ၇ ရက်ရှိပါတယ်။
    ၂။ ပထမသင်တန်းချိန်မှာ ၈ နာရီက ၉ နာရီအထိဖြစ်ပါတယ်။
    ၃။ ကျနော်တို့နေ့တိုင်း ၆ နာရီမှာညစာစားကြတယ်။
    ၄။ သူတို့နေ့တိုင်းတစ်နာရီကြာကျန်းမာရေးလေ့ကျင့်ကြတယ်။
    ၅။ ကျောင်းသားတို့ဟာခြောက်နာရီမှာအိပ်ရာထလေ့ရှိတယ်။
    ၆။ ထမင်းမစားခင်ဗမာစာဖတ်ကြတယ်။
    ၇။ သူတို့အတန်းကကျောင်းသူများဟာပြပွဲသွားကြည့်ကြတယ်။
    ၈။ သူတို့ ၈ နာရီမှကျောင်းကိုသွားကြတယ်။
    ၉။ ညနေမှာနာရီဝက်လောက်ဆွေးနွေးကြတယ်။
    ၁၀။ မြို့ထဲကိုထရော့လီဘတ်စ်နဲ့သွားကြမယ်။

၁၁။ ၁၀ မိနစ်အတွင်းပြီးသွားမယ်။

၁၂။ ခင်ဗျားနိုးလာတဲ့အခါခြောက်နာရီထိုးပြီ။

၁၃။ သူ့ကိုကျွန်တော်နိုးလိုက်ရပါတယ်။

၁၄။ အိပ်ရာထပြီးကျွန်တော်တို့ချက်ချင်းသွားတိုက်၊ မျက်နှာသစ်ကြတယ်။

၁၅။ မနက်စာမစားခင်ကျွန်တော်တို့နာရီဝက်လောက်ကျန်းမာရေးလေ့ကျင့်ကြတယ်။

၁၆။ အဂီနေ့ညနေမှာတရုတ်သမိုင်းသင်တန်းရှိတယ်။

၁၇။ ညနေတိုင်းကျွန်တော်တို့ကျောင်းချိန် ၄ ချိန်ရှိပါတယ်။

၁၈။ ညတိုင်းကျွန်တော်တို့စာကြည့်တိုက်ကိုသွားပြီးစာဖတ်လေ့ရှိကြတယ်။

၁၉။ ညဆယ်နာရီခွဲမှအခန်းကိုပြန်ရောက်ကြတယ်။

၂၀။ အိပ်ရာမဝင်ခင်ကျွန်တော်တို့သွားတိုက်လေ့ရှိကြပါတယ်။

၅။ ။ အောက်ပါစကားလုံးအသီးသီးတို့ကိုကွက်လပ်တွင်ဆီလျော်အောင်ဖြည့်ပါ။

အေး   ဟင်   ဟေ့   အင်း   ဟာ

၁။ ------ ကောင်းလေး၊ ဒီလိုမလုပ်နဲ့။

၂။ မောင်ကျော်စိုး၊ လာခဲ့။
   ------ လာခဲ့မယ်။

၃။ ဆရာ၊ ကျွန်တော်သွားစရာရှိသေးတယ်။ ခွင့်ပြုပါအုန်း။
   ------ သွားတော့၊ သွားတော့။

၄။ မေမေ သားသူငယ်ချင်းအိမ်ကိုသွားလည်ချင်တယ်။
   ------ သွားချင်သွားပါ။

၅။ ------ မောင်ဘ၊ မြန်မြန်လာခဲ့။

၆။ ------ နားမလည်သေးဘူးလား။

၇။ ------ ငါသဘောတူပါတယ်။

၈။ ------ ဘာလိုလို့တစ်နှစ်တောင်ပြည်သွားပြီ။

၉။ ------ ဟိုကောင်လေးကသီချင်းဆိုပြန်ပြီ။

သင်ခန်းစာ (၁)

၁၀။ ------ဟုတ်လား၊ ဒါလဲကိစ္စမရှိပါဘူး။

၆။ ။ ဝိုက်ကွင်း၌ယှဉ်တွဲဖော်ပြထားသောစကားလုံးထဲမှဆီလျော်သောစကားလုံး ကိုရွေးချယ်ပါ။
၁။ ဆောင်းရာသီရောက်တော့သစ်ဟောင်းကြွေ(ကျ၊ ချ)တယ်။
၂။ ဥယျာဉ်ထဲမှာပန်းပေါင်းများစွာ(ပွင့်၊ ဖွင့်)နေကြတယ်။
၃။ မေမေသည်သားလေးကို(နိုး၊ နိုး)လိုက်သည်။
၄။ သားတို့ကခဲတံကို(ကျိုး၊ ချိုး)ပေမဲ့ ခဲတံ(ကျိုး၊ ချိုး)မသွားပါဘူး။
၅။ ကုန်စုံဆိုင်ကဘယ်အချိန်ကစပြီးဘယ်အချိန်အထိ(ပွင့်၊ ဖွင့်)သလဲ။
၆။ ကား(ပျက်၊ ဖျက်)လို့နောက်ကျတယ်။
၇။ စျေးနှန့်(လျော့၊ လျှော့)ပေးပါ။
၈။ ဘာမှမပြောဘဲ(လွတ်၊ လွှတ်)ပေးထားတယ်။
၉။ ပန်းကန်လွတ်ကျလို့(ကွဲ၊ ခွဲ)သွားသည်။
၁၀။ နိုင်ငံတော်အလံကိုတိုင်ထိပ်သို့ဖြည်းညင်းစွာ(လွှင့်တင်၊ လွင့်တင်) လိုက်သည်။

၇။ ။ အောက်ပါစကားလုံးများဖြင့်ဝါကျဖွဲ့ပါ။
---က---အထိ ၍ မှ တောင် ဘာဖြစ်လို့

၈။ ။ အောက်ပါဝါကျများကိုတရုတ်ဘာသာသို့ပြန်ဆိုပါ။
၁။ မမလိုင်နဲ့ ၇ နာရီချိန်းထားတယ်။ မသွားယင်ဘယ်ကောင်းမလဲ။
၂။ မနက်ဖြန်နံနက် ၈ နာရီကားမှတ်တိုင်မှာစုမယ်လို့ချိန်းထားတယ်။
၃။ အိုသွားတဲ့အခါလူတိုင်းအဲဒီလိုဘဲမေ့တတ်တယ်။
၄။ နောက်နှစ်ပတ်ခန့်အကြာတွင်သူအိမ်ပြန်သွားသည်။
၅။ ကျောင်းဆင်းပွဲမတိုင်မီသုံးပတ်ခန့်အလိုမှာသူနဲ့တွေ့သည်။
၆။ အဲဒီနေ့ကသူတစ်ယောက်တည်းတံခါးပိတ်ပြီးနောက်စာရေးတယ်။

၇။ မနေ့ကကျမနဲ့သူငယ်ချင်းများနာရီပေါင်းများစွာဆွေးနွေးခဲ့ကြသည်။

၈။ ကျန်မသည် ၁၉၉၀ ပြည့်နှစ်တွင်တက္ကသိုလ်အောင်သည်။ ထိုနောက်ခြောက်နှစ်တာကာလအတွင်း ကျန်မသည် မူလတန်းကျောင်းဆရာမလုပ်ခဲ့သည်။

၉။ လွန်ခဲ့သော ၁၅ နှစ်ခန့်ကဖြစ်ပါသည်။ ကျန်မသည်ချစ်သူနှင့်အိမ်ထောင်ကျ (结婚) သည်။

၁၀။ လွန်ခဲ့သောနှစ်အနည်းငယ်ကအတွေ့အကြုံတစ်ခုကိုပြောပါမည်။

၉။ ။ အောက်ပါဝါကျများကိုမြန်မာဘာသာသို့ပြန်ဆိုပါ။

(1) 今天下午的讨论会两点开始。

(2) 九点五十打下课铃。

(3) 电影七点一刻开始，我们提前半个小时去。

(4) 快点儿走吧，差十分钟就七点了。迟到了多不好呀！

(5) 哎呀，还早着呢！别着急！

(6) 电影七点一刻才开始呢！

(7) 我每天十点半左右上床睡觉，大约睡八个小时。

(8) 你同他约好了吗？

(9) 约好十点二十五在公园门口见面。

(10) 连老师都知道了，你怎么会不知道呢？

(11) 因为最近天气太冷了，所以很多人感冒。

(12) 因为作业多，所以这个星期天没有回家。

(13) 为了不影响(ထိခိုက်)他人的身体健康，请勿在室内吸烟。

(14) 昨天晚上我看完了这本书才去睡觉。

（15）从北京到仰光要坐四个多小时的飞机。

（16）我 1998 年至 2002 年在北京大学东语系学习。

（17）从宿舍到教室要走 15 分钟。

（18）都快 12 点了，他怎么还不回来呢？

（19）他每天都在图书馆闭馆之后才回宿舍。

（20）他很爱吃苹果。这些苹果是为他买来的。

အပိုဖတ်စာ

သားအဖနှင့်စပါးနှံ

တစ်ခါက လယ်သမားတစ်ယောက်ကသားကိုခေါ်ပြီး လယ်ကွင်းဆင်းတယ်။ သား အဖနှစ်ယောက်လယ်ကွင်းကိုရောက်တဲ့အခါ စပါးခင်းများကိုကြည့်ကြတယ်။ သားက တစ်ချို့စပါးနှံများထောင်နေတာကိုတွေ့တယ်။

သားက ဖေဖေ ဟိုထောင်နေတဲ့စပါးနှံတွေဟာ တန်ခိုးကြီးကြတယ်ထင်တယ်။ သူ့အနားက စပါးနှံတွေက ရှိခိုးနေကြတယ်ထင်တယ်လို့ ပြောတယ်။ ဟိုအခါ အဖေက ထောင်နေတဲ့စပါးနှံနဲ့ ကိုင်းညွှတ်နေတဲ့စပါးနှံကို နှိုက်ပြီး သားကို ပြတယ်။ ငါ့သား၊ ကိုင်းညွှတ်နေတဲ့စပါးနှံဟာ မိမိကိုယ်ကိုနှိမ်ချတယ်။ အသီးအောင်တယ်။ ထောင်နေတဲ့ စပါးနှံကတော့ ဘဝင်မြင့်တယ်။ အသီးလဲမအောင်ဘူး။ လောကမှာ ပညာမရှိတဲ့သူဟာ ထောင်နေတဲ့စပါးနှံလိုပဲ ကိုယ့်ကိုယ်ကိုအထင်ကြီးတယ်။ ပညာရှိသူကတော့ ကိုင်းညွှတ် နေတဲ့စပါးနှံလိုပဲ ကိုယ့်ကိုယ်ကိုနှိမ်ချတယ်။

သင်ခန်းစာ (၂)

ဖတ်စာ

ပီကင်းတက္ကသိုလ်စာကြည့်တိုက်

ပီကင်းတက္ကသိုလ်ကျောင်းဝင်းထဲတွင် ခန့်ညားသော အဆောက်အအုံကြီးတစ်ခု ရှိသည်။ ၎င်းသည် ပီကင်းတက္ကသိုလ်စာကြည့်တိုက်ကြီးဖြစ်၏။

ပီကင်းတက္ကသိုလ်စာကြည့်တိုက်အသစ်သည် ခြောက်ထပ်တိုက်ဖြစ်သည်။ ဧရိယာမှာ စုစုပေါင်းစတုရန်းမီတာ ၅၁ သောင်းခန့်ရှိသည်။ ဤစာကြည့်တိုက်ထဲတွင် အခန်းမျိုးစုံရှိ၏။ ကျောင်းသားစာဖတ်ခန်း၊ ဘွဲ့လွန်ကျောင်းသားစာဖတ်ခန်း၊ ကျောင်းဆရာစာဖတ်ခန်း၊ စာအုပ်ငှါးခန်းစသည်ဖြင့်ခွဲထား၏။ စာကြည့်တိုက်တွင် စာအုပ်ပေါင်း လေးသန်းခြောက်သိန်းတစ်သောင်းကျော်ရှိ၍ တရုတ်ပြည်တွင် ဒုတိယအကြီးဆုံးစာကြည့်တိုက်ဖြစ်သည်ဟုသိရှိရပါသည်။ ယခုတလော ခေတ်မီသောစက်ကရိယာများလည်း တပ်ဆင်ထားပြီးဖြစ်သည်။ ဥပမာဆိုလျှင် ကွန်ပျူ့တာစက်များတပ်ဆင်ထား၍ ကွန်ပျူ့တာဖြင့် စာအုပ်ကက်တလောက်ရှာနိုင်ပါပြီ။ စာအုပ်ရှာပေးသောအခါမှာ အော်တိုမက် တစ်စက်နှင့်အသုံးပြုသဖြင့် ကြာကြာစောင့်ရန် မလိုတော့ချေ။ မိတ္တူကူးခန်းလည်းရှိ၍ စာအုပ်ထဲမှ လိုချင်သောအပိုင်းများကို ပုံတူကူး၍လည်းရသည်။ အင်တာနက်မှတစ်ဆင့် နိုင်ငံတကာနာမည်ကျော်စာကြည့်တိုက်များမှ စာအုပ်များလည်း သိရှိနိုင်သည်။ အပြင် လိုအပ်သောအပိုင်းများလည်း အလွယ်တကူကူးယူနိုင်ပါသည်။

ကျောင်းသူကျောင်းသားဆိုလျှင် စာအုပ်ငှါးလက်မှတ်တစ်ယောက်တစ်ခုစီပေးပြီး စာအုပ်ငှါးကတ်ပြားငါးချပ်စီရှိသည်။ ဘွဲ့လွန်ကျောင်းသားနှင့်ဆရာတို့ဆိုလျှင် စာအုပ်ငှါးကတ်ပြားဆယ်ချပ်စီရှိသည်။ တက္ကသိုလ်စာကြည့်တိုက်က နေ့တိုင်းနက် ၈ နာရီမှနေ၍ ည ၁၀ နာရီအထိဖွင့်ပါသည်။ စနေနေ့နှင့်တနင်္ဂနွေနေ့ညတိုင်း ပီကင်းတက္ကသိုလ်

သင်ခန်းစာ (၂)

စာကြည့်တိုက်တွင် နောက်ဆုံးပေါ်ဗွီဒီယိုလည်းပြလေ့ရှိသည်။

စကားပြော

စာတိုက်မှာ

က။ ကျောင်းသူ
ခ။ စာတိုက်စာရေးမ

က။ ။ တံဆိပ်ခေါင်းဘယ်မှာဝယ်ရပါသလဲရှင်။
ခ။ ။ ဒီမှာလဲရပါတယ်ရှင်။
က။ ။ ကျမမိတ်ဆွေဆီကို စာနှစ်စောင်ထည့်မလို့။ တစ်စောင်က ရှမ်းဟဲကို၊ တစ်စောင်က ရန်ကုန်ကို။ ခေါင်းဘယ်လောက်ကပ်ရမလဲ။
ခ။ ။ ရှမ်းဟဲဆိုယင်ပြား ၈၀။
က။ ။ ရန်ကုန်ဆိုယင်ကော။
ခ။ ။ ရိုးရိုးစာဆိုယင် ၃၊ ယွမ်နဲ့ပြား ၄၀၊ လေကြောင်းနဲ့ဆိုယင်၊ နေအုန်း၊ အဘိုး နှန်းဇယားကြည့်လိုက်အုန်းမယ်။ ခြော-ရန်ကုန်ကိုလေကြောင်းနဲ့ပို့မယ်ဆို ယင် ၅ ယွမ်နဲ့ပြား ၄၀ ကပ်ရပါတယ်ရှင်။
က။ ။ ဘယ်နှစ်ရက်ကြာမလဲ။

ခ။ ။ ရိုးရိုးစာဆိုင်ယင်ရက် ၂၀ ကျော်မယ်။ လေကြောင်းနဲ့ဆိုင်ယင် ၅ ရက်လောက်ပါ။ မှတ်ပုံတင်နဲ့ဆိုင်ယင် ၁၀ ရက်လောက်ကြာမယ်။

က။ ။ ဒါဖြင့် လေကြောင်းနဲ့ဘဲပို့မယ်။

ခ။ ။ ကောင်းပါပြီ။ ဒါက ပြား ၈၀ တန်၊ ဒါက ၅ ယွမ်တန်တစ်လုံး၊ ပြား ၄၀ တန်တစ်လုံး။

က။ ။ ကျေးဇူးဘဲ။ ဒါနဲ့၊ ဒီမှာစာအိတ်နဲ့စာရေးစက္ကူရှိပါသလား။

ခ။ ။ ဟိုဘက်ကန်ပတ် ၃ ကောင်တာမှာရောင်းပါတယ်။

က။ ။ ဒါဖြင့်၊ ဒီမှာစာပို့လွှာ(ပို့စကတ်)ကော၊ ရှိပါသလား။

ခ။ ။ ရှိပါတယ်။ ဘယ်နှစ်ချပ်ယူမလဲ။

က။ ။ နှစ်ချပ်ပေးပါ။ ရော့ပိုက်ဆံ။

ခ။ ။ အနုပ်တွေမရှိဘူးလားရှင်။ ကျမမှာ အကြွေတွေများလို့ အမ်းဘို့ခက်တယ်ရှင်။

က။ ။ ကျမမှာ ၁၀၀ တန်ဘဲရှိတယ်။ ခြော်-ဆယ်ပြားတန်အစေ့တော့ ၂ လုံးရှိတယ်။

ခ။ ။ ခေါင်းကပ်ပြီး ဟိုစာပုံထဲထည့်လိုက်ပါ။ ကော်ကတော့ဟိုကြေခွက်ထဲမှာရှိပါတယ်။

က။ ။ ကျေးဇူးတင်ပါတယ်ရှင်။

ခ။ ။ ရပါတယ်ရှင်။

***** ***** *****

စကားပုံ

ပညာရွှေအိုးလူမခိုး

မိမိမှာရှိတဲ့၊ ပစ္စည်းဥစ္စာရွှေငွေတနာတို့ကို သူတပါးခိုးယူသွားရင် မိမိမှာ ဘာမှမကျန်တော့ပါဘူး။ ဒါပေမဲ့ တန်ဘိုးရှိတဲ့ပညာကို မိမိတတ်ထားရင် ဘယ်သူမှ ခိုးယူသွား လို့မဖြစ်ပါ။ အဲဒါကြောင့် လူတိုင်းမှာ ပညာကိုအချိန်ရှိခိုက် ရနတစိုက်သင်ယူသင်ပါတယ်။

ဝေါဟာရ

မြန်မာ	တရုတ်
ခန့်ညား (နဝ)	宏伟
အဆောက်အအုံ (န)	建筑物
ထပ် (မ)	层
ဧရိယာ (န၊လိပ် area)	面积
စတုရန်း (န၊ပါဠိ)	平方
မီတာ (န၊လိပ် meter)	米
ခန့် (ပ)	大约
စာဖတ်ခန်း (န)	阅览室
ဘွဲ့လွန်ကျောင်းသား (န)	研究生
ခွဲ (က)	分开，分成
သိရှိ (က)	知道
ယခုတလော (န)	最近
ခေတ်မီ (က)	现代化
စက်ကရိယာ (န)	机器
အသုံးပြု (က)	使用
တပ်ဆင် (က)	安装
ဥပမာ (န)	例子
ငှား (က)	借
ကွန်ပျူတာ (န၊လိပ် computer)	计算机
နံပတ်စဉ် (န၊လိပ်+မြန် number +စဉ်)	编号
မိတ္တူကူး (က)	复印
အပိုင်း (န)	部分
ပုံတူကူး (က)	复制
အလွယ်တကူ (ကြ)	方便地、容易地
နိုင်ငံတကာ (န)	国际

ကတ်ပြား (နုလိပ်+မြန် card +ပြား:)	证、卡
ချပ် (မ)	张、片
ဖွင့် (က)	开，开放
နောက်ဆုံးပေါ် (နဝ)	最新的
ဗွီဒီယို (နုလိပ် video)	录像
ကက်တလောက် (နုလိပ် catalogue)	目录
အော်တိုမက်တစ် (နဝုလိပ် automatic)	自动的
စာတိုက် (န)	邮局
စာရေး (န)	职员
စာရေးမ (န)	女职员
တံဆိပ်ခေါင်း (န)	邮票
ခေါင်း (န)	邮票
စောင် (မ)	封，张，篇
ထည် (က)	放入
ကပ် (က)	贴
ရိုးရိုး (နဝ)	普通
လေကြောင်း (န)	航空
အဘိုးနှုန်း (န)	价格
ဇယား (န)	图表
မှတ်ပုံတင် (က)	挂号
တန် (က)	值
လုံး (မ)	枚，颗，粒，只
စာအိတ် (န)	信封
စာရေးစက္ကူ (န)	信纸
ကောင်တာ (နုလိပ် counter)	柜台
စာပို့လွှာ (န)	明信片

သင်ခန်းစာ (၂)

ပို့စကတ် (န၊လိပ် post card)	明信片
အနပ် (န)	零钱
အမ်း (က)	找钱
စာပုံး (န)	邮筒
ကော် (န)	胶水
ကြွေခွက် (န)	搪瓷杯
အကြွေ (န)	钢镚儿、零钱

ရှင်းပြချက်

၁။ 性：语法范畴之一，它与动植物中的雌雄属性是完全不同的两种概念。语法范畴的 "性" 是表示名词、代词的类别的一种手段。缅甸语中名词和代词本身没有 "性" 的范畴。但在缅甸语中表示具体生物的性别的方式是有一定的规律的。

ဥပမာ-

（1）用不同的代词来表示说话人的性别。

男用	女用	词义
ကျွန်တော်(口语用 ကျွနော်)	ကျွန်မ(口语用 ကျွမ)	我
ခင်ဗျား	ရှင်	您

（2）在名词后加 "မ"，表示女性。

男性	女性	词义
ဆရာ	ဆရာမ	老师
ဆရာဝန်	ဆရာဝန်မ	医生
စာရေး	စာရေးမ	职员

(3) 在名词后加 "သား", 表示男性, 在名词后加 "သူ", 表示女性。

男性	女性	词义
ကျောင်းသား	ကျောင်းသူ	学生
မြို့သား	မြို့သူ	市民
ရွာသား	ရွာသူ	村民

(4) 用 "ဖို၊ ထီး၊ ဖ" 表示雄性动物, 用 "မ" 表示雌性动物。

雄性	雌性	词义
ခွေးထီး	ခွေးမ	狗
ငန်းဖို	ငန်းမ	鹅
နွားထီး	နွားမ	牛
ကြက်ဖ	ကြက်မ	鸡

၂။ ။ ၎င်း 指示代词。书面语体, 也可写成 "လည်းကောင်း", 指前面提及的事物, 表示 "该、那" 的意思。口语体一般用 "အဒီ၊ အဲဒါ" 表示。ဥပမာ-

— ကနေ့ညအစည်းအဝေးကျင်းပမည်။ ၎င်းနောက်ရုပ်ရှင်ပြမည်။
今晚开会, 然后放电影。

— ဖေဖေသည် ဖောင်တိန်တစ်ချောင်းဝယ်လာသည်။ ၎င်းဖောင်တိန်ကို ကျွန်တော်ကြိုက်ပါသည်။
爸爸买了一枝钢笔, 我喜欢这枝钢笔。

— ၎င်းမြို့သို့မသွားခဲ့ချေ။
没去该城市。

၃။ ။ မှာ 主语助词。用于名词、代词或句子之后, 说明主语本身

的状况。书面语体与口语体相同。ဥပမာ-

- ဦးမြမှာသားနှစ်ယောက်ရှိသည်။
  吴妙有两个儿子。
- ၄င်းတိုက်ကြီး၏ဧရိယာမှာစတုရန်းမီတာနှစ်သောင်းခန့်ရှိသည်။
  那座大楼的面积大约有两万平方米。
- မောင်စင်ကြယ်မှာရိုးသားသူတစ်ဦးဖြစ်သည်။
  貌新洁是个老实人。

၄။ **ခန့်.** 助词。书面语体,用在数量词后,表示"大约、估计"的意思。口语体为"လောက်"。ဥပမာ-

- ကျွန်တော်တို့အိမ်သည်ကျောင်းနှင့်မိုင်ဝက်ခန့်ဝေးသည်။
  我们家离学校大约有半英里远。
- ဤအခန်းသည်လူငါးရာခန့်ဆံ့သည်။
  这个房间大约能容纳五百人。
- နောက်ထပ်နာရီဝက်ခန့်စောင့်ဆိုင်းရသည်။
  大约要再等半小时。

၅။ **စသည်ဖြင့်.** 习用形式。书面语体,用于列举的名词之后,组成状语,表示"以……等"的意思。也可用"စသဖြင့်၊စသည်အားဖြင့်"。口语体为"စတာနဲ့"。ဥပမာ-

- စာကြည့်တိုက်တွင်စာဖတ်ခန်း၊ စာအုပ်ငှါးခန်းစသည်ဖြင့်ခွဲထားသည်။
  图书馆里分阅览室、图书借阅室等。
- ကြက်ဥ၊ ဂျုံမှုန့်၊ သကြားစသည်ဖြင့်မုန့်လုပ်သည်။
  用鸡蛋、面粉、糖等制作糕点。
- တပ်မှူး၊ အတန်းမှူး၊ အဆောင်မှူးစသည်ဖြင့်သုံးလေ့ရှိသည်။
  有队长、班长、楼长等用法。

၆။ အ----ဆုံး: 习用形式。中间加入动词或形容词，构成的词组表示最高的程度级别。ဥပမာ-

- အကောင်းဆုံး
  最好
- အမြင့်ဆုံး
  最高
- ကျနော်တို့အတန်းမှာမောင်မေကအသက်အငယ်ဆုံးဘဲ။
  在我们班玛丁梅年纪最小。
- တရုတ်ပြည်မှာဂုမ်ဟိုမြစ်ဟာဒုတိယအရှည်ဆုံးမြစ်ဖြစ်ပါတယ်။
  黄河是中国的第二大河流。

၇။ ၍ 连词。书面语体，连接动词或形容词，表示动作或状态的并列或递进关系。口语体为"ပြီး"。ဥပမာ-

- နေမင်းသည်အရှေ့မှထွက်၍အနောက်သို့ဝင်သည်။
  太阳从东方升起，在西边落下。
- မောင်ဘသည် မောင်ကျော်ဝင်းထံ စာတစ်စောင်ရေး၍ အကြောင်းကြား လိုက်၏။
  貌巴写了一封信通知了貌觉温。
- မြို့ထဲသွားပြီးစာအုပ်ဝယ်တယ်။
  进城买书。

၈။ ၍ 状语助词。书面语体，用于动词或形容词之后，后面的动词或形容词往往说明前面动词或形容词的程度或结果，相当于汉语"……起来……"的意思。口语体为"လို့"。ဥပမာ-

- စား၍ကောင်း၏။
  好吃。（吃起来很好。）

– ကျွန်တော်ရောက်တော့သူတို့ထမင်းစား၍မပြီးသေးချေ။
我到达时，他们还没吃完饭。

– ဝယ်လို့ရတယ်။
买得到。

– အိပ်လို့မပျော်စားလို့မဝင်။
吃不香睡不着。

၉။ **မှတစ်ဆင့်** 习用形式。书面语体，用于名词之后，表示"通过……"、"经过……"之意。口语体为"ကတစ်ဆင့်"。ဥပမာ-

– နွေရာသီကျောင်းပိတ်ရက်တွင်အညာမှတစ်ဆင့်ထိုင်းနိုင်ငံသို့သွားမည်။
暑假期间将经上缅甸去泰国。

– နှစ်ဦးနှစ်ဖက်အင်တာနက်မှတစ်ဆင့်ဆက်သွယ်ခဲ့ကြသည်။
双方通过互联网进行联系。

– မူးယစ်ဆေးဝါးပမာဏရဲ့ ၇၀ ရာခိုင်နှုန်းကိုတောင်ဖလော်ရီဒါပြည်နယ်က တစ်ဆင့် ဝင်ကြတယ်လို့သိရပါတယ်။
据悉：百分之七十的毒品是经南佛罗里达州进入的。

၁၀။ **မှနေ၍---အထိ** 习用形式。书面语体，表示"从……开始，到……止"之意。口语体为"ကနေပြီး---အထိ"。可以省略为"မှ---အထိ"，口语体为"က---အထိ"。ဥပမာ-

– သင်ခန်းစာ ၁ ကနေပြီးသင်ခန်းစာ ၂၀ အထိပြန်ကျက်တယ်။
从第一课一直复习到第二十课。

– ကျွန်တော်သည်အိမ်မှကျောင်းအထိလမ်းလျှောက်သွားသည်။
我从家步行去学校。

– နံနက်ငါးနာရီကညခြောက်နာရီအထိဖွင့်ထားတယ်။
早上五点至下午六点开门。

၁၁။ ။ ဆီ 助词。口语体,用在人称名词或人称代词之后,表示方位、处所。常与表示方位、处所的助词"ကျ၊မှာ၊မှာ"等连用,表示"……那儿"之意。书面语为"ထံ"。ဥပမာ-

- မိဘဆီကိုစာရေးပေးတယ်။
   给父母写信。
- သူ့ဆီကိုသွားမယ်။
   到他那儿去。
- ဒါမောင်ဘဆီကယူလာတာပါ။
   这是从貌巴那儿拿来的。
- ဒါကျနော်တို့ဆီမှာအများကြီးဘဲ။
   这在我们那儿很多。
- ကျနော့်စာအုပ်ဟာသူ့ဆီမှာရှိပါတယ်။
   我的书在他那儿。

如果"ဆီ"前面的名词或代词是低平调的,要变成高降调。ဥပမာ-

- သူ့ဆီမှာရှိတယ်။
   他那儿有。
- ငါ့ဆီကိုမလာနဲ့။
   别到我这儿来。

၁၂။ ။ ဆိုယင် 习用形式。口语体,用于名词、短语或句子之后,表示一种假设和条件。书面语为"ဆိုလျှင်"。ဥပမာ-

- မြို့ထဲဆိုယင်ပြား ၆၀ တန်တံဆိပ်ခေါင်းကပ်ရတယ်။
   市内的信要贴六角的邮票。
- ကျောင်းသားဆိုယင်ကျောင်းဝတ်စုံဝတ်ရတယ်။
   学生就必须穿校服。

- မင်းကိုကိုဆိုယင်ရေးပြီးတာကြာပြီ။
    要是你哥哥的话，早就写完了。
- မင်းအားမယ်ဆိုယင်နက်ဖြန်လာခဲ့ပါ။
    你要有空儿的话，就明天来吧。

၁၃။ ။ နဲ့ 状语助词。口语体，用于名词之后，说明动作的方式，表示"用……"、"以……"之意。书面语为"ၼင့်ျဖင့်"。ဥပမာ-

- ဖောင်တိန်နဲ့စာရေးတယ်။   用钢笔写信。
- လက်နဲ့ထမင်းစားတယ်။   用手吃饭。

课文中"လေကြောင်းနဲ့ဆိုယင်"是一句省略形式，完整的句子应为："လေကြောင်းနဲ့ပို့မယ်ဆိုယင်……"。口语中，如果上下文明确，常常用省略的形式。

၁၄။ ။ နေအုန်း 插入语。常在口语中用，表示请对方稍等一下。相当于汉语的"等一等"、"等一下"、"请先别……"。ဥပမာ-

- နေအုန်း၊ ကျနော်အခုဘဲရှာပေးမယ်။
    等一下，我现在就给你找。
- နေအုန်း၊ ကျနော်ဝင်ကြည့်လိုက်မယ်။
    等等，我进去看一下。
- နေအုန်း၊ ဒီဖတ်စာလဲယူသွားပါ။
    等一下，把这课本也带上吧。

၁၅။ ။ လိုက် 助词。用于动词之后，表示动作在短暂的时间内发生或结束。在祈使句中，常相当于汉语"一下"的意思。ဥပမာ-

- ဘာမှမရေးလိုက်ရသေးဘူး။

什么也没写呢!
- ညနေလာခဲ့ပါလို့ပြောလိုက်ပါပြီ။
已经说过让他下午来了。
- မောင်မောင်တံခါးဖွင့်လိုက်ပါ။
貌貌,请开门吧!

၁၆။ ။ ဒါနဲ့ 插入语。改换话题时用。ဥပမာ-
- ဒါနဲ့၊ ရှင့်အသက်ဘယ်လောက်ရှိပြီလဲ။
(那么),你多大年纪了?
- ဒါနဲ့၊ ခင်ဗျားဘယ်နေ့အိမ်ပြန်မလဲ။
对了,你哪天回家?
- ဒါနဲ့၊ ခင်ဗျားမနက်ဖြန်အားလား။
对了,你明天有空吗?

***** ***** *****

လေ့ကျင့်ခန်း
၁။ ။ အောက်ပါမေးခွန်းများကိုဖြေပါ။
၁။ ပီကင်းတက္ကသိုလ်စာကြည့်တိုက်ဟာ အကျယ်အဝန်းဘယ်လောက်ရှိသလဲ။
၂။ စာကြည့်တိုက်မှာစာအုပ်ပေါင်းဘယ်လောက်ရှိပါသလဲ။
၃။ တရုတ်ပြည်မှာအကြီးဆုံးစာကြည့်တိုက်ဟာဘယ်စာကြည့်တိုက်လဲ။
၄။ အဲဒီစာကြည့်တိုက်ကိုဘယ်နှစ်ကတည်ဆောက်ထားတာလဲ။
၅။ စာအုပ်ငှါးချင်ယင်ဘယ်လိုငှါးရပါသလဲ။
၆။ တစ်ခါဆိုယင်စာအုပ်ဘယ်နှစ်အုပ်ငှါးနိုင်ပါသလဲ။
၇။ ကိုယ်ငှါးချင်တဲ့စာအုပ်ကိုဘယ်လိုရှာရပါသလဲ။

၈။ စာကြည့်တိုက်ထဲမှာမိတ္တူကူးယင်ပိုက်ဆံပေးရသလား။
၉။ အပြင်ကလူတွေဆိုယင်စာအုပ်ငှါးလို့ရလား။
၁၀။ စာကြည့်တိုက်နေ့တိုင်းဖွင့်သလား။
၁၁။ နေ့တိုင်းဘယ်အချိန်မှာဖွင့်သလဲ။
၁၂။ စာအုပ်တစ်ခါငှါးယင်ဘယ်နှစ်ရက်ကြာငှါးနိုင်သလဲ။
၁၃။ ကျွန်မနဲ့မဂ္ဂဇင်းတွေကိုငှါးလို့ရသလား။
၁၄။ စာအုပ်ငှါးတိုင်းဘာပါရသလဲ။
၁၅။ ဘယ်လိုနည်းနဲ့စာအုပ်ရှာတာအမြန်ဆုံးလဲ။

၂။ အောက်ပါစကားပြောများကိုမြန်မာဘာသာသို့ပြန်ဆိုပါ။
请问，附近有邮局吗？
有，就在商店和银行的旁边。
可以往国外寄包裹吗？
当然可以了。
有卖北大明信片的吗？
有。

请给我拿两张邮票。
要多少钱一张的？
八毛一张的。
一块六。
给，十块。
没零钱吗？
没有。
给，这是两张邮票，这是找你的八块四。
能给我两张纪念邮票吗？

只有普通邮票。

劳驾，请问往美国寄信最少要多少钱？
五块四。
往港澳呢？
港澳的话要两块五。
往本市寄信当天能收到吗？
不好说。你最好投到黄帽子的信筒里。
有什么不同吗？
普通信筒一天开两次，黄帽子信筒一天开四次。
太好了。谢谢。

၃။ ။ အောက်ပါဝါကျများကိုမှန်အောင်ပြင်ပါ။

၁။ စာကြည့်တိုက်သွားပြီးစာထည်မယ်။

၂။ လာမယ့်တနင်္ဂနွေနေ့မှာရေကူးကန်ဖွင့်မယ်။ ကျောင်းသူကျောင်းသား အားလုံးရေသွားကူးကြတယ်။

၃။ အခုဘယ်နာရီထိုးပြီလဲ။

၄။ ခေါင်းမကပ်တဲ့စာထည်ဆိုယင်မရောက်ပါဘူး။

၅။ စာအိတ်ပေါ်တိုင်းတံဆိပ်ခေါင်းကပ်ရပါတယ်။

၆။ နံနက် ၈ နာရီကနေပြီးနေ့လယ် ၁၂ အတန်းတက်ရတယ်။

၇။ စာသင်ခန်းထဲကဆေးလိပ်မသောက်ပါနဲ့။

၈။ ခင်ဗျားတို့ဘယ်တော့သီချင်းဆိုကြမလား။

၉။ လုပ်စရာတွေကအချိန်မီပြီးအောင်လုပ်လိုက်ပါ။

၁၀။ စာကြည့်တိုက်မှာနံနက် ၇ နာရီကည ၁၀ နာရီအထိပွင့်သလား။

သင်ခန်းစာ (၂)

၄။ ။ ကွက်လပ်ဖြည့်ပါ။
၁။ မြို့ထဲသွားမယ်------ဘတ်စ်ကားနဲ့သွားမယ်။
၂။ ခေါင်းကပ်ပြီးစာပုံးထဲထည့်------ပါ။
၃။ ဘယ်သူ့------လာတဲ့စာလဲ။
၄။ နေ့------လိုလိုကျောင်းတက်စရာရှိတယ်။
၅။ စာအိတ်ပေါ်မှာခေါင်းကပ်------ကျနော့်ကိုပေးပါ။
၆။ ဘာစာအုပ်ငှါးမလို့လဲ။ အင်္ဂလိပ်စာအုပ်ငှါး------လား။
၇။ ရေနွေးမသောက်ချင်ဘူး။ ရေအေး------သောက်မယ်။
၈။ အစည်းအဝေးစတော့မယ်။ သူ့ကိုခေါ်------ပါ။
၉။ ဒီပေါင်မုန့်စား------သိပ်ကောင်းတယ်။
၁၀။ မနေ့ကကျမရုပ်ရှင်သွားကြည့်တယ်။ ------ရုပ်ရှင်ကိုကျမလုံးဝမကြိုက်ဘူး။
၁၁။ ကျောင်းသား------ကိုစာအုပ်ငှါးလက်မှတ်ပေးတယ်။
၁၂။ ဒီဝေါဟာရဖတ်------ခက်တယ်။
၁၃။ အဆောင်ကနေပြီးဝေ့မင်းကန်------လမ်းလျှောက်ယင် ၅ မိနစ်ကြာမယ်။
၁၄။ မနက်ဖြန်ကျနော်တို့ရုပ်ရှင်သွားကြည့်------။
၁၅။ စာကြည့်တိုက်ကမြန်မာသတင်းစာငှါး------ဖတ်တယ်။

၅။ ။ အောက်ပါပေးထားသောစကားလုံးများမှ ဆီလျော်သောစကား လုံးဖြင့်ကွက်လပ်များတွင်ဖြည့်ပါ။
၁။ ထုတ် ထုပ်
(က) ချော------ကိုကျစ်ကျစ်------ထားပါ။
(ခ) ကျောင်းက------ပစ်လိုက်သည်။
၂။ ပြား များ
(က) ပြည်တွင်းစာပို့မယ်ဆိုယင်------(၈၀)ကပ်ရပါတယ်။

(ခ) ------- ရည်သည်အာဟာရအတော်များသည်။

၃။ တံ တန်
(က) ဤပစ္စည်းသည် ------- ဖိုးကြီး၏။
(ခ) အမှိုက်များကို ------- မြက်စည်းဖြင့်လှည်းပါ။

၄။ ယု ရု
(က) ကျန်းမာရေးဂ ------- စိုက်ကြပါ။
(ခ) ကလေးငယ်လူမမယ်များကို ------- ယကြင်နာပါ။

၅။ လုပ် လုတ်
(က) တစ် ------- စားဖူး၊ သူ့ကျေးဇူးဟူ၍စကားပုံရှိသည်။
(ခ) ------- အားတန်ဖိုးချစ်မြတ်နိုးကြပါ။

၆။ ။ အောက်ပါစကားလုံးများဖြင့်ဝါကျဖွဲ့ပါ။

ဆိုယင်   နဲ့   မှနေ၍---အထိ   စသည်ဖြင့်   ၍

၇။ ။ အောက်ပါစာပိုဒ်များကိုတရုတ်ဘာသာသို့ပြန်ဆိုပါ။

၁။ စာကြည့်တိုက်တွင် ပုံပြင်စာအုပ်၊ ဝတ္ထုစာအုပ် (小说)၊ ကဗျာစာအုပ်၊ ရုပ်ပြစာအုပ်၊ လစဉ်ထုတ်မဂ္ဂဇင်းများ၊ စာစောင်များနှင့် နေ့စဉ်ထုတ်သတင်းစာများရှိပါသည်။

၂။ စာကြည့်တိုက်တွင် စာအုပ်များကို နှစ်မျိုးခွဲထားပါသည်။ တမျိုးမှာ စာကြည့်တိုက်အတွင်း၌သာ ဖတ်ရန်ဖြစ်ပါသည်။ စွယ်စုံကျမ်း၊ (百科全书) အဘိဓာန်၊ (字典) စာလုံးပေါင်းသတ်ပုံကျမ်း (正字法) စသည်စာအုပ်များကို စာကြည့်တိုက်အတွင်း၌ ဖတ်ရပါသည်။ အိမ်သို့ ငှါးခွင့်မပေးပါ။ အခြားပုံပြင်၊ ကဗျာ၊ ဗဟုသုတဖြစ်ဖွယ်စာအုပ်များကိုမူ အိမ်သို့ ငှါး၍ ဖတ်ခွင့်ပြုပါသည်။

၃။ ကျွန်မတို့သည် ကျောင်းစာကြည့်တိုက်သို့ အားလပ်ချိန်တိုင်း သွားရောက်၍ စာဖတ်ကြပါသည်။ အချို့စာအုပ်များက ကျွန်မတို့ကိုအပျင်း

ပြေစေသည်။ အချို့စာအုပ်များက ဗဟုသုတများဖြစ်စေသည်။ အချို့စာအုပ်ကမူ ကျောင်းသင်ခန်းစာများကို အထောက်အကူပြုပါသည်။ ကျောင်းစာကြည့်တိုက်သည် ကျွန်မတို့ကို အသိအလိမ္မာတိုးစေသည့် နေရာပင်ဖြစ်ပါသည်။။

၈။ ။ အောက်ပါဝါကျများကိုမြန်မာဘာသာသို့ပြန်ဆိုပါ။

(1) 你到哪儿去？我打算去北大游泳馆游泳。
(2) 没课的话，我就去图书馆看书。
(3) 你问他一下，晚上看不看电影。
(4) 天热时我几乎天天去游泳。
(5) 等一下，你刚刚说什么？
(6) 我们系里的图书室就能借到外文书。
(7) 这种衣服现在还买得到吗？
(8) 从星期一至星期五每天上六节课。
(9) 寒假期间我经广州到深圳去旅游。
(10) 假期里我们同学之间通过电子邮件联系。
(11) 从学校到火车站很远，要倒两次车。
(12) 我们俩从下午一直聊到天黑。
(13) 每次她到我们家来玩儿，我父母都很高兴。
(14) 我通过他的老师了解了他在学校的情况。
(15) 太阳从东方升起，在西边落下。
(16) 本系的师生可凭借书证入馆查书。
(17) 系图书馆藏有中文、英文、日文、泰文、缅文等十几种报纸。
(18) 这本小说是从李老师那里借来的。
(19) 如果坐火车回家，就会便宜很多。

（20）告诉他明天下午两点在系里开会。

အပိုဖတ်စာ

<h3 style="text-align:center">မြို့နှစ်မြို့</h3>

မြို့ကြီးတစ်မြို့၏အဝင်ဝနား ခရီးသွားတစ်ယောက်ဆိုက်ရောက်လာသည်။

မြို့ထဲမဝင်မီ လမ်းဘေးမှာ ထိုင်နေသည့် မိန်းမတစ်ယောက်ကို သူမေးသည်။

"ဒီမြို့ကလူတွေ ဘယ်လိုစိတ်သဘောထားမျိုးရှိကြသလဲဗျ။"

အမျိုးသမီးကပြန်မေးသည်။ "ရှင်ထွက်လာခဲ့တဲ့မြို့ကလူတွေကော ဘယ်လိုသဘောမျိုးရှိကြသလဲ။"

"ဆိုးပါ့ဗျာ၊ အင်မတန်ယုတ်မာကောက်ကျစ်တဲ့လူတွေ၊ လုံးဝယုံကြည်လို့မရတဲ့လူတွေ၊ ကောင်းကွက်ဆိုလို့ တစ်စက်ကလေးမှ မရှိတဲ့လူတွေ။" သူကမဲ့ရွဲ့ရွဲ့ပြန်ဖြေသည်။

"အင်း၊ ဒီမြို့ထဲကလူတွေလဲ အဲဒီပုံစံအတိုင်းပဲ။ ရှင်တွေ့ရဦးမှာပါ။" အမျိုးသမီးကဆိုလိုက်သည်။

များမကြာမီပင် နောက်ခရီးသည်တစ်ယောက် မြို့နားရောက်လာပြန်ကာ အမျိုးသမီးအား မြို့ထဲကလူတွေအကြောင်းမေးပြန်သည်။ သည်အခါ အမျိုးသမီးကလည်း ပထမခရီးသည်တုန်းကအတိုင်း သူလာခဲ့သည်မြို့က လူတွေအကြောင်း ပြန်လှန်မေးခွန်းထုတ်ပြန်သည်။

"အင်မတန်စိတ်သဘောကောင်းကြပါတယ်ဗျာ၊ ရိုးသားတယ်၊ အလုပ်ကြိုးစားတယ်၊ သူများအောင်လဲရက်ရောကြပါတယ်၊ ကျွန်တော် အဲဒီက ထွက်လာရတာ စိတ်မကောင်းဘူး။" ဒုတိယခရီးသည်က လိုက်လဲ့သောလေသံဖြင့် ဆိုလေသည်။

သည်အခါ ပညာရှိအမျိုးသမီး အဖြေပေးလိုက်သည်။

"ရှေ့ကမြို့ထဲမှာလဲ အဲဒီလိုလူမျိုးတွေပဲ ရှင်ထပ်တွေ့ရမှာပါ။" ဟု၏။

သင်ခန်းစာ (၃)

ဖတ်စာ

ပီကင်းတက္ကသိုလ်

    ပီကင်းတက္ကသိုလ်ကို ၁၈၉၈ ခုနှစ်တွင် တည်ထောင်ခဲ့သည်။ ယခုဆိုလျှင် ၎င်း ၏သက်တမ်းသည် (၁၀၆) နှစ်ရှိသွားပေပြီ။

    ပီကင်းတက္ကသိုလ်၏တိုးတက်သောအင်အားစုများသည် မေလ–၄ ရက်နေ့အရေး တော်ပုံတွင်၎င်း၊ ဒီမိုကရေစီတော်လှန်ရေးတွင်၎င်း၊ တက်ကြွစွာပါဝင်ဆင်နွှဲခဲ့ကြသည်။ တရုတ်ပြည်သစ် တည်ထောင်ပြီးသည်နောက်တွင်လည်း ဆိုရှယ်လစ်လောကထူထောင် ရေးလုပ်ငန်းများကို အင်တိုက်အားတိုက်လုပ်ဆောင်ခဲ့ကြသည်။ တရုတ်ပြည်ကွန်မြူနစ် ပါတီကို စတင်တည်ထောင်သူဖြစ်ကြသော လီတာ့ကျောင်း၊ မော်စီတုန်းနှင့် နာမည် ကျော်စာဆိုတော်ကြီးလူရှွင်တို့သည် ပီကင်းတက္ကသိုလ်တွင် အလုပ်လုပ်ခဲ့ဖူးကြသည်။

    ယခုဆိုလျှင် ပီကင်းတက္ကသိုလ်တွင် ဓာတုဗေဒသိပ္ပံ၊ ပါဏဗေဒသိပ္ပံ၊ ဥပဒေပညာ သိပ္ပံ၊ နိုင်ငံခြားဘာသာစကားသိပ္ပံနှင့် ဘောဂဗေဒသိပ္ပံစသည်သိပ္ပံ ၁၀ ခုရှိသည်။ သမိုင်းဌာန၊ ကွန်ပျူတာဌာန၊ စိတ်ပညာဌာနနှင့် တရုတ်ဘာသာစကားဌာနစသည် မဟာ ဌာနပေါင်း ၃၁ ခုရှိသည်။ ထိုပြင် သုတေသနဌာနပေါင်း ၉၈ ခု၊ သုတေသနဗဟိုဌာန ၁၂၆ ခု ရှိပါသေးသည်။ အာရှ၊ အာဖရိက၊ ဥရောပ၊ အမေရိကတိုက်ရှိ နိုင်ငံများမှ ပညာတော်သင်အများအပြားသည် ပီကင်းတက္ကသိုလ်တွင် ပညာဆည်းပူးလျက်ရှိကြ သည်။

    ပီကင်းတက္ကသိုလ်ကျောင်းသူကျောင်းသား စုစုပေါင်း ၂ သောင်းကျော်ရှိသည်။ ကျောင်းသားတိုင်း ကျောင်းလခနင့်အဆောင်ခပေးရသည်။ ဘွဲ့လွန်ကျောင်းသားများနှင့် ပါရဂူဘွဲ့ယူနေတဲ့ ကျောင်းသားများကမူ ကျောင်းလခနှင့်အဆောင်ခပေးရန်မလိုပါ။ အစိုး

ရသည် ၎င်းတို့ကို လတိုင်းထောက်ပံ့ကြေးပေးသည်။

ယခုဆိုလျှင် ပီကင်းတက္ကသိုလ်မှ ကျောင်းဆရာများနှင့် ကျောင်းသူကျောင်းသားများသည် တိုင်းပြည်ခေတ်မီရေး၊ တက္ကသိုလ်ကို ကမ္ဘာ့အမြင့်ဆုံးအဆင့်အတန်းရောက်ရှိစေရေးအတွက် အနာဂတ်ကိုမျှော်မှန်း၍ ကြိုးပမ်းအားထုတ်နေလျက်ရှိကြပါသည်။

***** ***** *****

စကားပြော

အရှေ့တိုင်းဘာသာစကားဌာန

က။ မဟာဌာနမှူး

ခ။ နိုင်ငံခြားဧည့်သည်

က။ ။ ဒီကနေ့ကျွန်ရောက်လာကြတဲ့ဧည့်သည်တော်များကို လိုက်လိုက်လှဲလှဲကြိုဆိုပါတယ်။ ခု ကျွန်တော်တို့ဌာနရဲ့ အကြောင်းတွေကို အကျဉ်းချုပ်မိတ်ဆက်ပေးပါရစေခင်ဗျား။ ကျွန်တော်တို့ဌာနဟာ ၁၉၄၆ ခုနှစ်က တည်ထောင်တာပါ။ ခုဆို ဘာသာ ၁၃ မျိုးသင်ကြားပို့ချနေပါတယ်။ ကျောင်းသူကျောင်းသားပေါင်း နှစ်ရာနီးပါးရှိတယ်။

ခ။ ။ ဘာသာစကား ၁၃ မျိုးဆိုတာ ဘာဘာသာတွေပါလဲခင်ဗျား။

က။ ။ မြန်မာ၊ အင်ဒိုနီးရှား၊ ဗီယက်နမ်၊ ထိုင်း၊ ဖိလစ်ပိုင်၊ ကိုရီးယား၊ မောင်းဂွတ်နဲ့ပါရှား စတဲ့နိုင်ငံများမှာ အသုံးပြုနေတဲ့ ဘာသာစကားအပြင် ဟိန္ဒီ

သင်ခန်းစာ (၃)   41

အူရဒူ၊ ပါဠိနဲ့ သသ်ကရိုက်၊ ဟီဗရူးစတဲ့ဘာသာစကားများလဲ ပါဝင်ပါ တယ်။

၁။ ။ ဒီဌာနကအောင်သွားတဲ့ကျောင်းသားတွေဟာ အများအားဖြင့် ဘာအလုပ်အကိုင်မျိုးလုပ်ကြပါသလဲ။

က။ ။ အစိုးရဌာနအသီးသီးမှာ ဘာသာပြန် နဲ့မဟုတ် သုတေသနလုပ်ငန်းလုပ်ကြပါတယ်။ တချို့ကတော့ကျောင်းဆရာလုပ်ကြပါတယ်။

၁။ ။ အခုလိုဆွေးနွေးခွင့်ရတဲ့အတွက် အထူးပဲကျေးဇူးတင်ပါတယ်။

*****   *****   *****

စကားပုံ

အလိမ္မာ စာမှာရှိ

လူမိုက်တွေက အကျိုးအကြောင်း အဆိုးအကောင်းကို မသိတတ်ပါ။ ပညာလည်း မရှိပါ။ လူလိမ္မာကတော့ အဆိုးအကောင်း အကျိုးအကြောင်းကို သိတဲ့အပြင် ပညာလည်းရှိတယ်။

အများအားဖြင့် စာပေကို ပညာရှိလူလိမ္မာများကပဲ အကျိုးအကြောင်း အဆိုးအကောင်း ဝေဖန်ပိုင်းခြားပြီး ရေးသားသီကုံးခဲ့ကြလို့ အသိအလိမ္မာဟာ စာပေမှာပဲရှိတယ်။ ဒါကြောင့် လူတိုင်း စာပေကို လေ့လာဖတ်ရှုသင်ယူသင်ပါတယ်။

*****   *****   *****

ဝေါဟာရ

သက်တမ်း (န)	年龄、年限
တိုးတက် (က)	进步
အင်အားစု (န)	力量
အရေးတော်ပုံ (န)	运动、革命

ဒီမိုကရေစီ (နာလိပ် democracy)	民主
တော်လှန်ရေး (န)	革命
တက်ကြွ (က)	积极
ဆိုရှယ်လစ် (နဝလိပ် socialist)	社会主义的
လောက (နပါဠိ)	社会
အင်တိုက်အားတိုက် (ကဝ)	积极地
ဆင်နွှဲ (က)	进行、举行
လုပ်ဆောင် (က)	做
ကွန်မြူနစ် (နဝလိပ် communist)	共产主义的
ပါတီ (နလိပ် party)	党
စတင် (က)	开始
ဓာတုဗေဒ (နပါဠိ)	化学
ဗေဒ (နပါဠိ)	学、学问
သိပ္ပံ (န)	学院
ပါဏဗေဒ (နပါဠိ)	生物学
ဥပဒေ (န)	法律
ဘောဂဗေဒ (နပါဠိ)	经济学
အာဖရိက (နလိပ် Africa)	非洲
ဥရောပ (နလိပ် Europe)	欧洲
အမေရိက (နလိပ် America)	美洲、美国
တိုက် (န)	洲
ပညာတော်သင် (န)	留学生
အများအပြား (ကဝ)	许多
ဆည်းပူး (က)	学习、研究
ကျောင်းလခ (န)	学费
အဆောင်ခ (န)	住宿费

ပါရဂူဘွဲ့ (န)	博士学位
ထောက်ပံ့ကြေး (န)	补贴
ကမ္ဘာ (န)	世界
အဆင့်အတန်း (န)	水平
အနာဂတ် (န)	未来
မျှော်မှန်း (က)	展望
ကြိုးပမ်းအားထုတ် (က)	努力
အရှေ့တိုင်း (န)	东方国家
ဌာန (န)	系
ဌာနမှူး (န)	系主任
အကျဉ်းချုပ် (န)	概要
ကြွရောက် (က)	光临
မိတ်ဆက် (က)	介绍
တည်ထောင် (က)	建立
သင်ကြားပို့ချ (က)	教、教学
နီးပါး (န ဆ)	大约、左右
အင်ဒိုနီးရှား (န၊လိပ် Indonesia)	印度尼西亚
ဗီယက်နမ် (န၊လိပ် Viet Nam)	越南
ထိုင်း (န၊လိပ် Thailand)	泰国
ဖိလစ်ပိုင် (န၊လိပ် Philippines)	菲律宾
ကိုးရီးယား (န၊လိပ် Korea)	朝鲜
မောင်းဂွတ် (န၊လိပ် Mongolia)	蒙古
ပါရှား (န၊လိပ် Persia)	波斯
ဟိန္ဒီ (နိလိပ် Hindi)	印地语
အူရဒူ (န၊လိပ် Urdu)	乌尔都语
ပါဠိ (န၊လိပ် Bali)	巴利文

သသံ္ကရိုက် (န၊လိပ် Sanskrit)	梵文
ဟီဗရူး (န၊လိပ် Hebrew)	希伯莱语
အောင် (က)	胜利、毕业
အလုပ်အကိုင် (န)	工作
အစိုးရ (န)	政府
အသီးသီး (ကဝ)	各自、不同
ဘာသာပြန် (န၊က)	翻译
သုတေသန (န)	研究
လုပ်ငန်း (န)	事业、企业
တချို့ (န)	一些
အထူး (ကဝ)	特别

ရှင်းပြချက်

၁။ ။ ပေ 语气助词。书面语体，用于动词之后，加强语气，表示肯定。

- အလုပ်ရသည်မှာတစ်လကျော်ကြာပေပြီ။
  找到工作已经有一个多月了。
- သူတို့သည်ပြပွဲသွားကြည့်ကြပေလိမ့်မည်။
  他们将去看展览。
- ရှင်းပြပြီးမှသူနားလည်သွားပေသည်။
  解释之后他才明白。

၂။ ။ ---ၫင်း---ၫင်း 连词。书面语体，也可写成 "---လည်းကောင်း---လည်းကောင်း"，用于两个或两个以上的名词、词组或句子之后，表示列举各类事物，在句子中作并列成分。通常与

"တွင်၊သည်၊ကို၊ကြောင့်၊နှင့်၊" 等助词连用。ဥပမာ-

- ကျောင်းသားများသည်၎င်း၊ ဆရာများသည်၎င်း၊ အလုပ်သမားများသည်၎င်း၊ အားကစားပြိုင်ပွဲတွင် ပါဝင်ဆင်နွှဲကြသည်။
学生、教师、工人都参加了运动会。

- စာရေးဆရာမောင်ထင်သည် ဝတ္ထုကို၎င်း၊ ပြဇာတ်ကို၎င်း၊ ကဗျာကို၎င်း၊ ရေးသားဖွဲ့ဆိုခဲ့သည်။
作家貌廷创作了小说、话剧和诗歌。

- မီးရထားဖြင့်၎င်း၊ လေယျာဉ်ဖြင့်၎င်း၊ ဘတ်စ်ကားဖြင့်၎င်း၊ ရောက်နိုင်ပေသည်။
坐火车、飞机或汽车都能到。

၃။ ။ ပြီးသည်နောက် 习用形式。书面语体，用于动词之后，表示"在……之后"的意思。也可省略为"ပြီးနောက်"。口语体为"ပြီးတဲ့နောက်"。ဥပမာ-

- ထမင်းစားပြီးနောက်လာခဲ့ပါ။
吃完饭之后来吧。

- ကျောင်းဆင်းပြီးသည်နောက်ဆိုင်ကိုသွားမည်။
下课后要去商店。

- ထမင်းစားပြီးတဲ့နောက်လမ်းလျှောက်သွားမလား။
饭后去散步吗？

၄။ ။ ဖူး 助词。用于动词之后，表示动作曾经发生过或有过某种经历。ဥပမာ-

- ဗမာပြည်ကိုရောက်ဖူးသလား။
（你）到过缅甸吗？

- ဒီအကောင်မျိုးကိုကျွန်တော်မမြင်ဖူးဘူး။

我从未见过这种动物。

- ဤစာအုပ်ကိုဖတ်ဖူးလေ၏။

（我）读过这本书。

၅။ ထို့ပြင် 连词。书面语体，用在复句中第二分句的句首，表示"此外……"的意思。口语体为"ဒီပြင်"。ဥပမာ-

- စနေနေ့ညတွင်ကပွဲကျင်းပသည်။ ထို့ပြင် ရုပ်ရှင်လည်းပြသည်။
  星期六晚上举办舞会。此外还放电影。

- နွေရာသီကျောင်းပိတ်ရက်တွင်ကျွန်တော်သည်မန္တလေးသို့သွားလည်သည်။ ထို့ပြင် ပုဂံမြို့သို့လည်းတက်သေးသည်။
  暑假我去了曼德勒，还去了蒲甘。

- ကျွမတို့အခြေခံမြန်မာဖတ်စာနဲ့မြန်မာစကားပြောသင်ရတယ်။ ဒီပြင် မြန်မာသမိုင်းနဲ့ယဉ်ကျေးမှုကိုလဲသင်ရတယ်။
  我们要学习基础缅甸语和缅语口语。此外，还要学习缅甸历史和文化。

၆။ လျက် 助词。书面语体，常与"နေရှိ"连用，表示"正在……"的意思。ဥပမာ-

- သူတို့ဆွေးနွေးနေလျက်ရှိသည်။
  他们正在讨论。

- အခန်းထဲတွင်ထိန်ထိန်လင်းလျက်ရှိသည်။
  教室中灯火通明。

- ကျောင်းသူကျောင်းသားများသည်ထမင်းစားနေလျက်ရှိသည်။
  学生们正在吃饭。

၇။ စေ 助动词。用于动词之后，表示使动，相当于汉语"使……"、

"让……" 的意思။ ဥပမာ-

- ဆရာကကျောင်းသားတွေကိုစာကျက်စေတယ်။
 老师让学生们复习功课。
- ဒီသတင်းကောင်းဟာသူ့ဝမ်းသာစေနိုင်တာပေါ့။
 这个好消息肯定会让他高兴。
- သူ့ကိုဟိုအခန်းမသွားစေနဲ့။
 别让他进那个房间。

၈။ ။ အတွက် 状语助词。用于名词之后，表示某事物对另一事物的作用或某一动作为某人或某一目的而发出，相当于汉语 "为了……"、"对于……" 的意思。ဥပမာ-

- ဒီတစ်ခါမိုးရွာတာစိုက်ပျိုးရေးအတွက်အကျိုးရှိတယ်။
 这场雨对农业生产有利。
- ဟိုစာအုပ်တွေဘယ်သူ့အတွက်ဝယ်တာလဲ။
 这些书是为谁买的?
- ကျန်းမာရေးအတွက်လေကောင်းလေသန့်ရရန်လိုသည်။
 为了身体健康，需要新鲜的空气。

၉။ ။ နီးပါး၊ 表约数的后缀。用于数量词之后，表示 "几乎、将近" 的意思。ဥပမာ-

- ပီကင်းတက္ကသိုလ်တွင်ကျောင်းသားပေါင်းတစ်သောင်းနီးပါးရှိသည်။
 北京大学有将近一万名学生。
- မြန်မာနိုင်ငံတွင်လူဦးရေ ၄၉ သန်းနီးပါးရှိသည်။
 缅甸有将近四千九百万人口。
- ညီခံပွဲသို့ကြွရောက်လာသောညီသည်တော်များတစ်ရာနီးပါးရှိသည်။
 出席招待会的嘉宾将近一百人。

၁၀။ ။ ဆိုတာ 习用形式。口语体，用于名词、短语或句子之后，表示"所谓……"、"叫做……的"的意思。作主语时为"ဆိုတာက"或"ဆိုတာဟာ"，作宾语时为"ဆိုတာကို"，但主语和宾语助词一般可省略。ဥပမာ-

- မောင်ထွန်းဆိုတာ（ဟာ）ဘယ်သူပါလဲ။
  貌通是谁？
- မောင်ထွန်းဆိုတာသူ့ညီလေးပါ။
  貌通是他的弟弟。
- ညနေမှာအစည်းအဝေးရှိတယ်မရှိဘူးဆိုတာ(ကို)ကျမမသိဘူး။
  我不知道下午开不开会。
- သူမဟာသိပ်ကောင်းတဲ့ဆရာမတစ်ယောက်ဖြစ်တယ်ဆိုတာလူတိုင်းပြောကြပါတယ်။
  大家都说她是个好老师。

၁၁။ ။ စတဲ့ 定语助词。口语体，前后均为名词，表示"……等的……"的意思。书面语体为"စသည်၊စသော၊အစရှိသည်"。ဥပမာ-

- ခဲတံ၊ ဖောင်တိန်၊ စက္ကူစတဲ့စာရေးကိရိယာများ
  铅笔、钢笔、纸等文具
- ဘေကျင်း၊ ရှမ်ဟဲ၊ ကွမ်ကျိုးစတဲ့မြို့ကြီးများတွင်သာရှိသည်။
  只有在北京、上海和广州等大城市里才有。
- ပီကင်းတက္ကသိုလ်မှာ ဝေ့မင်းရေကန်၊ ပေါ့ရာထာခေါ်ရေတိုင်ကီစတဲ့ ရှုခင်းသာယာတဲ့နေရာများရှိတယ်။
  北京大学有未名湖、博雅塔等风景秀丽的地方。

၁၂။ ။ အပြင် 连词。用于名词、代词之后，表示"除了……（还）"、"除了……（也）"的意思。ဥပမာ-

- ဆရာများအပြင် ကျောင်းသူကျောင်းသားများလည်း အစည်းအဝေး
တက်ရပါသည်။
除了老师，学生也要参加会议。
- မေမေအပြင် ဖေဖေကိုလဲပြောပြတယ်။
除了妈妈，还告诉了爸爸。
- စာအုပ်အပြင် နေ့စဉ်သုံးပစ္စည်းတွေလဲဝယ်ရတယ်။
除了书，我还要买些日用品。

၁၃။ ။ အားဖြင့် 状语助词。用于名词之后，在句子中作状语。ဥပမာ-
- အခြေခံအားဖြင့် ပြီးစီးပါပြီ။
基本上完成了。
- အများအားဖြင့် စာမေးပွဲအောင်သည်။
大多数人考试都及格了。
- ငွေအားဖြင့် ကူညီပါတယ်။
在经济上给予帮助。

၁၄။ ။ နို့မဟုတ် 连词。口语体，用于名词之后，表示"或者"的意思。书面语体用"သို့မဟုတ်"。ဥပမာ-
- စနေနေ့ နို့မဟုတ် တနင်္ဂနွေနေ့မှာရုပ်ရှင်ပြမယ်။
星期六或者星期天放电影。
- ဧပြီ နို့မဟုတ် မေလတွင်အားကစားပြိုင်ပွဲကျင်းပလိမ့်မယ်။
在四月份或者五月份将举行运动会。
- နွေရာသီကျောင်းပိတ်ရက်တွင်ထိုင်းနိုင်ငံ သို့မဟုတ် မလေးရှားနိုင်ငံသို့
အလည်သွားမည်။
暑假将去泰国或者马来西亚玩儿。

၁၅။ ။ တဲ့အတွက် 连词。口语体，用于动词、形容词之后，表示因果关系。书面语体用"သည့်အတွက်"。ဥပမာ-

- စာမကြိုးစားတဲ့အတွက်စာမေးပွဲကျသွားတယ်။
  因为不用功，所以考试不及格。
- နေမကောင်းဖြစ်နေတဲ့အတွက်မသွားနိုင်တော့ဘူး။
  因为身体不好，所以不能去了。
- မာရီသည်ဖခင်၏အလုပ်တွင်စိတ်ဝင်စားသည့်အတွက်အခြေခံသိပ္ပံပညာရပ်များကိုဖခင်ထံတွင်သင်ကြားခဲ့သည်။
  玛丽因为对父亲的事业感兴趣，所以在父亲那里学习基础科学知识。

***** ***** *****

လေ့ကျင့်ခန်း

၁။ ။ အောက်ပါမေးခွန်းများကိုဖြေပါ။

၁၊ ပီကင်းတက္ကသိုလ်ကိုဘယ်နှစ်ကစတည်ထောင်တာလဲ။

၂၊ အခုဆိုယင်သက်တမ်းဘယ်လောက်ရှိပြီလဲ။

၃၊ ပီကင်းတက္ကသိုလ်မှာမဟာဌာနပေါင်းဘယ်လောက်ရှိပါသလဲ။

၄၊ အရှေ့တိုင်းဘာသာစကားဌာနဟာအကြီးဆုံးဌာနလား။

၅၊ မြန်မာပြည်ကလာတဲ့ ပညာတော်သင်များက ပီကင်းတက္ကသိုလ်မှာပဲ ပညာဆည်းပူးလေ့လာကြသလား။

၆၊ ပီကင်းတက္ကသိုလ်မှာကျောင်းသူကျောင်းသားများဘယ်လောက်ရှိပါသလဲ။

၇၊ ကျောင်းဆရာနဲ့ဆရာမကော၊ ဘယ်လောက်ရှိပါသလဲ။

၈၊ စာသင်နှစ်တစ်နှစ်အတွက်ကျောင်းလခနဲ့အဆောင်ခဘယ်လောက်ပေးရပါသလဲ။

၉။ ပီကင်းတက္ကသိုလ်က ကျောင်းတည်ထောင်တဲ့နှစ်ပတ်လည်အထိမ်းအမှတ်ပွဲတော်ကို ဘယ်နေ့ကျင်းပသလဲ။ ဘာဖြစ်လို့ အဲဒီနေ့မှာ ကျင်းပပါသလဲ။

၁၀။ ဘာဖြစ်လို့ ပီကင်းတက္ကသိုလ်ဟာ တရုတ်ပြည်မှာ နာမည်အကြီးဆုံး တက္ကသိုလ်လို့ ပြောကြသလဲ။

၁၁။ ကျောင်းသူကျောင်းသားများကတက္ကသိုလ်မှာဘယ်နှစ်နှစ်သင်ရပါသလဲ။

၁၂။ လေးနှစ်သင်ပြီးတဲ့နောက်အစိုးရကအလုပ်ခန့်ပါသလား။

၁၃။ ကျောင်းလခနဲ့အဆောင်ခအပြင်ဆေးဖိုးဝါးခပေးရပါသလား။

၁၄။ ကျောင်းသူကျောင်းသားတိုင်းကွန်ပျူတာသင်တန်းတက်ရပါသလား။

၁၅။ တက္ကသိုလ်အောင်ပြီးတဲ့နောက် နိုင်ငံခြားကိုသွားပြီး ပညာဆက်လက်ဆည်းပူးတဲ့ ကျောင်းသူကျောင်းသားများပါသလား။

၂။ အောက်ပါစကားပြောများကိုမြန်မာဘာသာသို့ပြန်ဆိုပါ။

你是北京大学外国语学院的学生,还是北京外国语大学的学生?

我是北京大学外国语学院东语系缅甸语专业的学生。

北京大学外国语学院是哪一年成立的?

是1999年6月成立的,由八个系组成。

哪八个系?

英语系、俄语系、东语系、法语系、德语系、西班牙语系、日语系和阿拉伯语系。

北京大学百年校庆时你参加了吗?

没有。1998年时百年校庆,我是1999年入校的。

你知道为什么北大的校庆日是五月四日吗?

是为了纪念"五四"学生运动。北京大学的学生积极地参加了"五四"运动。

老李，多年不见了。你身体好吗？
好！谢谢！毕业已经二十多年了。北大变化真大啊！
图书馆、电教馆，都是最近几年新建的。
现在的学习条件比以前好多了。
哎呀！快三点了。咱们快去参加座谈会吧！

၃။ အောက်ပါဝါကျများကိုမေးခွန်းဝါကျအဖြစ်ပြင်ရေးပါ။
　၁။ ပီကင်းတက္ကသိုလ် အရှေ့တိုင်းဘာသာစကားဌာနကို တည်ထောင်တာ ၅၀ နှစ်ရှိပြီ။
　၂။ ပီကင်းတက္ကသိုလ်မှာလေးနှစ်သင်ရတယ်။
　၃။ ကျောင်းသူကျောင်းသားများစာကြည့်တိုက်ကိုသွားပြီးစာကျက်လေ့ရှိကြတယ်။
　၄။ ပီကင်းတက္ကသိုလ်စာကြည့်တိုက်ဟာစနေနေ့၊ တနင်္ဂနွေနေ့မှာတောင်မပိတ်ပါဘူး။
　၅။ ကျောင်းစာကြည့်တိုက်မှာ ဗမာစာအုပ်မရှိပါဘူး။ ဒို့ဌာနစာကြည့်တိုက်မှာမှ ဗမာစာအုပ်ရှိတယ်။
　၆။ ကျောင်းသားကကျောင်းလခနဲ့အဆောင်ခပေးရတယ်။ ဆေးဖိုးဝါးခပေးဖို့မလိုပါဘူး။
　၇။ နာမည်ကျော်စာရေးဆရာလူရှင့်ကလပီကင်းတက္ကသိုလ်မှာအလုပ်လုပ်ခဲ့ဖူးတယ်။
　၈။ နိုင်ငံခြားသွားဘို့စာကြိုးစားနေတဲ့ကျောင်းသားသိပ်များတယ်။
　၉။ ကျောင်းသားတွေကကျောင်းစည်းကမ်းရှိသေကြတယ်။
　၁၀။ တက္ကသိုလ်အောင်ပြီးတဲ့နောက်အစိုးရကအလုပ်မခန့်တော့ဘူး။

၁၁။ ကျောင်းဝင်းထဲမှာရုပ်ရှင်ရုံရှိတယ်။
၁၂။ ဂျပန်၊ ကိုရီးယားကလာတဲ့ပညာတော်သင်ကအများဆုံးဘဲ။
၁၃။ ပီကင်းတက္ကသိုလ်စာကြည့်တိုက်ဟာသိပ်ကြီးကျယ်ခန့်ညားပါတယ်။
၁၄။ အင်တာနက်ကတဆင့်ပီကင်းတက္ကသိုလ်စာကြည့်တိုက်ကစာအုပ်များ
ကိုရှာလို့ရနိုင်ပါတယ်။
၁၅။ အစိုးရက ကျောင်းလခမပေးနိုင်တဲ့ ကျောင်းသူကျောင်းသားများ
ကိုထောက်ပံ့ကြေးပေးတယ်။

၄။ ။ အောက်ပါစကားလုံးများထဲမှဆီလျော်သောစကားလုံးကိုရွေးချယ်ပြီးကွက်
လပ်အသီးသီး၌ဖြည့်ပါ။

| ၄င်း---၄င်း--- | မို့ | ပြီး | လို့ | အဖြစ် |
| ပြီးသည်နောက် | ကြောင့် | အားဖြင့် | လျက် | |

၁။ တနင်္ဂနွေနေ့------ပန်းခြံထဲမှာလူစည်ကားတယ်။
၂။ သူကကျောင်းသားသမဂ္ဂအသင်းကြီးရဲ့ဥက္ကဌ------တင်မြှောက်ခြင်း
ခံရတယ်။
၃။ တရုတ်ပြည်ဟာနယ်မြေကျယ်ဝန်း------လူဦးရေများပြားတယ်။
၄။ ဩဂုတ်လ ၁ ရက်နေ့ကို တရုတ်ပြည်သူ့လွတ်မြောက်ရေးတပ်မတော်
နေ့------သတ်မှတ်ထားတယ်။
၅။ စာရေး------စာတိုက်သို့သွားထည့်လိုက်သည်။
၆။ တရုတ်နိုင်ငံသည်နိုင်ငံရေးတွင်------၊ စီးပွားရေးတွင်------၊ ယဉ်
ကျေးမှုတွင်------၊ အဘက်ဘက်တွင် တိုးတက်လာပြီဖြစ်သည်။
၇။ ကျွမတို့အတန်းကကျောင်းသူကျောင်းသားများအများ------သီချင်း
ဆိုဝါသနာပါတယ်။
၈။ ကျောင်းသားတိုင်းလိုလို ပညာများကို အင်တိုက်အားတိုက်လေ့လာ
ဆည်းပူး------ရှိကြသည်။
၉။ သူပြောတာကြားရ------ကျွန်တော်သိတာပါ။

၁၀။ ဘယ်သူ-------သူစိတ်ဆိုးနေသလဲ။

၅။ ။ အောက်ပါပေးထားသောစကားလုံးများကိုဆီလျော်အောင်ရွေးချယ်ပြီးကွက်လပ်များတွင်ဖြည့်ပါ။
၁။ ကြိုး ကျိုး
(က) ယုန်ကလေးခြေ-------နေသည်။
(ခ) -------စားကစာမေးပွဲအောင်မည်။

၂။ ချိုး ချည်း
(က) အချိန်ကိုအ-------အနီးမကုန်ဆုံးစေရာ။
(ခ) ပညာထူးချွန်သူကိုဆု-------မြှင့်သည်။

၃။ သပ် သတ်
(က) -------ပုံမှန်အောင်ဂရုစိုက်ပါ။
(ခ) စာအုပ်များကို-----ရပ်စွာသိမ်းထားပါ။

၄။ ဝန်း ဝမ်း
(က) ရေပတ်လည်-------ရံထားသောမြေအစုကိုကျွန်းဟုခေါ်သည်။
(ခ) ကျောင်းသူကျောင်းသားများစာမေးပွဲအောင်၍-------မြောက်ကြသည်။

၅။ သည်း သီး
(က) ခြေ-------လက်-------ရှည်လျှင်လှီးပါ။
(ခ) အမှည့်လွန်သောအ-------ကိုမစားသင့်။

၆။ ။ အောက်ပါစကားလုံးများဖြင့်ဝါကျဖွဲ့ပါ။
ဆိုတာ   ၄င်း----၄င်း----   စတဲ့   အပြင်   စေ

၇။ ။ အောက်ပါဝါကျများကိုတရုတ်ဘာသာသို့ပြန်ဆိုပါ။
၁။ စာသင်ခန်းတွင်၄င်း၊ အိပ်ခန်းတွင်၄င်း၊ ကျောင်းစည်းကမ်းကိုစောင့်

စည်းရမည်။

၂။ အလုပ်သမားများသည်၎င်း၊ လယ်သမားများသည်၎င်း၊ ကျွန်တော်တို့ ၏ဆရာကောင်းများဖြစ်ကြသည်။

၃။ ကလေးများအတွက်၎င်း၊ လူကြီးများအတွက်၎င်း၊ အားလုံးအကျိုးရှိပါ သည်။

၄။ ကျန်းမာရေးအတွက်၎င်း၊ ချစ်ကြည်ရေးအတွက်၎င်း၊ ဆုမွန်ကောင်း တောင်းကြပါစို့။

၅။ သူတို့သည်ဆိုရှယ်လစ်ထူထောင်ရေးတွင်၎င်း၊ ဆိုရှယ်လစ်တော်လှန် ရေးတွင်၎င်း၊ တက်ကြွစွာပါဝင်ခဲ့ကြသည်။

၆။ သူတို့ဟာဒီမိုကရေစီတော်လှန်ရေးမှာပါခဲ့ဖူးတဲ့ကျောင်းဆရာတွေချည်း ဘဲ။

၇။ စကောလားရှစ်ကိုလူတိုင်းရနိုင်တာမဟုတ်ပါဘူး။

၈။ စစ်ရေးပြတိုက်ရယ်၊ သမိုင်းပြတိုက်ရယ်၊ ပန်းချီပြတိုက်ရယ်၊ ကျွန်တော် သွားကြည့်ခဲ့ဖူးတယ်။

၉။ ဒီဟင်းကိုမြင်ရုံနဲ့စားချင်စိတ်တဖွားဖွားပေါ်လာပါတယ်။

၁၀။ ဘွဲ့ရပြီးတဲ့နောက်နှစ်နှစ်လုံးလုံးအလုပ်မရှိပဲနေခဲ့ရတယ်။

၁၁။ စာပေတို့သည် အတွေးအခေါ်ကိုလည်း အားသန်စေသည်။ အကျိုးစီး ပွားကိုလည်း ဖြစ်စေသည်။ ထိုပြင် ရိုင်းသူကိုလည်း ယဉ်စေသည်။

၁၂။ ပီကင်းတက္ကသိုလ်တွင်ဓာတုဗေဒ၊ ပါဏဗေဒစသည်မဟာဌာနပေါင်း ၃၁ ခုရှိသည်။

၁၃။ အများအားဖြင့်သဘောမတူဘူး။

၁၄။ အမိနိုင်ငံတော်အတွက်စာကြိုးစားသင်ရသည်။

၁၅။ သိပ်တော်တဲ့သူ သိပ်အောင်မြင်တဲ့သူ သိပ်ထူးချွန်တဲ့သူတွေရဲ့အ ကြောင်းကိုလေ့လာလိုက်ပါ။ သူတို့ဟာ သိပ်အလုပ်လုပ်တာဘဲ၊ သိပ် ကြိုးစားတာဘဲ။

၈။ အောက်ပါဝါကျများကိုမြန်မာဘာသာသို့ပြန်ဆိုပါ။

（1）北京大学东语系有缅甸语、越南语、泰语、朝鲜语、印地语等十二个专业。

（2）他们积极参加民主革命和社会主义革命。

（3）很高兴有机会见到缅甸朋友。

（4）他每天都锻炼身体，还积极参加运动会。

（5）很多有名的作家都没有上过大学。

（6）他进城的时候为同学买了书。

（7）你出过国吗？是的，去过泰国、菲律宾、马来西亚等亚洲国家。

（8）到了国外以后就特别想家。

（9）老师和同学们课后还在讨论问题。

（10）她对音乐、舞蹈等艺术很感兴趣。

（11）北大校长曾出访过美、英等国。

（12）大学毕业后他打算去美国留学。

（13）除了北大，北外也有缅甸语专业。

（14）每年都有很多来自亚洲、美洲、非洲和欧洲的留学生在北大学习。

（15）要学多久缅语才能看缅文小说呢？

（16）她除了会唱缅文歌，还会跳缅甸舞呢！

（17）因为有兴趣，所以学得更加努力。

（18）有没有人因为交不起学费和住宿费而不上大学的？

（19）我这么说是为了让你高兴。

（20）在北大外国语学院，东语系是专业最多的系。

အပိုဒ်ဖတ်စာ

ချစ်ရင်မစားနဲ့

ပန်းခြံထဲဆော့ကစားနေသောပီတာလေးသည် ခုံတန်းရှည်ပေါ်တွင် ထိုင်နေသည် ကိုယ်ဝန်ဆောင်အမျိုးသမီးကိုတွေ့သည်နှင့် ၄င်းအနားကပ်သွားကာ စိတ်ဝင်စားစွာမေး သည်။

အန်တီရဲ့ဗိုက်ထဲမှာဘာလဲဟင်။

သားသားလေးပေါ့ချာတိတ်ရဲ့။

သူ့ကိုအန်တီချစ်သလားဟင်။

သိပ်ချစ်တာပေါ့ကွယ်။

ဒါဖြင့်ရင်ဘာဖြစ်လို့သူ့ကိုစားလိုက်ရသလဲ။

လိမ်ညာမှု

ခင်ဗျားကို လိမ်ညာမှုနဲ့ စွပ်စွဲထားတယ်။ ရာသက်ပန်နပျို့စေတဲ့ဆေးဆိုပြီး လူတွေ ကို အယုံသွင်းပြီး လိမ်ရောင်းခဲ့တယ်။ အရင်တုန်းက အပြစ်ဒဏ်ကျခဲ့ရဖူးသလား။

ဟုတ်ကဲ့၊ ၁၆၀၀ ပြည့်နှစ်မှာတစ်ခါ၊ ၁၇၅၀ ပြည့်နှစ်မှာတစ်ခါ၊ ၁၈၉၅ ခုနှစ်မှာ တစ်ခါ သုံးခါထောင်ကျခဲ့ဖူးပါတယ်။

အိပ်မရဘူး

စိတ်ရောဂါကုဆေးရုံတွင်ဖြစ်သည်။

လူနာတစ်ယောက် ဆရာဝန်ကြီးထံရောက်လာပြီး အောက်ပါအတိုင်း တိုင်ကြားသည်။

ဆရာကြီးခင်ဗျား၊ ကျွန်တော်တို့အခန်းထဲက ဟိုနဲ့ကို တခြားအခန်းပြောင်းပေး ပါ။ ညအိပ်ချိန်ရောက်တိုင်း အခန်းထဲက သောက်ရေအိုးကို ခေါင်းပေါ်တင်ပြီး သူဟာ ၂၀၀ အားမီးလုံးဖြစ်တယ်လို့ အော်တယ်ခင်ဗျ။

အဲဒါကိုများ ခင်ဗျားမကျေမနပ်ဖြစ်ရသလားဗျာ။

ဒီလိုပါ။ အလင်းထဲမှာ ကျွန်တော်မအိပ်တတ်ဘူးခင်ဗျ။

သင်ခန်းစာ (၄)

ဖတ်စာ

မြန်မာပြည်ရာသီဥတု

မြန်မာနိုင်ငံသည် အီကွေတာနှင့်နီးသောကြောင့် ပူအိုက်သည်။ အနောက်တောင် မုတ်သုံရာသီလေရသောကြောင့်လည်း မိုးရေစိုစွတ်သည်။ သို့ရာတွင် မြေအနိမ့်အမြင့် အနေအထားအမျိုးမျိုးကိုလိုက်၍ ရာသီဥတုသုံးမျိုးကွဲပြားလျက်ရှိလေသည်။

ထိုသုံးမျိုးမှာ တပေါင်းလလယ်မှ ဝါဆိုလလယ်အထိ ဖြစ်သောနွေရာသီ၊ ဝါဆို လလယ်မှ တန်ဆောင်မုန်းလလယ်အထိ ဖြစ်သောမိုးရာသီ၊ တန်ဆောင်မုန်းလလယ်မှ တပေါင်းလလယ်အထိ ဖြစ်သောဆောင်းရာသီတို့ဖြစ်လေသည်။ တဖန် ထိုရာသီဥတု ကိုလိုက်၍ မြန်မာနိုင်ငံ၌ ဒေသလည်းသုံးမျိုး ရှိလာလေသည်။ ထိုသုံးမျိုးမှာ မိုးများသော တောင်ပိုင်းဒေသ၊ မိုးနည်းသောအလယ်ပိုင်းဒေသ၊ မိုးများသောမြောက်ပိုင်းဒေသတို့ဖြစ် လေသည်။

ဥတုသုံးပါးအလိုက်ငှင်း၊ ဒေသသုံးမျိုးအလိုက်ငှင်း၊ အချို့ဒေသများတွင် ဆန် စပါးစိုက်သည်။ အချို့ဒေသများတွင်ပဲ၊ ပြောင်း၊ နှမ်း၊ ဝါတို့ကိုစိုက်သည်။ အချို့ဒေသ များတွင် ဆန်စပါးပို့ထွက်၍၊ အချို့ဒေသများတွင် လျော့၍ထွက်သည်။ အချို့ဒေသများ တွင် ပဲ၊ ပြောင်း၊ နှမ်း၊ ဝါ ပို့ထွက်၍ အချို့ဒေသများတွင် လျော့၍ထွက်လေသည်။ သို့ရာတွင် ခြုံ၍ကြည့်သောအခါ မြန်မာနိုင်ငံရာသီဥတုသည် စိုက်ပျိုးရေးအတွက် ကြီး မားလှသော အထောက်အပံ့ဖြစ်သည်ဟု ဆိုလေသည်။

***** ***** *****

သင်ခန်းစာ (၄) 59

စကားပြော

ရာသီဥတု

က။ တရုတ်ကျောင်းသား
ခ။ မြန်မာနိုင်ငံပညာတော်သင်

က။ ။ ကနေ့ရာသီဥတုဘယ်နှယ်လဲ။
ခ။ ။ ကနေ့ရာသီဥတုသိပ်ကောင်းတယ်။
က။ ။ အပူချိန်ဘယ်လောက်ရှိသလဲ။
ခ။ ။ စင်တီဂရိတ် ၂၂ ဒီဂရီရှိတယ်။
က။ ။ မနက်ဖြန်ကော၊ မိုးလေဝသခန့်မှန်းခြေသတင်းကြားလိုက်ရသလား။
ခ။ ။ မနက်ဖြန်မိုးအုံ့လိမ့်မယ်၊ မိုးရွာချင်ရွာလိမ့်မယ်လို့ကြေညာခဲ့တယ်။
က။ ။ အပူချိန်ဘယ်လောက်တဲ့လဲ။
ခ။ ။ စင်တီဂရိတ်ဒီဂရီ ၂၀ တဲ့။
က။ ။ မြန်မာပြည်ရာသီဥတုကသိပ်ပူအိုက်တယ်လို့ ကြားဖူးပါတယ်။ ဟုတ်ပါသလား။
ခ။ ။ ဟုတ်ပါတယ်။ ရန်ကုန်ရာသီဥတုက ဘေကျင်းထက် အများကြီးပူအိုက်ပါ

တယ်။

က။ ။ သူငယ်ချင်း-ဘောကျင်းမြို့ရောက်တာတစ်နှစ်တောင်ပြည့်နေပြီ။ အခု ဘောကျင်းရာသီဥတုနဲ့ကျင့်သားရပြီလား။

ခ။ ။ ကျင့်သားမရသေးပါဘူး။ ကျနော်က ဘောကျင်းအောက်တိုဘာကိုဘဲ ကြိုက်တယ်။ အဲဒီအချိန်မှာပူလဲမပူ၊ အေးလဲမအေး၊ ရှာခင်းလဲသိပ်သာ ယာတာဘဲ။ နေလို့သိပ်ကောင်းတယ်။

က။ ။ ဆောင်းရာသီကိုကော၊ မကြိုက်ဘူးလား။

ခ။ ။ သိပ်အေးတယ်၊ ရေတွေလည်းခဲ၊ လေလည်းသိပ်တိုက်တယ်၊ သဲမုန်တိုင်း လည်းကျတယ်။ မကြိုက်ဘူး။ ဒါပေမဲ့ ဆီးနှင်းကျတာတော့ကြိုက်တယ်။ ဆီးနှင်းတွေကြောင့် ရေလဲရတယ်၊ ဂျုံပင်အတွက်လဲအကျိုးရှိတယ်၊ ပိုးမွှား တွေလဲသေကုန်ကြလို့ ကျန်းမာရေးအတွက် အကျိုးရှိတယ်။

ကျ။ ။ ဟုတ်ပါတယ်။ ရေတွေခဲရင် ရေခဲပြင်မှာစကိတ်စီးနိုင်သေးတယ်။

*****   *****   *****

စကားပုံ

လသာတုန်းဖိုင်းငင်

လသာသောညများတွင် လရောင်ဖြင့် ဖိုင်းငင်ရသကဲ့သို့ အခြေအနေပေးခိုက် လုံ့လစိုက်ထုတ်၍ အခွင့်အရေးကို အသုံးချရသည်။

*****   *****   *****

ဝေါဟာရ

အီကွေတာ (န၊လိပ် equator)　　　赤道
မုတ်သုံရာသီလေ (န)　　　季风
မိုးရေ (န)　　　雨水

စိုစွတ် (နဝ)	潮湿、湿润
အနိမ့်အမြင့် (န)	高低
အနေအထား (န)	状态、姿态
လိုက် (က)	根据、依照
ကွဲပြား (က)	不同、差异
တပေါင်း (န)	缅历十二月
ဝါဆို (န)	缅历四月
နွေရာသီ (န)	夏天、热季、旱季
တန်ဆောင်မုန်း (န)	缅历八月
မိုးရာသီ (န)	雨季
ဆောင်းရာသီ (န)	冬天、凉季
တဖန် (ကဝ)	再、其次
ဒေသ (န)	地区、地方
ပိုင်း (န)	部分
ပဲ (န)	豆类
ပြောင်း (န)	高粱、玉米的总称
နှမ်း (န)	芝麻
ဝါ (န)	棉花
ခြုံ (က)	概括
ဘယ်နှယ် (နဝ)	如何、怎样
အပူချိန် (န)	温度、热度
ဒီဂရီ (န၊လိပ် degree)	温度、度数
စင်တီဂရိတ် (န၊လိပ် centigrade)	摄氏
မိုးလေဝသ (န)	气象、气候
ခန့်မှန်းခြေ (န)	估计
မိုးလေဝသခန့်မှန်းခြေ (န)	气象预报

ကျေညာ (က)	宣布、公告
မိုးအုံ့ (က)	天阴
ပူအိုက် (နဝ)	炎热
ကျင့်သားရ (က)	习惯于
ဆီးနှင်း (န)	雪
ဆီးနှင်းကျ (က)	下雪
လေတိုက် (က)	刮风
သဲမုန်တိုင်း (န)	沙尘暴
ရေခဲ (န)	冰
(က)	结冰
ဂျုံပင် (န)	小麦
ပိုးမွှား (န)	细菌
ရေခဲပြင် (န)	冰面
စကိတ်စီး (က၊ လိပ်+မြန် skate+စီး)	溜冰

***** ***** *****

ရှင်းပြချက်

၁။ ။ သောကြောင့် 连词。书面语体，用在动词、形容词之后，表示因果关系。口语体为："တဲ့အတွက်၊ တဲ့အတွက်ကြောင့်၊ လို့"。ဥပမာ-

- မိုးရွာနေသောကြောင့်သူတို့အချိန်မီမလာနိုင်ပါ။
  因为正在下雨，他们不能及时赶到了。
- မောင်လှနေမကောင်းသောကြောင့်ဆေးရုံသို့တက်ရ၏။
  貌拉由于身体不适，住医院了。
- သူစာကြိုးစားသောကြောင့်တက္ကသိုလ်ဝင်စာမေးပွဲအောင်သွား၏။
  由于他学习努力，考上了大学。

၂။ ။ သို့ရာတွင် 连词。书面语体，用在第二分句句首，表示转折关系。与 "သို့သော်၊သို့သော်လည်း၊သို့သော်ငြားလည်း" 相似。口语体为 "ဒါပေမဲ့၊ ဒါပေတဲ့"。ဥပမာ-

- မောင်မောင်စာကြိုးစားသည်၊ သို့ရာတွင် တက္ကသိုလ်ဝင်စာမေးပွဲကျသွားသည်။
貌貌学习努力，但没考上大学。
- မိုးသာချုန်းသည်၊ သို့ရာတွင် မိုးမရွာပေ။
光打雷不下雨。
- သူသည်နင်းသီးစွာ ပြောဆိုတတ်သည်၊ သို့ရာတွင် စိတ်သဘောထားကောင်းသည်။
他说话尖刻，但心地善良。

၃။ ။ တဖန် 插入语。用在第二分句句首，表示 "再则……"、"其次……"、"况且……" 等意思。

၄။ ။ လေ 助词。书面语体，用在动词之后，起通顺语气的作用，无特殊意义。ဥပမာ-

- မြေခွေးသည်တောသို့ဝင်သွားလေ၏။
狐狸进山林了。
- ကိုကိုသည်အဖေနောက်ကိုလိုက်သွားလေသည်။
哥哥跟着爸爸走了。
- ဘေကျင်းမြို့တော်လေဆိပ်သည်အင်မတန်တိုးတက်စည်ကားနေလေပြီ။
北京首都机场设施先进，工作繁忙。

၅။ ။ အလိုက် 状语助词。用于名词之后，表示 "按照……"、"根据……" 的意思。ဥပမာ-

- ရာသီဥတုအလိုက်စိုက်ပျိုးသည်။

  按季节种植。

- အိမ်ထောင်အလိုက်ခွဲဝေပေးသည်။

  按户分配。

- သေဒအလိုက်အစည်းအဝေးလုပ်သည်။

  按地区开会。

၆။ ။ လိမ့် 助动词。与 "မည်၊မယ်၊မလား၊မလဲ" 连用，表示动作将发生或可能发生。ဥပမာ-

- ဒီနေ့မိုးရွာလိမ့်မယ်။

  今天将下雨。

- တိုင်းပြည်အတွက်အကျိုးရှိလိမ့်မယ်။

  将有利于国家。

- သူညနေ ၂ နာရီမှလာလိမ့်မယ်။

  他下午两点才会来。

၇။ ။ ----ချင်----မယ် 习用形式。放在两个相同的动词之间，表示"可能……"、"也许……"的意思。ဥပမာ-

- အခက်အခဲတွေရှိချင်ရှိမယ်။

  可能有困难。

- မိုးရွာချင်ရွာမယ်။

  也许会下雨。

- ကျနော်ပြောတဲ့စကားထဲမှာအမှားတွေပါချင်ပါမယ်။

  我说的也许有错。

၈။ ။ တဲ့ 助词。用于名词、词组或句子之后，表示引用别人的话，

但并不关心说话的人是谁。ဥပမာ-

- သူ့နာမည်ကမောင်မောင်တဲ့။
  他的名字叫貌貌。

- ဒီနေ့သူတို့မအားဘူးတဲ့။
  听说他们今天没空儿。

- သူတို့မှာလဲအလုပ်လုပ်ပြီးပြီတဲ့။
  据说他们也干完了。

၅။ ။ ထက် 状语助词。用于名词、代词、短语或句子之后,表示主体(人或事物)比被比较的对象在程度上有所超越。被比较的对象放在"ထက်"之前,如果被比较事物的名词或代词最后一音节是低平调,则要改作高降调。ဥပမာ-

- ကျွန်တော်ဟာသူ့ထက်အရပ်မြင့်တယ်။
  我比他高。

- ဒီထက်ကောင်းတာရှိသေးတယ်။
  还有比这更好的。

- ပြောတာကလုပ်တာထက်များတယ်။
  说的比做的多。

*****　　　*****　　　*****

လေ့ကျင့်ခန်း

၁။ ။ အောက်ပါမေးခွန်းများကိုဖြေပါ။

၁။ ဘာဖြစ်လို့မြန်မာနိုင်ငံမှာရာသီဥတုပူအိုက်သလဲ။

၂။ မြန်မာနိုင်ငံဟာမိုးရေစိုစွတ်တယ်လို့ကြားတယ်။ ဘာကြောင့်လဲ။

၃။ မြန်မာပြည်မှာရာသီဥတုဘယ်နှစ်မျိုးကွဲပြားသလဲ။ ဘာကြောင့်ဒီလိုကွဲ

ပြားသလဲ။
၄။ မြန်မာပြည်ရဲ့ဆောင်းရာသီဟာကျနော်တို့နိုင်ငံရှိဆောင်းရာသီနဲ့တူသလား။
၅။ မြန်မာပြည်ဘယ်အပိုင်းမှာမိုးများသလဲ။ ဘယ်အပိုင်းမှာခြောက်သွေ့သလဲ။
၆။ မြန်မာပြည်မှာဘာသီးနှံတွေစိုက်ပျိုးကြသလဲ။
၇။ မိုးလေဝသဌာနကစိုက်ပျိုးရေးအတွက်အထောက်အပံ့ဖြစ်နိုင်သလား။
၈။ ကျနော်တို့တရုတ်ပြည်မှာရာသီဥတုဘယ်နှစ်မျိုးကွဲပြားသလဲ။
၉။ ခင်ဗျားဘယ်ရာသီကိုပိုကြိုက်သလဲ။ ဘာဖြစ်လို့လဲ။
၁၀။ တရုတ်ပြည်တောင်ပိုင်းမှာအီကွေတာနဲ့နီးသလား။
၁၁။ ဆီးနှင်းကျယင်ဘာအကျိုးတွေရှိပါသလဲ။
၁၂။ ဘေကျင်းမှာမိုးရေစိုစွတ်သလား။
၁၃။ ဘေကျင်းမှာသဲမုန်တိုင်းခဏခဏကျသလား။
၁၄။ ဆောင်းရာသီမှာဝေမင်ကန်ရေခဲပြင်ပေါ်မှာစကိတ်စီးသူများသလား။
၁၅။ နေ့တိုင်းမိုးလေဝသခန့်မှန်းခြေသတင်းနားထောင်ကြသလား။

၂။ ။ အောက်ပါစကားပြောများကိုမြန်မာဘာသာသို့ပြန်ဆိုပါ။
你听天气预报了吗?
听了,明天是晴天。
有风吗?
不刮风。
几度?
二十度,不冷也不热,刚刚好。不过预报说后天可能有雨。
没关系,后天是星期六,不用上班。

我最近要随文化代表团到缅甸去访问，不知那里的气候怎样？

现在那里是雨季，每天都会下雨，一定要带上雨伞。

热吗？我很怕热。

缅甸一年四季都很热。对了，应该说是一年三季都挺热的。

为什么是三季？

因为缅甸的气候分为热季、雨季和凉季三季。热季最热，雨季因为雨水多，所以稍好些。

谢谢你。

၃။ ။ အောက်ပါဝါကျများကိုမေးခွန်းဝါကျအဖြစ်ပြင်ရေးပါ။

၁။ မိုးရွာသောကြောင့်သူမလာနိုင်ပါ။

၂။ မြို့ထဲသွားမည်ဟုသူစိတ်ကူးထားသည်။

၃။ မောင်ဘသန်းသည်ဆရာ၏စာအုပ်ကိုငှါးလာသည်။

၄။ သူသည်အင်္ဂလိပ်စာအုပ်ဖတ်နေသည်။

၅။ မောင်ထွန်းဝေသည်ဘေကျင်းမြို့မှပြန်လာသည်။

၆။ ဤစာအုပ်သည်သူ့အတွက်ဝယ်လာသောစာအုပ်ဖြစ်သည်။

၇။ ထိုကိစ္စသည်ဝမ်းသာစရာကောင်းသောကိစ္စဖြစ်သည်။

၈။ ဤစွပ်ကျယ်မျိုးသည်ဈေးချိုသည်၊ ၂ဝဝ နှင့်ပြား ၅ဝ သာပေးရသည်။

၉။ မောင်ကျော်ဟိန်းစာမေးပွဲအောင်သည်။

၁ဝ။ သူသည်စာသင်ခန်းတွင်အိပ်နေသည်။

၁၁။ တောင်ပိုင်းဒေသမှာပင်လယ်နဲ့နီးလို့မိုးများတယ်။

၁၂။ နွေဉတုမှာနေဟာမြန်မာနိုင်ငံပေါ်တည့်တည့်ရောက်ရှိလို့ရာသီဥတုပူအိုက်လှတယ်။

၁၃။ မြန်မာနိုင်ငံရဲ့အရှေ့ဘက်၊ မြောက်ဘက်နဲ့အနောက်ဘက်မှာတောင်

ကြီးတွေ၊ ကုန်းမြင့်တွေရှိတယ်။
၁၄။ နွေဥတုမှာကျနော်တို့ကျောင်းနှစ်လကြာပိတ်ပါတယ်။
၁၅။ မိုးဥတုမှာစိုစွတ်ပြီးဆောင်းဥတုမှာခြောက်သွေ့အေးမြတယ်။
၁၆။ သမီးလေးကမေမေထက်ရုပ်ချောပါတယ်။
၁၇။ ဘောကျင်းမြို့ကရန်ကုန်မြို့ထက်လူဦးရေများတယ်။
၁၈။ ကျောင်းပိတ်ရက်မို့စာကြည့်တိုက်မဖွင့်ဘူး။
၁၉။ သူဗမာစာရေးတာကျနော့်ထက်ပိုင်းတယ်။
၂၀။ မနက်ဖြန်မိုးရွာမယ်၊ လေလည်းတိုက်မယ်။

၄။ ။ အောက်ပါစကားလုံးများထဲမှဆီလျော်သောစကားလုံးကိုရွေးချယ်ပြီးကွက်
လပ်အသီးသီး၌ဖြည့်ပါ။

အလိုက်   အတွက်   မှာ   အပြင်   စသော

၁။ မြို့နယ်------ကောက်စိုက်စွမ်းရည်(能力)ပြိုင်ပွဲပြုလုပ်သည်။
၂။ ဌာန------ဘော်လီဘော်ပြိုင်ပွဲကျင်းပမယ်။
၃။ ဝေါဟာရများကိုအခက်အလွယ်------စီစဉ်ထားရသည်။
၄။ ဤသို့လုပ်ခြင်းသည်ကိုယ်ကျိုး------မဟုတ်ပါ။
၅။ အမိနိုင်ငံတော်------စာကြိုးစားမည်။
၆။ သူ၏ဖခင်------ကုန်သည်တစ်ဦးဖြစ်သည်။
၇။ မိမိတို့နိုင်ငံတော်------အကျိုးကိုဆောင်ရွက်ခဲ့သည်။
၈။ ဤစာရေးဆရာသည်ကလေးဘဝ၊ လူငယ်ဘဝ------ပညာပေးစာ
အုပ်များရေးသားထုတ်ဝေခဲ့သည်။
၉။ ပြင်သစ်------ဘဲဂျီယမ်၊ ဟော်လန်၊ အီတလီ၊ ဂျာမနီ------
နိုင်ငံများကိုလည်းရောက်ဖူးပါသည်။
၁၀။ သူတို့ကိုအင်္ဂလိပ်စာပြတဲ့ဆရာ------အသက် ၄၀ ကျော်အမျိုးသ
မီးတစ်ဦးပါ။

သင်ခန်းစာ (၄) 69

၅။ ။ အောက်ပါစကားလုံးများဖြင့်ဝါကျနှစ်ခုကိုတစ်ခုအဖြစ်ဆီလျော်အောင်ဆက်စပ်ပါ။

၁။ ထက်

သူကအသက်ကြီးတယ်။ ကျနော်ကတော့အသက်ငယ်တယ်။
ကျနော်ကအရပ်မြင့်တယ်။ ကျနော့်ညီလေးကအရပ်မမြင့်ဘူး။
ကျမဗမာစာရေးတာကောင်းတယ်။ သူဗမာစာရေးတာမကောင်းဘူး။
ဒီပဲကဈေးချိုတယ်။ ဟိုပဲကဈေးကြီးတယ်။
ဒီပန်းကလှပါတယ်။ ဟိုပန်းကမလှဘူး။

၂။ သောကြောင့် / တဲ့အတွက်ကြောင့်

ဒီနေ့ကျမနေမကောင်းဘူး။ ကျောင်းမတက်ဘူး။
သူကစာကြိုးစားတယ်။ စာတော်သူဆုရသွားတယ်။
မောင်ကျော်လင်းက နေ့တိုင်းကျန်းမာရေးလေ့ကျင့်တယ်။ အားကစားပြိုင်ပွဲမှာပထမဆုရသွားတယ်။
ဆရာမဒီနေ့မအားဘူး။ ရုပ်ရှင်သွားမကြည့်ဘူး။

၆။ ။ အနက်အဓိပ္ပါယ်ချင်းတူညီသောစကားလုံးများကိုမျဉ်းကြောင်းနဲ့ဆက်ပါ။

မောက်စ် MP3
အီးမေးလ် MBA
အမ်ပီသရီး 在线
ကီးဘုတ် 键盘
စင်တာ 电子邮件
မာလ်တီမီဒီယာ 手机
မိုဘိုင်းဖုန်း 中心
အွန်လိုင်း 文凭
အမ်ဘီအေ 鼠标
ဒီပလိုမာ 多媒体

၇။ ။ အောက်ပါစကားလုံးများဖြင့်ဝါကျဖွဲ့ပါ။
တဲ့ သောကြောင့် သို့ရာတွင် အလိုက် ထက်

၈။ ။ အောက်ပါဝါကျများကိုတရုတ်ဘာသာသို့ပြန်ဆိုပါ။
၁။ ကျွန်းပင်သည်ရာသီအလိုက်အရွက်ကြွေသောသစ်ပင်မျိုးဖြစ်သည်။
၂။ ကျောင်းသားများ၏နာမည်များကိုအက္ခရာစဉ်အလိုက်ရေးထားသည်။
၃။ အိမ်ထောင်အလိုက်မဟုတ်ဘဲလူဦးရေအလိုက်ဝေငှသည်။
၄။ ဒုက္ခသည်များအတွက်ရံပုံငွေများကိုကောက်ခံ(募捐)နေကြသည်။
၅။ သူသည် မိသားစုစားဝတ်နေရေးအတွက် ဖခင်၏လုပ်ငန်းတွင် ကူညီခဲ့သည်။
၆။ ရေများမှစပါးစိုက်နိုင်တယ်လို့ဘယ်သူကပြောတာလဲ။
၇။ တောင်သူလယ်သမားများကကြိုးကြိုးစားစားလယ်ယာလုပ်ကိုင်ကြ၍ ယခုနှစ်ဆန်စပါးပိုထွက်သည်ဟုကြားရပါသည်။
၈။ တောင်ပိုင်းတွင်၎င်း၊ မြောက်ပိုင်းတွင်၎င်း၊ ပဲမျိုးစုံထွက်သည်။
၉။ မြန်မာပြည်ရာသီဥတုသည်ခြုံ၍ကြည့်လျှင်ကောင်းပါသည်၊ သို့ရာတွင် နွေရာသီသည်ပူလွန်းလှသည်။
၁၀။ ဤပစ္စည်းများကိုမိသားစုအလိုက်ခွဲဝေပေးမည်။
၁၁။ စိတ်ထက်သန်မှုကအောင်မြင်မှုအတွက်အရေးအကြီးဆုံးအခြေခံအချက်ဖြစ်သည်။
၁၂။ အအေးချိန်ကသုညအောက်ငါးဆယ်မှာရောက်နေသည်။ သည်ကြား ထဲလေပြင်းကတိုက်လိုက်သေးသည်။
၁၃။ အင်္ဂလိပ်စာသင်ခါစမှာ အက်ဖ်(F)ကို မပီ၍ ဘေးလူကရယ်ချင်ရယ် မည်။ ခေါင်းခေါက်ခံချင်ခံမည်။
၁၄။ အတွေ့အကြုံသို့မဟုတ်အလေ့အကျင့်မရှိဘဲ စင်ပေါ်တက်လာရသည် အခါ စင်ပေါ်တွင်မနေတတ်။ မတ်တတ်ရပ်ရတာ အသားမကျ။ လက် ကိုဘယ်လိုထားမှန်းမသိ။ အသက်ရှူရတာပင် ခက်ခဲနေသည်။

၁၅။ စင်အောက်တွင် စနစ်တကျလေ့ကျင့်မည်။ စင်ပေါ်တွင် တစ်ပွဲနှင့်နှစ်ပွဲသုံးလေးပွဲ အတွေ့အကြုံရှိလာမည်ဆိုလျှင် ကျင့်သားရလာမည်။ နေသားကျလာမည်။

၉။ အောက်ပါဝါကျများကိုမြန်မာဘာသာသို့ပြန်ဆိုပါ၊
(1) 气象台预报明天有雨。
(2) 缅甸的气候对农业极为有利。
(3) 这些练习对我们学习缅文很有好处。
(4) 明年他们俩将去缅甸学习。
(5) 我们已经学到第二十课了，但还经常复习上学期的内容。
(6) 听说你的儿子明年就要大学毕业了。
(7) 据说暑假里他每天去游泳。
(8) 北京夏天时也热，但仰光比北京更热。
(9) 如果有空儿的话，明天我也许会去看展览。
(10) 因为学习缅文时间不长，所以说得不太流利。
(11) 想看这部电影的人太多了，去晚了就买不着票了。
(12) 他虽然年纪还小，却读了很多书，知识丰富。
(13) 每年我们学校都按院系举行排球比赛。
(14) 每年七月中旬至九月初放暑假。
(15) 老师把孩子们按年龄大小分班。
(16) 有些人说的比做的多，有些人却是做的比说的多。
(17) 听说他今天晚上也会去参加讨论会。
(18) 晚上我可能会见到他。
(19) 去年最冷时曾达到零下十五度。
(20) 北京春天时经常刮风，有时还有沙尘天气。

အပိုဖတ်စာ

မိုးလေဝသ

မိုးလေဝသသတင်းများကို မိုးလေဝသဌာနခွဲက နေ့စဉ်ထုတ်ပြန်ပေးလျက်ရှိသည်။ ထိုသတင်းများကိုရေဒီယို၊ တီဗွီနှင့်သတင်းစာများတွင် နေ့စဉ်ကြေညာပေးလျက်ရှိသည်။ မှုန်တိုင်းကျသည်၊ မိုးကြီးသည်၊ အခါမဟုတ် မိုးရွာသည်၊ လိုင်းကြီးသည်၊ ရေကြီးသည် စသည်ဖြင့် မိုးလေဝသအထူးသတင်းကြေငြာချက်များကိုလည်း ထုတ်ပြန်ပေးခြင်းဖြင့် ကျွန်ုပ်တို့သည် သဘာဝဘေးအန္တရာယ်များကို အချိန်မီကာကွယ်ကြသည်။

မြန်မာနိုင်ငံသည် စိုက်ပျိုးရေးနိုင်ငံဖြစ်သည်။ စိုက်ပျိုးရေးအောင်မြင်ရန်မှာ မိုးလေဝသအခြေအနေပေါ်တွင် များစွာတည်သည်။ မိုးလေဝသအခြေအနေများကို ကြို တင်ခန့်မှန်းခြင်းဖြင့် စိုက်ပျိုးရေးလုပ်ငန်းတွင် များစွာအကျိုးရှိလေသည်။

မိုးလေဝသအခြေအနေများကို တိုင်းတာရန် မြန်မာနိုင်ငံအရပ်ရပ်တွင် မိုးလေဝသ စခန်းများ ဖွင့်လှစ်ထားသည်။

မိုးလေဝသအခြေအနေများကို တိုင်းတာရာ၌ ကိရိယာဖြင့်တိုင်းတာခြင်း၊ အမြင် အားဖြင့်မှန်းဆခြင်းဟူ၍ နှစ်မျိုးရှိသည်။ မိုးလေဝသဂြိုဟ်တုများမှ ပေးပို့သော မိုးလေ ဝသသတင်းများကို မြန်မာနိုင်ငံကလည်း ရရှိရာ ပိုမိုတိကျသော မိုးလေဝသသတင်းများ ကို ထုတ်ပြန်ပေးလျက်ရှိသည်။

မိုးလေဝသဌာနခွဲသည် ရေကြီးခြင်း၊ လျှင်လုပ်ခြင်းစသည့်သတင်းများကို ကြို တင်ထုတ်ပေးရန်လည်း ဆောင်ရွက်လျက်ရှိသည်။ မိုးလေဝသသတင်းများကို အချိန်မီ ထုတ်ပြန်ခြင်းသည် နိုင်ငံတော်၏ စီးပွားရေးလုပ်ငန်းနှင့် ဆက်သွယ်ရေးလုပ်ငန်းများတွင် အထောက်အကူများစွာဖြစ်စေသည်။

သင်ခန်းစာ (၅)

ပတ်စာ

ဗမာ့ရေးရာသိကောင်းစရာ

ဗမာလူမျိုးတို့ရဲ့ နေ့ထုံးစံနှင့်ပတ်သက်ပြီး အောက်ပါသိသင့်သိထိုက်တဲ့ အကြောင်းအရာတွေရှိပါတယ်။

(၁) နှစ်သစ်ကူးပွဲတော်

ဗမာလူမျိုးတို့ဟာ တန်ခူးလမှာ နှစ်သစ်ကူးပွဲတော်ကို ကျင်းပဆင်နွှဲကြတယ်။ ဒီနှစ်သစ်ကူးပွဲတော်ကို သင်္ကြန်ပွဲတော်လို့လဲခေါ်ကြတယ်။ သင်္ကြန်ပွဲတော်ရောက်ပြီဆိုရင်၊ ဗမာလူမျိုးတို့ဟာ သက်ကြီးသက်ငယ်ကျားမမရွေး အားလုံးလိုလိုဘဲ အချင်းချင်းရေပက်ကစားကြပါတယ်။

(၂) ထမင်းစားပုံစားနည်း

ဗမာလူမျိုးတို့ဟာ ထမင်းကို ပန်းကန်လုံးနဲ့မစားဘဲ ပန်းကန်ပြားနဲ့သာ စားလေ့ရှိတယ်။ ရေတ်သီးနဲ့ချက်တဲ့ဟင်းကို အလွန်ကြိုက်နှစ်သက်ကြတယ်။ ငါးပိဟာနေ့တိုင်းမစားရယင် မပြီးတဲ့ ဟင်းတစ်မယ်ဖြစ်ပါတယ်။ ထမင်းဟင်းစားရာမှာ လက်နဲ့နိုက်စားလေ့ရှိတယ်။ လက်နဲ့စားမှသာ မြိန် တယ် လို့ ထင်ကြတယ်။ အရည်ပါတဲ့ဟင်းနဲ့ဟင်းချို ကိုတော့ ဇွန်းနဲ့ခပ်စားကြတယ်။

(၃) ဆင်ယင်ထုံးဖွဲ့မှု

ဗမာလူမျိုးတို့ဟာ ဘောင်းဘီအစား လုံချည်

ဝတ်လေ့ရှိတယ်။ ယောက်ျားဝတ်တဲ့လုံချည်ကို ပုဆိုးလို့ခေါ်ကြတယ်။ မိန်းမဝတ်တဲ့ လုံချည်ကိုတော့ ထဘီလို့ခေါ်ကြတယ်။ ဗမာလူမျိုးတို့ဟာ ညပ်ဖိနပ်၊ ကွင်းထိုးဖိနပ်နဲ့ ခုံဖိနပ်တွေကို အစီးများတယ်။ တောင်သူလယ်သမားများ လယ်လုပ်တဲ့အခါမှာ ဖိနပ် မစီးကြရှာဘူး။

ခေါင်းပေါင်းဟာ ဗမာလူမျိုးယောက်ျားကို ဦးခေါင်းပေါ်မှာ ဝတ်စားဆင်မြန်းလေ့ရှိ တဲ့ အဝတ်တန်ဆာတစ်မျိုးဖြစ်ပါတယ်။ အမျိုးသမီးကတော့ ခေါင်းပေါင်းမပေါင်းကြဘူး။

(၄) သာသနာရေးရာ

မြန်မာပြည်ဟာ ဗုဒ္ဓဘာသာထွန်းကားတဲ့ နိုင်ငံတစ်နိုင်ငံဖြစ်ပါတယ်။ ဗမာလူမျိုး ရာခိုင်နှုန်း ၈၀ ကျော်က ဗုဒ္ဓဘာသာကို ကိုးကွယ်ကြတယ်။ ဗမာလဆယ့်နှစ်လအတွက် သင်္ကြန်ပွဲတော်အပါအဝင် အမျိုးသားပွဲတော်ဆယ့် နှစ်မျိုးရှိတယ်။ အဲဒီပွဲတော်အားလုံးလိုလိုဟာ ဗုဒ္ဓ ဘာသာနဲ့သက်ဆိုင်တယ်။

မြန်မာပြည်မှာ ဗုဒ္ဓဘာသာနဲ့ သက်ဆိုင်တဲ့ စေတီတွေ၊ ဘုရားကျောင်းကန်တွေ၊ သံဃာတော် တွေ အင်မတန်များပြားလှပါတယ်။ ဘယ်နေရာ ရောက်ရောက် တွေ့မြင်နိုင်ပါတယ်။ စေတီပေါ် တက်တဲ့အခါမှာရော ဘုရားကျောင်းကန်ကိုဝင်တဲ့ အခါမှာပါ ဖိနပ်မစီးကြရဘူး။

***** ***** *****

စကားပြော

မြန်မာလူမျိုးတို့၏မလေ့ထုံးစံ

က။ ကျောင်းသား

ခ။ ရဲဘော်ဝမ်

သင်ခန်းစာ (၅) 75

က။ ။ ရဲဘော်ဝမ်၊ လာစမ်းပါဗျာ။

ခ။ ။ ဘာလုပ်ဘို့လဲ။

က။ ။ ခင်ဗျားကြည့်စမ်း။ ဗမာလူမျိုးတို့ရဲ့ နှစ်သစ်ကူးချိန်ဟာ ဧပြီလ ၁၃ ရက်နေ့တဲ့။ သိပ်ဆန်းတာဘဲ။

ခ။ ။ ဒါများအဆန်းလုပ်လို့။ ကျနော် တို့တရုတ်လူမျိုးတို့ရဲ့နှစ် သစ်ကူးချိန်လဲ့ ဇန်နဝါရီလ တစ်ရက်နေ့မဟုတ်ဘဲ ဖေ ဖော်ဝါရီလမှာပရှိတယ်၊ မ ဟုတ်လား။

က။ ။ အဲဒါဘာဖြစ်လို့လဲ။

ခ။ ။ လူမျိုးအသီးသီးတို့မှာ ဓလေ့ထုံးစံချင်းမတူလို့ပေါ့။ နှစ်သစ်ကူးပွဲတော်ကို မိမိတို့ပြက္ခဒိန်အရ မိမိတို့ဓလေ့အရ ကျင်းပကြတာချည်းဘဲ။

က။ ။ ဒါဖြင့် ဗမာလူမျိုးက နှစ်သစ်ကူးပွဲတော်ကို ဘယ်လိုနဲ့ပျော်ကြတာလဲ။

ခ။ ။ ဗမာနှစ်သစ်ကူးပွဲတော်ကို သင်္ကြန်ပွဲတော်လို့လဲခေါ်ကြတယ်။ ပွဲတော်နေ့ များမှာ---

က။ ။ နေပါဦး။ ပွဲတော်နေ့များမှာလို့ပြောတယ်။ သူတို့ပွဲတော်ရက်တွေ တော် တော်များများရှိလို့လား။

ခ။ ။ ဟုတ်တယ်လေ။ သူတို့ရဲ့သင်္ကြန်ပွဲတော်နေ့ဆိုတာ အကျနေ့ရယ်၊ အကြတ် နေ့ရယ်၊ အတက်နေ့ရယ်လို့ သုံးရက်ရှိပါတယ်။

က။ ။ ဪ---ဆက်ပါဦး။

ခ။ ။ သင်္ကြန်ပွဲတော်နေ့မှာရေပက်ကြတယ်။

က။ ။ အချင်းချင်းရေပက်ကြတာလား။ ဒီလိုပက်တာဘာသဘောလဲ။

ခ။ ။ သဘောကတော့ဒီလိုပါ– နှစ်ဟောင်းမှာ ကျူးလွန်ခဲ့တဲ့ မကောင်းမှုတွေ နှစ် ဟောင်းမှာတင်ခဲ့တဲ့ အညစ်အကြေးတွေကို ဆေးပစ်လိုက်တဲ့ သဘောဘဲ။

က။ ။ မဆိုးဘူးဗျ။ နောက်ပြီး ဘာလုပ်ကြသေးသလဲ။

ခ။ ။ ကုသိုလ်ကောင်းမှုတွေ လုပ်ကြသေးတယ်။ ဥပမာ သက်ကြီးရွယ်အိုလူကြီးများကို လူငယ်က ခေါင်းလျှော်ပေးတယ်။ လူကြီးမိဘများကို ကန်တော့ကြတယ်။ ဘုရားများကို ရေသပ္ပါယ်ကြတယ်။ နွားတို့၊ ငှက်တို့၊ ငါးတို့ သက်ရှိသတ္တဝါတို့ကို ဘေးမဲ့လွှတ်တယ်။

က။ ။ အင်း–ဒီလိုခလေ့ထုံးစံမျိုးလဲမဆိုးဘူးနော်။

ခ။ ။ ဒါပေါ့။ လူမျိုးတိုင်းမှာရှိရာယဉ်ကျေးမှုများထဲမှာ ကောင်းမွန်တဲ့အချက်များရှိတယ်။ အဲဒါကိုကောင်းကောင်းထိန်းသိမ်းထားဘို့ကောင်းတယ်။

က။ ။ ခင်ဗျားပြောတာမှန်ပါတယ်။ အကာကိုပယ် အနှစ်ကိုထုတ်ဆိုသလိုပေါ့။

*****   *****   *****

စကားပုံ

ကျွဲပါးစောင်းတီး

ကျွဲ၏အနီးအပါးတွင် စောင်းတီးပြလျှင် ကျွဲသည် ဂီတအရသာကို မခံစားတတ်ပဲ မြက်စားမြက်စားနေပေလိမ့်မည်။ ထို့အတူ လူမိုက်များကိုပြောဆိုဆုံးမလျှင်လည်း အကျိုးမရှိကြောင်း သရုပ်ဖော်ထားသည့် စကားပုံဖြစ်သည်။

*****   *****   *****

ဝေါဟာရ

ပတ်သက် (က)	有关
ထိုက် (ကထ)	应该、值得
အကြောင်းအရာ (န)	事情、内容
တန်ခူးလ (န)	缅历一月
သက်ကြီးသက်ငယ် (န)	老少
ကျားမမရွေး (စု)	不分男女
ပန်းကန်လုံး (န)	碗

ပန်းကန်ပြား (န)	盘子
ငရုတ်သီး (န)	辣椒
အလွန် (ကြ)	非常
နှစ်သက် (က)	喜爱
ငါးပိ (န)	鱼虾酱
မယ် (မ)	样、种
နှိုက် (က)	掏
ဟင်းချို (န)	汤
ခပ် (က)	舀
ဆင်ယင်ထုံးဖွဲ့မှု (န)	梳妆打扮
လုံချည် (န)	筒裙
ပုဆိုး (န)	男式筒裙
ထမီ (န)	女式筒裙
ညှပ်ဖိနပ် (န)	夹脚拖鞋
ကွင်းထိုးဖိနပ် (န)	拖鞋
ခုံဖိနပ် (န)	木屐
တောင်သူလယ်သမား (န)	农民
ခေါင်းပေါင်း (န)	包头巾、缅甸礼帽
ဦးခေါင်း (န)	头
ဝတ်စား (က)	穿戴
ဆင်မြန်း (က)	穿着打扮
အဝတ် (န)	服装
တန်ဆာ (န)	服饰
သာသနာ (န)	宗教
ရေးရာ (န)	事情、事务
ဗုဒ္ဓဘာသာ (န)	佛教

ထွန်းကား (နဝ)	盛行、发达
ရာခိုင်နှုန်း (န)	百分比
ကိုးကွယ် (က)	信仰
အပါအဝင် (န)	包括
သက်ဆိုင် (က)	有关
စေတီ (န)	佛塔
ဘုရားကျောင်းကန် (န)	寺庙
သံဃာ (န)	僧侣
အင်မတန် (ကဝ)	非常
များပြား (နဝ)	很多
လှ (ကထ)	非常、极其
ဓလေ့ထုံးစံ (န)	风俗习惯
ဆန်း (နဝ)	新奇、奇怪
ပြက္ခဒိန် (နပါဠိ)	日历
နွဲ့ပျော် (က)	欢度（节日）
အကျနေ့ (န)	泼水节第一天
အကြတ်နေ့ (န)	泼水节第二天
အတက်နေ့ (န)	泼水节第三天
ပက် (က)	泼
ကျူးလွန် (က)	侵犯、冒犯
အညစ်အကြေး (န)	污垢
ကုသိုလ်ကောင်းမှု (န)	善事
သက်ကြီးရွယ်အို (န)	老人
ခေါင်းလျှော် (က)	洗头
ကန်တော့ (က)	磕头
ရေသပ္ပါယ် (က)	浴佛

သင်ခန်းစာ (၅)

သတ္တဝါ (န)	动物
ဘေးမဲ့လွှတ် (က)	放生
ရိုးရာ (န)	传统
ကောင်းမွန် (နဝ)	优秀的、优良的
အချက် (န)	要点、时机
ထိန်းသိမ်း (က)	维护、保护
အကာ (န)	糟粕
ပယ် (က)	去除、排除
အနှစ် (န)	精华
ထုတ် (က)	取出

***** ***** *****

ရှင်းပြချက်

၁။ ။ သိကောင်းစရာ 应该知道的事情。"ကောင်း" 在这里为助动词，表示"应该、值得"。

၂။ ။ နဲ့ပတ်သက်ပြီး 习用形式。口语体，用于名词、代词之后，表示"有关……情况"、"关于……"。书面语体为 "နှင့်ပတ်သက်၍"。ဥပမာ-

- ဒီကိစ္စနဲ့ပတ်သက်ပြီးကျနော်ဘာမှမပြောချင်ဘူး။
  对此我不想说什么。
- ဗမာလူမျိုးနဲ့ပတ်သက်ပြီးဘာတွေသိချင်သေးသလဲ။
  关于缅甸民族，你还想了解什么？
- ကမ္ဘာ့ရေးရာနဲ့ပတ်သက်ပြီးကျနော်တို့အစိုးရရဲ့သဘောထားကဒီလိုပါ။
  关于国际事务，我国政府的态度是这样的。

၃။ သင့်၊ထိုက် 助动词。"သင့်"表示"应该"的意思,"ထိုက်"表示
"值得"的意思。ဥပမာ-
- ဒါကိုခင်ဗျားသိသင့်ပါတယ်။
你应该知道这些。
- ကျနော်တို့သူတို့ကိုကူညီသင့်တယ်။
我们应该帮助他们。
- ဘေကျင်းမြို့မှာကြည့်ထိုက်တဲ့ပြပွဲအများကြီးရှိတယ်။
北京有许多展览值得一看。
- ဒီစာအုပ်မျိုးကိုဝယ်ထိုက်တယ်။
这类书值得买。

当这两个助动词与相同的两个动词构成一个词组时,用作定语,修饰名词。ဥပမာ-
- ဒါကျနော်တို့လုပ်သင့်လုပ်ထိုက်တဲ့အလုပ်ပါ။
这是我们应该做的。
- မပြောသင့်မပြောထိုက်တဲ့စကားကိုပြောနေတယ်။
正在说些不该说的话。

၄။ မရွေး 状语助词。用于名词之后,表示"不分……"、"无论……"的意思。ဥပမာ-
- လူကြီးလူငယ်မရွေးအားလုံးကြိုဆိုပါသည်။
不论大人小孩,全都欢迎。
- ကျားမပျိုအိုမရွေးပါဝင်ယှဉ်ပြိုင်နိုင်ပါသည်။
男女老少均可参加比赛。
- အချိန်မရွေးလာမေးနိုင်ပါသည်။
任何时候都可以来问。

သင်ခန်းစာ (၅) 81

၅။ ။ လိုလို 助词。用于名词之后，表示"似乎……"、"几乎……"的意思。ဥပမာ-

- အားလုံးလိုလိုသွားပါတယ်။
  几乎全都去了。
- ကျောင်းဆရာလိုလို၊ ဆရာဝန်လိုလိုလူတစ်ယောက်လာတယ်။
  来了一个又像是老师又像是医生的人。
- သူ့စကားကတောင်လိုလိုမြောက်လိုလိုဖြစ်နေတယ်။
  他说的话模棱两可。

၆။ ။ ---ပုံ---နည်း 一种构词形式。中间加入相同的动词，表示动作的样子、姿态和方法。ဥပမာ-

- လုပ်ပုံလုပ်နည်း
  做法
- စားပုံစားနည်း
  吃法
- ထိုင်ပုံထိုင်နည်း
  坐相
- ပြောပုံပြောနည်း
  说话的样子

၇။ ။ ရာမှာ 状语助词。口语体，用于动词之后，表示动作在某一过程中进行。书面语体为"ရာတွင်၊ရာ၌၊ရာဝယ်"。ဥပမာ-

- အချင်းချင်းဆက်ဆံရာမှာ တစ်ယောက်ကိုတစ်ယောက်ရိုသေလေးစားရမယ်။
  在相互交往过程中必须相互尊重。
- ထမင်းဟင်းစားရာမှာ လက်နဲ့နှိုက်စားလေ့ရှိတယ်။

在吃饭时，习惯用手抓着吃。
- မင်းစာသင်ရာတွင် နည်းကောင်းယူရသည်။
你在学习的过程中一定要用好的方法。

၈။ အစား: 助词。用于名词和代词之后，表示后者代替前者发出动作。ဥပမာ-
- ကျွန်တော့်အစားခင်ဗျားအစည်းအဝေးသွားထိုင်ပါ။
你替我去开会吧。
- ဘောင်းဘီအစားလုံချည်ဝတ်လေ့ရှိတယ်။
不穿裤子而习惯穿筒裙。
- အခုဆိုယင်ကျွဲနွားအစားလယ်ထွန်စက်သုံးနေကြပြီ။
现在都用拖拉机代替水牛和黄牛干活儿了。

၉။ ရှာ 语气助词。用于动词之后，表示说话人对涉及的对象的同情和怜悯。ဥပမာ-
- သူ့အဖေကကင်ဆာရောဂါကြောင့်သေဆုံးသွားရှာသည်။
他父亲患癌症去世了。
- အလုပ်များကိုပင်ပင်ပန်းပန်းလုပ်ကြရှာသည်။
（他们）不得不辛勤地工作。
- ခေတ်ဟောင်းမှာလယ်သမားသားသမီးတို့ကစာမဖတ်နိုင်ကြရှာဘူး။
旧社会农民的孩子读不起书。

၁၀။ လှ 助动词。用于动词和形容词之后，表示"非常、极其"的意思。ဥပမာ-
- စာအုပ်တွေများပြားလှပါသည်။
书非常多。

- ရှမ်ဟဲမြို့နဲ့သိပ်မဝေးလှပါဘူး။
  离上海不太远。
- ကိုယ့်ကိုကိုဟုတ်လှပြီလို့မထင်နဲ့။
  别以为你自己了不起。

၁၁။ ။ ဘယ်နေရာရောက်ရောက်တွေ့မြင်နိုင်ပါတယ်။ 无论到哪里都能见到。

၁၂။ ။ ----ရော----ပါ 连词。用于名词之后，表示包括前者和后者全部在内，相当于汉语的"连……带……"、"无论……还是……全都……"。ဥပမာ-
- လူကြီးရောကလေးပါအားလုံးပျော်ရွှင်ကြပါတယ်။
  大人和小孩全都高兴。
- ကျောင်းမှာရောစက်ရုံမှာပါဒီပြဿနာကိုဆွေးနွေးနေကြတယ်။
  无论是在工厂还是在学校，（大家）都在讨论这问题。
- ခဲတံရောစာအုပ်ပါယူလာခဲ့ပါ။
  把铅笔和书都拿来。

၁၃။ ။ ဒါများအဆန်းလုပ်လို့။ 习用语。意为："这有什么奇怪的？"

၁၄။ ။ မ----ဘဲ 习用形式。表示否定一种情况而肯定另一种情况，相当于汉语"不……而……"或"没……而……"的意思。ဥပမာ-
- ထမင်းမစားဘဲကြက်ဥတစ်လုံးဘဲစားတယ်။
  没吃饭，只吃了一个鸡蛋。
- မုန့်ဝယ်မစားဘဲစာအုပ်အမျိုးမျိုးကိုဝယ်ဖတ်တယ်။

没买点心吃而买了各种书看。

- မောင်ဘန့်မမျှော်လင့်ဘဲတွေ့ရတယ်။

与貌巴不期而遇。

၁၅။ ။ ဘာဖြစ်လို့လဲ။ 为什么？这是问原因的疑问句。在回答这类问句时，一般用"လို့"来表示原因，有时不一定要说出结果。ဥပမာ-

- သူမလာတာဟာနေမကောင်းလို့ပါ။

他之所以没来是因为他身体不好。

- လူမျိုးအသီးသီးမှာရေလေ့ထုံးစံခြင်းမတူလို့ပေါ့။

当然是因为各民族有不同的风俗习惯啦。

这类疑问句也可以加入表示结果的内容。但是在否定形式中，疑问句的句尾也仍用"သလဲ"，而不用"ဘူးလဲ"。ဥပမာ-

- ဘာဖြစ်လို့သူလဲမလာသလဲ။

为什么他也不来了呢？

- ဘာဖြစ်လို့သူမလုပ်ချင်သလဲ။

为什么他不愿意干呢？

၁၆။ ။ အရ 状语助词。用于名词之后，表示某一动作或情况是根据什么而发生或出现的。相当于汉语"根据……"、"……上"、"……下"的意思。ဥပမာ-

- ကျွန်တော်တို့နိုင်ငံသည်စီးပွားရေးအရခေတ်နောက်ကျပေသေးသည်။

我国经济还很落后。

- ဥပဒေအရအရေးယူမယ်။

将依法追究。

- ၎င်းဖောင်ဒေးရှင်း၏အကူအညီအရ နိုင်ငံခြားသို့ ပညာတော်သင်များစွာ

စေလွှတ်သည်။

在该基金的资助下，向国外派遣了许多留学生。

- ပြပွဲအစီအစဉ်အရခန်းများကြည့်ပြီးနောက်ဗွီဒီယိုလည်းကြည့်နိုင်သည်။

根据展会安排，在参观完各展室之后，还可以看录像。

၁၇။ ။ လေ 语气助词。用于句尾，表示提醒对方或表示不耐烦的语气。ဥပမာ–

- သူဘဲလေ။

就是他呗！

- မင်းကောင်းစေချင်လို့ပြောတာပါ။ မင်းသဘောဘဲလေ။

是为你好才说的。（你要是不听）随你的便！

- ဒါဘဲလေ။ ယုံချင်ယုံ မယုံချင်နေ။

就是这样嘛！信不信由你。

၁၈။ ။ ရယ်လို့ 助词。用于名词或句子之后，表示"所谓"的意思。书面语体为"ဟူ၍"。ဥပမာ–

- ဘာရောဂါရယ်လို့တော့မပြောတတ်ပါဘူး။

也说不清是什么病。

- ဘာရယ်လို့မှမဟုတ်ဘူး၊ အလည်သက်သက်လာတာပါ။

不为什么，就是来玩儿的。

- သူဒေါနှင့်မောနှင့်မပြောသည်အခါဟူ၍မတွေ့မြင်ဖူးပါ။

从未见过他讲话有不生气的时候。

***** ***** *****

လေ့ကျင့်ခန်း

၁။ ။ အောက်ပါမေးခွန်းများကိုဖြေပါ။

၁၊ ဗမာလူမျိုးဟာဘယ်အချိန်မှာနှစ်သစ်ကူးကြပါသလဲ။
၂၊ မြန်မာပြည်ဟာဘယ်အချိန်ကလွတ်လပ်ရေးရခဲ့ပါသလဲ။
၃၊ ဗမာလူမျိုးဟာဘာဘာသာကိုကွယ်ကြသလဲ။
၄၊ ဘယ်နေ့ဟာသင်္ကြန်အကျနေ့လဲ။
၅၊ သင်္ကြန်ပွဲတော်နေ့များထဲကဘယ်နေ့ကိုအကြတ်နေ့လို့ခေါ်ပါသလဲ။
၆၊ ဗမာလူမျိုးကနှစ်သစ်ကူးပွဲတော်နေ့ကိုဘယ်လိုကျင်းပဆင်နွှဲကြပါသလဲ။
၇၊ အချင်းချင်းရေပက်တာဘာသဘောလဲ။
၈၊ နှစ်သစ်ကူးချိန်မှာလူငယ်ချည်းဘဲပျော်ကြပါလား။
၉၊ ဗမာလူမျိုးထမင်းစားတဲ့အခါဘယ်လိုစားကြပါသလဲ။
၁၀၊ တရုတ်လူမျိုးကော၊ ဘယ်လိုစားကြပါသလဲ။
၁၁၊ လက်နဲ့စားတဲ့အခါဇွန်းမသုံးဘူးလား။
၁၂၊ ခင်ဗျားလက်နဲ့စားတတ်သလား။
၁၃၊ ဗမာလူမျိုးဟာဘာဟင်းကြိုက်ကြပါသလဲ။
၁၄၊ ဗမာလူမျိုးတို့ဟာဘောင်းဘီမဝတ်ဘဲဘာဝတ်ကြပါသလဲ။
၁၅၊ မိန်းမဝတ်တဲ့လုံချည်ကိုဘယ်လိုခေါ်ပါသလဲ။
၁၆၊ သူတို့ကဘယ်လိုဖိနပ်မျိုးစီးကြသလဲ။
၁၇၊ ဗမာလူမျိုးတို့ဟာဘာဦးထုပ်ဆောင်းကြသလဲ။
၁၈၊ မြန်မာပြည်မှာဗုဒ္ဓဘာသာကိုကိုးကွယ်တဲ့လူဘယ်လောက်ရှိပါသလဲ။
၁၉၊ ဗုဒ္ဓဘာသာနဲ့သက်ဆိုင်တဲ့ပွဲတော်များကိုသိသလား။ သိရင်ပြောပြပါ။
၂၀၊ တရုတ်လူမျိုးမှာလဲလတိုင်းပွဲတော်ရှိပါသလား။

၂။ ။ အောက်ပါစကားပြောများကိုမြန်မာဘာသာသို့ပြန်ဆိုပါ။
你在缅甸过过泼水节吗？
过过，可有意思了。不论男女老少都尽情地相互泼水，开心极了。
衣服湿了怎么办?
四月份正是缅甸最热的季节,衣服泼湿了,一会儿就晒干了。
真想到那儿去看看。

听说缅甸人吃饭时是用手抓着吃的,是吗?
是的,同印度人一样。
还有什么习惯与中国人不同的?
他们一年到头,男女老少都穿筒裙。
男人也穿裙子呀?
是的,男人的穿法与女人的穿法有些不同。
下次有机会穿给我们看看,好吗?
好的。

၂။ ။ အောက်ပါဝါကျများကိုပြီးပြည့်စုံအောင်ရေးပါ။
 ၁။ ကျနော်ဒီနေ့နေမကောင်းဘူး။ ဒါပေမဲ့------
 ၂။ ကျနော်ရုပ်ရှင်မကြည့်ချင်ပေမဲ့------
 ၃။ သူတို့ကအချိန်မီရောက်ကြပေမဲ့------
 ၄။ သူတို့ကဒီနေ့ပွဲကိုသွားကြည့်မယ်လို့ပြောတယ်။ ဒါပေမဲ့------
 ၅။ သူတို့ရဲ့သဘောအရ------
 ၆။ ကျနော်တို့ကျောင်းစည်းကမ်းအရ------
 ၇။ နိုင်ငံရေးအရလွတ်လပ်ပေမဲ့------
 ၈။ ဖတ်သင့်ဖတ်ထိုက်တဲ့စာအုပ်များကို------
 ၉။ ခင်ဗျားတို့အချိန်မရွေး------
 ၁၀။ ကျားမပျို့အိုမရွေး------

၄။ ။ အောက်ပါစကားလုံးများကိုရွေးချယ်၍ ကွက်လပ်အသီးသီးတွင်ဆီလျော် အောင်ဖြည့်ပါ။

၁။ ကျွေး ကြွေး
(က) စာတတ်မြောက်ရေး တို့အရေးဟု လယ်သမားဦးကြီးများက ------ကြော်ကြတယ်။
(ခ) ညည်သည်ကိုကောင်းစွာ------မွေးမြူရမည်။

၂။ ကျောက် ကြောက်
(က) မြန်မာနိုင်ငံတွင်အဖိုးတန်သော------မျက်ရတနာများရှိသည်။
(ခ) ကလေးငယ်ကို------အောင်မခြောက်လှန့်ရ။

၃။ လမ်း လန်း
(က) ------ပေါ်တွင်အမှိုက်မပစ်ရပါ။
(ခ) သူငယ်ချင်းများရှင်------ချမ်းမြေ့ပါစေဟုဆုတောင်းပါသည်။

၄။ ယုံ ရုံ
(က) မိတ်ဆွေကောင်းကို------ကြည်အပ်၏။
(ခ) ဇာတ်------တွင်လူများစည်ကားလှသည်။

၅။ မွေး မွှေး
(က) မပု၏ခွေးအ------လှသည်။
(ခ) ရေ------တစ်ပုလင်းဝယ်ခဲ့ပါ။

၆။ ကျက် ကြက်
(က) နွားများသည်စား------တွင်မြက်စားနေကြသည်။
(ခ) နံနက်လင်းချိန်တွင်------တွန်သံကိုကြားရသည်။

၇။ စင် စဉ်
(က) အစာမစားမီလက်ကို------အောင်ဆေးပါ။
(ခ) ဦးမောင်မောင်သည်အခမ်းအနားအစီအ------ကိုကြေငြာသည်။

၅။ ။ အောက်ပါစကားလုံးများထဲမှ ဆီလျော်သောစကားလုံးကိုရွေးချယ်ပြီး ကွက်

သင်ခန်းစာ (၅)

လပ်အသီးသီး၌ဖြည့်ပါ။

အရ မ---ဘဲ ရာ ရာတွင် သင့်
သို့ရာတွင် မရွေး

၁။ သူကတစ်ခါတစ်လေတစ်ညလုံး------အိပ်------အလုပ်လုပ်လေ့ရှိတယ်။

၂။ သူတို့ပြောပြချက်------သူသည်၍ကျောင်းမှာနေခဲ့ဖူးကြောင်းသိရသည်။

၃။ ဥပဒေ------အရေးယူမယ်။

၄။ ဖမ်းမိသောငါးကြီးကို------သတ်------ပြန်လွှတ်လိုက်တယ်။

၅။ သူနေမကောင်းသောကြောင့်ကျောင်းမနေနိုင်------ပေ။ ------သူမိဘကျေးဇူးကြောင့် စာဖတ်တတ်ခဲ့သည်။

၆။ ရသွားသောအမြတ်ကိုမိမိတစ်ဦးတည်း------ယူ------မိတ်ဆွေများနှင့်အတူခွဲဝေသည်။

၇။ ပညာသင်ကြား------တရုတ်စာပေကိုဦးစားပေးသင်ကြားရသည်။

၈။ သူကပင်ပန်းလွန်းလို့ထမင်း------စား------အိပ်လိုက်တယ်။

၉။ မောင်ထွန်းလင်းသုံးနှစ်သားတုန်းကအမေသေဆုံးသွား------တယ်။

၁၀။ ဆရာသင်ပြ------ကျောင်းသူကျောင်းသားများကအေးအေးဆေးဆေးနားထောင်လျက်ရှိကြသည်။

၁၁။ နှစ်သစ်ကူးပွဲတော်နေ့များမှာလူကြီးကျားမ------ပျော်ကြပါတယ်။

၁၂။ သမီးလေးကအသက်ငယ်ပါသေးတယ်။ သူမကိုဒီလောက်ပြင်းပြင်းထန်ထန်မဝေဖန်------ဘူး။

၆။ ။ အောက်ပါစကားလုံးများဖြင့်ဝါကျဖွဲ့ပါ။

---သင့်---ထိုက် ရာမှာ မ---ဘဲ အစား
---ရော---ပါ

၇။ ။ အောက်ပါဝါကျများကိုတရုတ်ဘာသာသို့ပြန်ဆိုပါ။
၁။ တရုတ်အစိုးရ၏ဘိတ်ကြားချက်အရ မြန်မာနိုင်ငံတော်ဝန်ကြီးချုပ်သည် တရုတ်ပြည်သို့ အလည်အပတ်ရောက်ရှိလာလိမ့်မည်။
၂။ ကျန်းမာရေးအခြေအနေအရအနားယူနေတယ်။
၃။ မြန်မာပြည်သို့ ချစ်ကြည်ရေးမိတ်ဆက်ရောက်ရှိလာခြင်းသည် ကျွန်ုပ် တို့အဖို့ ပထမအကြိမ်မဟုတ်ပါ။
၄။ ညည်ခံကြိုဆိုရေးအဖွဲ့၏ ကြိုတင်စီစဉ်ထားချက်အရ နန်ကင်းမြို့မှာန နက်ထမင်းစားကြလေသည်။
၅။ ကမ္ဘာပေါ်တွင်စက္ကူပေါ်လာပြီးနောက် စက္ကူပေါ်တွင်သာအရေးများ လာကြသည်။
၆။ ဖလော်ရင်နိုက်တင်ဂေးသည် အင်္ဂလိပ်အမျိုးသမီးသူနာပြုဆရာမတစ် ဦးဖြစ်သည်။ နိုင်တင်ဂေးသည် ခေတ်မီသောသူနာပြုနည်းတို့ကို စတင် အသုံးပြုခဲ့သည်။
၇။ အဲဖရက်နိုဗယ်သည် ဓာတုဗေဒပညာရှင်အဖြစ်လည်းကောင်း၊ ဒိုင်းန မိုက်ကိုတီထွင်သူအဖြစ်လည်းကောင်း၊ နိုဗယ်ဆုများ၏အလှူရှင်အ ဖြစ်လည်းကောင်း ကျော်ကြားခဲ့သည်။
၈။ နိုဗယ်ကွယ်လွန်သည်ဒီဇင်ဘာလရောက်တိုင်း နိုဗယ်ဆုရှင်များကို ရွေး ချယ်ကြေငြာလေသည်။
၉။ လီနင်သည် ရုရှားဆိုရှယ်လစ်တော်လှန်ရေးကြီး၏ ခေါင်းဆောင်ဖြစ် သည်။ လီနင်၏ကြိုးပမ်းမှုကြောင့် ရုရှားနိုင်ငံသည် ဆိုရှယ်လစ်စနစ် ကို ကမ္ဘာပေါ်တွင် ပထမဆုံးကျင့်သုံးနိုင်သည်။
၁၀။ သူသည်အသက်အရွယ်အိုမင်းသည်အထိ ပင်ပန်းဆင်းရဲခံကာ နိုင်ငံ နှင့်လူမျိုးအကျိုးကို ဆောင်ရွက်ခဲ့သည်။

၈။ ။ အောက်ပါဝါကျများကိုမြန်မာဘာသာသို့ပြန်ဆိုပါ။
（1）今天我不想打排球了，想去踢足球。

（2）如果上课时不好好听讲，而是看小说的话，怎么能学好功课呢！
（3）他今天身体不适，由我来替他讲课。
（4）在泼水节期间大概要用掉很多很多水。
（5）你不同意为什么还要举手呢？
（6）赴宴时请注意你的言行举止。
（7）代替别人去考试是绝对不允许的。
（8）学习中，如有问题，随时可以来问我。
（9）摩摩茵雅(မို့မို့(အင်းလျား))的小说我几乎全读过了。
（10）现在的学生几乎都会使用电脑。
（11）根据学校的安排，每年七八月份放暑假。
（12）为什么到现在他还是不能理解我呢？
（13）关于这位作家和他的作品，同学们还想知道些什么？
（14）无论是老师还是同学，都应帮助功课不好的同学。
（15）无论是大人还是孩子都爱看这部电视剧。
（16）不洗手就吃东西是坏习惯。
（17）根据气象预报，明天可能有雨。
（18）他是最棒的学生，几乎年年获得奖学金。
（19）事先没预约就去别人家不太礼貌。
（20）因为家里穷，他十五岁就开始干活了。

***** ***** *****

အပိုဖတ်စာ

လက်ဖက်

မြန်မာအစားအစာတွင် လက်ဖက်သည် အရေးပါလှ၏။ မြန်မာနိုင်ငံတွင် လက်ဖက်အစိုနှင့်အခြောက် နှစ်မျိုးလုံးကို သုံးစွဲကြသည်။

လက်ဖက်ကို စတင်စိုက်ပျိုးသုံးစွဲသူများမှာ တရုတ်လူမျိုးများဖြစ်သည်။ တရုတ်နိုင်ငံမှတဆင့် မြန်မာနိုင်ငံသို့ရောက်သည်။ နောက်မှ ကမ္ဘာအနှံ့သို့ ပျံ့နှံ့သွားသည်ဟု သိရှိရသည်။

လက်ဖက်ပင်သည် အပင်ငယ်မျိုးဖြစ်ပြီး အမြဲစိမ်းလန်းလျက်ရှိ၏။ သဘာဝအလျောက် ပေါက်နေပါက ပေ ၃၀ ခန့်မြင့်၏။ သို့ရာတွင် လက်ဖက်ခြံများတွင် အခူးရလွယ်ရန်နှင့်အရွက်များ ဝေဝေဆာဆာထွက်ရန် လက်ဖက်ပင်များကို လေးငါးပေလောက် သာရှိအောင် ဖြတ်ပေးထားကြသည်။ လက်ဖက်သည်သုံးနှစ်အရွယ်တွင် အရွက်နှင့်အဖူးကိုခူးသည်။ ဆယ့်ငါးနှစ်ခန့်ရှိလျှင် မြေကြီးနားမှကပ်၍ ခုတ်လဲ့ပြီး အပင်သစ်ပြန်ပေါက်စေရသည်။

လက်ဖက်ခြောက်ကို အချိုသောက်လက်ဖက်ခြောက်နှင့် အကြမ်းသောက်လက်ဖက်ခြောက်ဟူ၍ နှစ်မျိုးရအောင်ပြုပြင်စီမံကြသည်။

မြန်မာတို့ကမူ အကြမ်းသောက်လက်ဖက်ခြောက်နှင့် လက်ဖက်စိုကိုပို၍ နှစ်သက်ကြသည်။ အိမ်တိုင်း၌ လက်ဖက်ရည်ကြမ်းသောက်ကြသည်။ ညည်သည်များက ညည်ဝတ်ပြုရာ၌ လက်ဖက်ရည်ကြမ်းနှင့် လက်ဖက်စိုသည် မပါမဖြစ်သောအရာဖြစ်သည်။ အိမ်တိုင်းတွင် လက်ဖက်ရည်အိုးနှင့်လက်ဖက်ခွက်ထားလေ့ရှိကြသည်။

လက်ဖက်စိုမှာ ပွဲဝင်သောအစားအစာတစ်ခုပင်ဖြစ်သည်။ ဘာသာရေးပွဲများတွင် လက်ဖက်စိုမပါ၍ မဖြစ်ချေ။ ရှေးအခါက အမှုအခင်းများရှိလျှင် ရုံးတော်၌ လက်ဖက်စား၍ အမှုပြေငြိမ်းသည်။ ရှေးအခါက ထိမ်းမြားမင်္ဂလာများတွင် လက်ဖက်ထုပ်ကမ်း၍ ဖိတ်ကြားလေ့ရှိကြသည်။

သင်ခန်းစာ (၅)

ယခုဆိုလျှင် မြန်မာတစ်နိုင်ငံလုံးအတွက် လက်ဖက်ခြောက်နှင့်လက်ဖက်စိုများကို ရှမ်းပြည်နယ်မှ စိုက်ပျိုးထုတ်လုပ်ပေးသည်။ လက်ဖက်ခြောက်များမှာ ခူးသောကာလ ကိုလိုက်၍ အရည်အသွေးကွာခြားသည်။ နှင်းအားကြီးသည်ဆောင်းရာသီ၌ ထွက်လာ သောရွက်သစ်များကိုခူး၍ ပြုလုပ်သည် နှင်းတက်ခြောက်နှင့် သကြန်မတိုင်မီ ထွက်သော ရွက်သစ်တို့ကိုခူး၍ ပြုလုပ်သည် ရွှေဖီဦးလက်ဖက်ခြောက်တို့မှာ အရသာကောင်းရုံသာ မက ဈေးလည်းကောင်းလေသည်။

သင်ခန်းစာ (၆)

ပတ်စာ

မိဘဆီကိုပေးစာ

ဖေဖေ၊ မေမေတို့ခင်ဗျား၊

သားမောင်ထွန်းတင် ရိုသေစွာ စာရေးအစီရင်ခံလိုက်ပါတယ်။ ဖေဖေမေမေတို့ ကျန်းကျန်းမာမာရှိကြတယ်နော်။ ဘဲကျင်းမြို့ကို သားရောက်လာတာ နှစ်လနီးပါးရှိပါပြီ။ ကျောင်းမှာ အစစအရာရာအဆင်ပြေတယ်။ သားအတွက် ဖေဖေမေမေတို့ ဘာမှစိတ်မပူ ပါနဲ့။

ဖေဖေ၊ မေမေ၊ အခု သားတို့ရဲ့ တက္ကသိုလ်ကျောင်းသားဘဝအကြောင်းကို အ ကျဉ်းချုပ်လောက် တင်ပြပါရစေ။

သားတို့ကျောင်းဟာ စက်တင်ဘာလ ၁ ရက်နေ့မှာ ဖွင့်ပါတယ်။ အဲဒီနေ့ဘဲ သား တို့ရဲ့ဘဝသစ်ကို စတင်ခဲ့ပါတယ်။ သားတို့ နေ့တိုင်းမနက် ၆ နာရီမှာ အိပ်ရာက ထပါ တယ်။ အဝတ်အစားဝတ်၊ ဖိနပ်စီး၊ သွားတိုက်ပလုတ်ကျင်း၊ မျက်နှာသစ်ပြီးနောက် ကိုယ်ကာယလေ့ကျင့်ကြပါတယ်။

မနက် ၈ နာရီက ၁၂ နာရီအတွင်းမှာ ကျောင်း ၄ ချိန်တက်ရပါတယ်။ ၁၂ နာရီမှာ နေ့လယ်စာစားပါတယ်။ ညနေ ၄ နာရီကစပြီး ကျန်းမာရေးလေ့ကျင့်ခန်းလုပ်ကြပါ တယ်။ ကျောင်းနေဘက်များနဲ့အတူ တစ်ခါတစ်လေ ဘောလုံးကန်ကြတယ်။ တစ်ခါတစ် လေ ရေကူးကြတယ်။ ကျန်းမာမှ ပညာကောင်းကောင်းသင်နိုင်မယ်လို့ ဖေဖေမေမေ ခဏခဏဆုံးမတယ် မဟုတ်လား။

ည ၇ နာရီခွဲက ၉ နာရီအထိဟာ စာကျက်ချိန်ဖြစ်ပါတယ်။ သားတို့ဟာ တချို့က စာသင်ခန်းမှာ၊ တချို့ကစာကြည့်တိုက်မှာ စာကျက်ကြပါတယ်။ လေ့ကျင့်ခန်းတွေလုပ်

ကြပါတယ်။

စနေနေ့ညများမှာ သားတို့ဟာ တစ်ခါတစ်လေ ရုပ်ရှင်ကြည့်တယ်။ တစ်ခါတစ် လေမှာတော့ ရုပ်မြင်သံကြားကြည့်ကြပါတယ်။

တနင်္ဂနွေနေ့များမှာ သားတို့ ရှေးဟောင်းနန်းတော်၊ ရှေရာသီနန်းတော်နဲ့ မဟာတံ တိုင်းရှည်ကြီးစတဲ့ နေရာတွေကို သွားလည်ခဲ့ကြပါတယ်။ ရှေးဟောင်းလက်ရာတွေကို မြင်တိုင်း သားတို့ဟာ ကိုယ့်နိုင်ငံကိုယ့်လူမျိုးအတွက် ဂုဏ်ယူမိပါတယ်။ ဒီလိုလည်ပတ် ကြည့်ရှုရတဲ့အတွက် ပညာဗဟုသုတလဲရတယ်၊ မျိုးချစ်စိတ်လဲတိုးလာပါတယ်။ တစ် ချက်ခုတ်နှစ်ချက်ပြတ် ဆိုသလိုဘဲပေါ့။

သား ကျောင်းမှာ ပညာကောင်းကောင်းသင်ပါ့မယ်။ ဒါမှ ဖေဖေမေမေ အမြဲဆုံးမ တဲ့အတိုင်း နောင်အခါ တိုင်းပြည်အတွက် ကောင်းကောင်းအကျိုးဆောင်နိုင်မယ်။ ဖေ ဖေမေမေတို့ရဲ့ချွေးနှီးစာကို သားမောင်ကမြတ်နိုးပါတယ်။ ဒါကြောင့် စားစရာဝယ်တဲ့အ ခါမှာရော၊ နေ့စဉ်သုံးပစ္စည်းဝယ်တဲ့အခါမှာပါ လက်မဖွာဘို့ အမြဲသတိထားနေပါတယ်။ ဒါတိုင်းလဲ ချွေတာခြိုးခြံပါတယ်။ သားမောင် ဘကျောင်းလာတုန်းက မေမေပေးခဲ့တဲ့ငွေ ဟာ သုံးလအတွက်လောက်ပါတယ်။ နောက်ထပ်မပို့ပါနဲ့။ ငွေလိုရင် သားက စာရေးပေး မယ်။

တစ်အိမ်သားလုံးကျန်းမာပါစေ။

ရိုသေလေးစားလျက်
သားမောင်ထွန်းတင်

***** ***** *****

စကားပြော

မြန်မာမိတ်ဆွေဆီကစာတစ်စောင်

က။ ကျောင်းသား
ခ။ မသန်း
က။ ။ မသန်းရေ–မသန်း။ မြန်မြန်လာပါအုံး။

ခ။ ။ ဘာကိစ္စရှိလို့တုန်း။ ကျမအလုပ်များနေလို့ မအားသေးဘူး။

က။ ။ မသန်းဆီ စာတစ်စောင်လာတယ်။ နိုင်ငံခြားကလာတာ။

ခ။ ။ ဟုတ်လား၊ ပြစမ်း။ ချော်-မြန်မာပြည်က မိတ်ဆွေတစ်ယောက်ဆီက လာတာပါ။

က။ ။ ဘာတွေရေးထားသလဲ။

ခ။ ။ သတိရစွာနဲ့၊ စာရေးလိုက်ပါတယ်တဲ့၊ ချစ်သူငယ်ချင်း မသန်းတို့မိသားစုများ မင်္ဂလာအပေါင်းပြည့်စုံပါစေလို့ ဆုတောင်းပါတယ်တဲ့။

က။ ။ တခြားဘာအကြောင်းတွေရေးထားသေးသလဲ။

ခ။ ။ အလုပ်မအားလို့ စာမရေးဖြစ်တာ သုံးလေးလတောင်ရှိပြီ။ ခွင့်လွတ်ပါတဲ့။ ကျမရဲ့ဗမာစာအရည်အချင်းတော်တော်တိုးတက်လာပြီ။ စာအရေးအသား ကောင်းတယ်။ သူကသိပ်ဝမ်းသာပါတယ်တဲ့။ နောက်ပြီး အခွင့်ကောင်းရှိ ရင် မြန်မာပြည်ကိုလာလည်ပါ။ သူကောင်းကောင်းဆည်းခံမယ်လို့ ရေးထား သေးတယ်။

က။ ။ ဟန်ကျတာပေါ့။ ဒါနဲ့၊ မသန်း၊ ခင်ဗျားတံဆိပ်ခေါင်းများ စုသလား။

ခ။ ။ မစုပါဘူး။ ဘယ်နယ်လဲ။ တံဆိပ်ခေါင်းလိုချင်လို့လား။

က။ ။ ဟုတ်ပါတယ်။ ကျနော့်မှာ နိုင်ငံတကာ တံဆိပ်ခေါင်းအများကြီးစုထား တယ်။ ဒါပေမယ့် မြန်မာပြည်က တံဆိပ်ခေါင်းတော့ မရှိသေးဘူး။ အဲဒီ ဒေါင်းရုပ်တံဆိပ်ခေါင်းကို ကျနော်သိပ်လိုချင်ပါတယ်ဗျာ။

ခ။ ။ ဒါဆို ယူသွားပေါ့။ နောင် မြန်မာပြည်ကစာလာတိုင်း ရှင်ကြိုက်တဲ့တံဆိပ် ခေါင်းများကိုပေးမယ်။

က။ ။ အများကြီးကျေးဇူးတင်ပါတယ်။ ပြန်လိုက်အုံးမယ်နော်။

ခ။ ။ ဟုတ်ကဲ့ရှင်။

***** ***** *****

သင်ခန်းစာ (၆)

စကားပုံ

မပြည့်တဲ့အိုးသောင်ဘင်ခတ်

ရေမပြည့်သောအိုးသည် လှုပ်ရှားရာတွင် ဘောင်ဘင်ဟု အသံပြုတတ်သည်။ ထို့ အတူ ပညာဥစ္စာရာထူးနှင့်ဂုဏ်သိက္ခာမပြည့်ဝကြသူများက ကြွားဝါတတ်သည်။ ထို့ ကြောင့် မပြည့်ဝသူများ ကြွားဝါသောအခါ ✱မပြည့်တဲ့အိုးဘောင်ဘင်ခတ်သည်✱ဟု ရှုတ်ချလေ့ရှိသည်။

ဝေါဟာရ

အစီရင်ခံ (က)	报告
အစစအရာရာ (န)	方方面面
အဆင်ပြေ (က)	顺利
စိတ်ပူ (က)	担心
တင်ပြ (က)	告诉、报告
အဝတ်အစား (န)	衣服、服装
ဝတ် (က)	穿
ကိုယ်ကာယ (န)	身体
ကန် (က)	踢
ရုပ်မြင်သံကြား (န)	电视
နန်းတော် (န)	宫殿、皇宫
ရှေးဟောင်းနန်းတော် (န)	故宫
နွေရာသီနန်းတော် (န)	夏宫（尤指颐和园）
မဟာ (နဝ၊ပါဠိ)	伟大的
မဟာတံတိုင်းရှည်ကြီး (န)	长城
လည် (က)	参观、游览
လက်ရာ (န)	作品、手艺

ဂုဏ်ယူ (က)	感到荣幸、感到自豪
ဗဟုသုတ (န)	知识
မျိုးချစ်စိတ် (န)	爱国心
တစ်ချက်ခုတ်နှစ်ချက်ပြတ် (ပုံ)	一举两得
နောင် (န)	今后、未来
တိုင်းပြည် (န)	国家
အကျိုးဆောင် (က)	做出贡献
ချွေးနှီးစာ (န)	血汗钱
မြတ်နိုး (က)	珍视、珍爱
နေ့စဉ်သုံးပစ္စည်း (န)	日用品
လက်ဖွာ (က)	大手大脚
အမြဲ (ကဝ)	一贯
ချွေတာ (က)	节约
ခြိုးခြံ (က)	节俭
သတိရ (က)	怀念、思念
အပေါင်း (န)	全体、所有
ပြည့်စုံ (က)	齐全、具备
ခွင့်လွှတ် (က)	答应、应允；原谅
အရည်အချင်း (န)	水平
အရေးအသား (န)	书写、写作
အခွင့် (န)	机会
ညည်ခံ (က)	招待
ဟန်ကျ (က)	正好、合意
စု (က)	收集
ဒေါင်း (န)	孔雀
ရုပ် (န)	形象、相貌

ရှင်းပြချက်

၁။ အ+名词重叠 一种构词形式。表示多数。ဥပမာ-

- အနယ်နယ် 各个地区
- အရပ်ရပ် 各个地区
- အနိုင်နိုင်ငံ 各国
- အဖက်ဖက် 各个方面
- အပြည်ပြည်ဆိုင်ရာကိစ္စ 国际问题
- အစစအရာရာ 各个方面

၂။ ဘာမှ---မ--- 习用形式。加强否定的语气，表示"什么也不……"的意思。ဥပမာ-

- ဘာမှမသိဘူး။
什么也不知道。
- ဘာမှစိတ်မပူပါနဲ့။
什么也别担心。
- အိတ်ထဲမှာဘာမှမရှိဘူး။
口袋里什么也没有。

၃။ နဲ့အတူ 状语助词。口语体，用于名词、代词之后，表示"与……一道"、"与……一起"的意思。书面语为"နှင့်အတူ"。

ဥပမာ-

- ကျမကမေမေနဲ့အတူဈေးသွားတယ်။
我和妈妈一起去买东西。
- ကျောင်းပိတ်ရက်မှာသူငယ်ချင်းများနဲ့အတူခရီးထွက်တယ်။
假期里与朋友一道外出旅游。
- မိဘနှစ်ပါးနှင့်အတူနေထိုင်ကြသည်။

同父母生活在一起。

4. **မဟုတ်လား။** 习用形式。用于句子之后，表示反问的意思。

– သူသွားပြီမဟုတ်လား။
他不是已经走了吗？

– ခင်ဗျားလဲသွားမယ်မဟုတ်လား။
你不是也要去吗？

– ကျန်းမာမှပညာကောင်းကောင်းသင်နိုင်မယ်မဟုတ်လား။
身体健康才能更好地学习，不是吗？

5. **သလို** 状语助词。口语体，用于动词之后，表示"如同……一样"、"像……那样"的意思。书面语体为"သကဲ့သို့"。ဥပမာ–

– ဤကိစ္စသည်လယ်ပြင်မှာဆင်သွားသလိုထင်ရှားသည်။
这件事如同大象在田里行走一样一清二楚。

– ငါကြိုက်သလိုထိုင်မှာပေါ့။
我爱怎么坐就怎么坐。

"သလို"与"ဖြစ်"连用时，表示"凑合、将就"之意。ဥပမာ–

– အိမ်မှာရှိတဲ့ကြက်ဥနဲ့ဖြစ်သလိုစားတော့မယ်ပေါ့။
只好凑合着吃家里的鸡蛋呗！

– ဖြစ်သလိုနေကြရတယ်။
只得凑合着过。

6. **ပါ** 语气助词。表示强调，一般与"မယ်၊မလဲ၊မလား"等连用。
ဥပမာ–

– ကျွန်တော်လာပါမယ်။
我一定来。

- သူလာပေးပါ့မယ်။
  他一定会来给你的。
- ကျနော်ပထမရအောင်ကြိုးစားပါ့မယ်။
  我要努力争取得第一。
- မင်းမသွားယင်ဘယ်ကောင်းပါ့မလဲ။
  你不去怎么行呢?

၇။ တဲ့အတိုင်း: 助词。口语体, 用于动词之后, 表示"按照……"、"依照……"的意思。书面语体为"သည့်အတိုင်း"。ဥပမာ-

- မင်းပြင်ဆင်ထားတဲ့အတိုင်းပြောပါ။
  照你准备好的讲吧。
- မင်းသိတဲ့အတိုင်းဘဲ၊ ဘာမှမထူးပါဘူး။
  正如你所知, 没有什么特别的。
- မိဘများကြားတဲ့အတိုင်းစကောင်းကောင်းသင်မယ်။
  依照父母的教导, 好好学习。

၈။ ဖို့ 助词。用于动词之后, 构成名词性短语, 在句中可作主语、宾语等句子成分。同"ဖို့"。ဥပမာ-

- သူထိုင်စားဘို့ဘဲသိတယ်၊ ဘာမှမလုပ်ပါဘူး။
  他只知道吃, 什么也不干。
- ကျနော်အထူးပြောဘို့မလိုပါဘူး။
  不需要我专门讲这件事。
- စာဖတ်ဖို့ကအရေးကြီးတယ်။
  读书是很重要的。

၉။ ။ 缅文书信格式

(1) 信封的写法

收信人的姓名和地址写在信封的正中或偏右,之前加"သို့", 发信人的姓名和地址写在信封的左下方,其前加"မှ"。顺序为:姓名——门牌——街道——地区——城市——国家。

ဥပမာ-

```
                    သို့
                    ဦးရန်အောင်
                    အမှတ် ၁၂ ဗိုလ်ဗထူးလမ်း
                    ၇ နယ်မြေ၊ မြောင်းမြမြို့
                    ရောဝတီတိုင်း၊ မြန်မာပြည်

မှ
    တင်ဆွေ
    အရှေ့တိုင်းဘာသာစကားဌာန
    ပီကင်းတက္ကသိုလ်၊ ဘေကျင်းမြို့
    တရုတ်ပြည်
```

(2) 信的格式

在左上角写"သို့",第二行写收信人的姓名,第三行写收信人的地址。在右上角写写信人的地址和写信的日期。

(3) 信的正文

对收信人的称呼:

对长辈或上级一般用:လေးစားအပ်သော---

ရိုသေလေးစားအပ်သော---

对平辈一般用:သူငယ်ချင်း---

ချစ်သူငယ်ချင်း—--

信尾祝词：一般用：ကျန်းမာပါစေ။

ကိုယ်စိတ်နှစ်ဖြာကျန်းမာရှင်လန်းပါစေ။

ကြိုးတိုင်းအောင်၍ဆောင်တိုင်းမြောက်ပါစေ။

签名前的敬词：一般用：အစဉ်ရိုသေလေးစားလျက်

အမြဲသတိရလျက်

မင့်သူငယ်ချင်း

写信人的名字、日期：ကျော်မြင့်

၁၆–၁–၂၀၀၅ခုနှစ်

၁၀။ ။ တုန်း ：谓语助词。用于口语体的疑问句句尾，与"လဲ၊သလဲ"相同。ဥပမာ–

- ညီအစ်ကိုမောင်နှမဘယ်နှစ်ယောက်ရှိတုန်း။
  （你）有几个兄弟姐妹？

- ဘယ်သွားမလို့တုန်း။
  到哪儿去？

- ဘယ်လိုဖြစ်ကြတာတုန်း။
  怎么啦？

၁၁။ ။ နဲ့ 状语助词。口语体，用于副词或短语之后，相当于汉语"......地"的意思。书面语体为"နှင့်"。ဥပမာ–

- တစ်စတစ်စနဲ့သိကျွမ်းရင်းနှီးလာပါတယ်။
  渐渐地亲密起来了。

- စာရေးမယ်ရေးမယ်နဲ့ခုထက်ထိမရေးဖြစ်သေးဘူး။
  说是要写信写信的，可直到现在也没写成。

- စကားတပြောပြောနဲ့လာသည်။

一边说着话一边走过来。

၁၂။ ။ ဖြစ် 助动词。用于动词之后，表示动作做成功。ဥပမာ-
- ဒီနေ့မှသွားဖြစ်မယ်ထင်တယ်။
  我想今天能去成。
- အလုပ်မအားလို့မြို့ထဲကိုသွားပြီးမလည်ဖြစ်သေးဘူး။
  因为工作很忙，至今还没有时间到城里去转转。
- ကိစ္စရှိလို့ရုပ်ရှင်မကြည့်ဖြစ်ဘူး။
  因为有事，没看成电影。

၁၃။ ။ နောက်ပြီး： 插入语。用于句首，表示"还有……"、"另外"的意思。

၁၄။ ။ ဟန်ကျတာပေါ့။ 真是太好了。

၁၅။ ။ ဒါဆို 插入语。用于句首，表示"这样说来……"、"那就……"的意思。

***** ***** *****

လေ့ကျင့်ခန်း

၁။ ။ အောက်ပါမေးခွန်းများကိုဖြေပါ။
  ၁၊ စနေနေ့တိုင်းခင်ဗျားစာရေးသလား။
  ၂၊ ခင်ဗျားကိုကိုဆီစာမရေးရတာဘယ်လောက်ကြာပြီလဲ။
  ၃၊ ခင်ဗျားအမဆီကစာတစ်စောင်လာတယ်၊ ဟုတ်လား။
  ၄၊ ဦးလေးဆီကိုစာရေးတာဘယ်လောက်ကြာပြီလဲ။

၅။ ဦးလေးဆီကပြန်စာရပြီလား။
၆။ မောင်တက်တိုးကိုပေးတဲ့စာခင်ဗျားမြင်သလား။
၇။ မြန်မာပြည်ကိုစာတစ်စောင်ထည့်ရင် ခေါင်းဘယ်လောက်ကပ်ရပါသလဲ။
၈။ နိုင်ငံခြားကိုစာထည့်ချင်ရင်ကော ခေါင်းဘယ်လောက်ကပ်ရသလဲ။
၉။ ရန်ကုန်ကိုစာထည့်မယ်ဆိုယင်ဘယ်လောက်ကြာမလဲ။
၁၀။ ခင်ဗျားဗမာလိုလိပ်စာရေးတတ်ပါသလား။
၁၁။ သားဖြစ်သူမောင်ထွန်းတင်ဟာ တက္ကသိုလ်ကျောင်းရောက်လာတာ ဘယ်နှစ်နှစ်ရှိပြီလဲ။
၁၂။ အစစအရာရာအဆင်ပြေရဲ့လား။
၁၃။ ဖေဖေမေမေတို့ဟာသားအတွက်စိတ်ပူသလား။ ဘာဖြစ်လို့စိတ်ပူရပါသလဲ။
၁၄။ မောင်ထွန်းတင်တို့ရဲ့တက္ကသိုလ်ဟာဘယ်နေ့ကကျောင်းဖွင့်ပါသလဲ။
၁၅။ တက္ကသိုလ်ကျောင်းမှာနေ့တိုင်းဘယ်နှစ်နာရီကျောင်းတက်ရပါသလဲ။

၂။ ။ အောက်ပါစကားပြောများကိုမြန်မာဘာသာသို့ပြန်ဆိုပါ။
你经常给家里写信吗?
刚上大学时经常写,每周最少也要写一封。
都写些什么呢?
向父母介绍自己的学校、同学,还有每天的生活呗。
现在不写了吗?
偶尔写。功课太忙了,没时间。

你们班的玛敏去缅甸留学了,是吗?
是的,已经走了三个月了。
她在那里怎么样?习惯了吗?
上星期还来了一封信,说她挺好的,只是有点儿想家。

你赶快给她回封信吧。这么好的机会，在那边一定要好好学习啊。

好的。

၃။ ။ အောက်ပါဝါကျများကိုမေးခွန်းဝါကျအဖြစ်ပြင်ရေးပါ။

၁။ မောင်ထွန်းတင်ကမိဘဆီစာတစ်စောင်ရေးပေးတယ်။

၂။ မောင်ထွန်းတင်ရဲ့မိဘက ၁၅ ရက်နေ့မှာစာတစ်စောင်ရတယ်။

၃။ ဒါမောင်ထွန်းတင့်ဆီကလာတဲ့စာဘဲ။

၄။ ကိုထွန်းဝင်းကသူငယ်ချင်းကိုစာရေးနေတယ်။

၅။ ပြီးခဲ့တဲ့သောကြာနေ့မှာကျနော်တို့စာမေးပွဲဖြေခဲ့တယ်။

၆။ ရွှာဦးဘုရားပွဲကိုလပြည့်နေ့မှာကျင်းပမယ်။

၇။ ပွဲတော်ပါဝင်ဖို့မိဘတို့ဆီသွားပြီးခွင့်တောင်းတယ်။

၈။ လည်ပတ်ကြည့်ရှုတဲ့အတွက်ဗဟုသုတတိုးလာတယ်။ မျိုးချစ်စိတ်လဲ တိုးလာတယ်။

၉။ ညနေ ၄ နာရီခွဲက ၅ နာရီခွဲအထိကျနော်တို့ကကျန်းမာရေးလေ့ကျင့် ကြတယ်။

၁၀။ ကျနော်တို့ရဲ့ပြိုင်ပွဲမှာလူ ၇ ယောက်ပါဝင်ပါတယ်။

၁၁။ ကျောင်းသားတွေကနေ့တိုင်းကိုယ်ကာယလေ့ကျင့်ကြတယ်။

၁၂။ စနေနေ့ညတိုင်းရုပ်ရှင်သွားကြည့်လေ့ရှိတယ်။

၁၃။ ကျနော်နေ့တိုင်းစာကြည့်တိုက်ကိုသွားပြီး လေ့ကျင့်ခန်းလုပ်လေ့ရှိပါ တယ်။

၁၄။ စာကြည့်တိုက်သွားပြီးစာအုပ်ငှါးတဲ့ကျောင်းသားများတယ်။

၁၅။ မောင်ထွန်းတင်ကမျိုးချစ်စိတ်လဲတိုးလာပါတယ်။

၄။ ။ အောက်ပါစကားလုံးများထဲမှဆီလျော်သောစကားလုံးဖြင့်ကွက်လပ်ဖြည့်ပါ။

ဆီ ရင် ပါစေ ဖြစ် လို နော် နဲ့ ဘို့ စေ

သတိရစွာ------စာရေးလိုက်ပါတယ်။ ချစ်သောသူငယ်ချင်းမောင်ချစ်ဆွေ၊ မောင်ချစ်ဆွေတို့မိသားစုများ မင်္ဂလာအပေါင်းပြည့်စုံ------ လို့ဆုတောင်းပါတယ်။ ငါတို့မိသားစုအားလုံးလဲ ကျန်းကျန်းမာမာရှိကြပါတယ်။ အညာဒေသအထက်ဖမာပြည်မန္တလေးမြို့မှာတော့ အရောင်းအဝယ် တော်တော်ကောင်းကြတယ်။ ရန်ကုန်မှာလဲကောင်းမယ်လို့ထင်နေတာပဲ။ ငါတို့ဒီရောက်တော့ အစစအရာရာအဆင်ပြေပါတယ်။ စိတ်မပူကြပါ------ ။ ကိုမျိုးချစ်စံနဲ့တွေ့------ လဲပြောလိုက်ပါ------ ။

အေး၊ မင်းတို့လင်မယားမိသားတစ်စုလဲအချိန်ရမယ်ဆိုရင် ဒို့------ကို လာ------ချင်တယ်။ ဒို့လဲမင်းတို့ဆီအလည်လာ------ကြိုးစားတာပဲ။ ဒါပေမဲ့ အလုပ်မအားလို့မလာ------တဲ့အတွက်တော့ ခွင့်လွှတ်ပါ။

မင်းညီလေးက မန္တလေးတက္ကသိုလ်မှာ စာသင်တာ တော်တော်ကြီးစားပါတယ်။ ဒို့ဆီကိုလဲ ခဏခဏလာလည်ပါတယ်။ တစ်ခါတစ်လေ ဒို့အိမ်မှာဘဲစားတယ်။ ငါ------လဲသိပ်ခင်ပါတယ်။ သူ့အတွက် မင်းတို့လဲ စိတ်မပူပါနဲ့။ မင်းညီလေးဆီကိုလဲ စာရေးပါ။ ဒို့အိမ်ကိုလဲ ကိုယ့်အိမ်------သဘောထားပါ။ လိုတာရှိရင်ပြောလို့ မင်းညီလေးကိုရေးလိုက်------ ။ ကဲ–စာတွေလဲ တော်တော်ရှည်သွားပြီ။ နောက်အားမှဘဲ စာရေးလိုက်အုန်းမယ်။ မင်းတို့လဲ ဒို့ဆီကို စာရေးအုန်းပေါ့။

၅။ ။ မြန်မာပြည်ကမိတ်ဆွေဆီကိုစာတစ်စောင်ရေးပါ။

၆။ ။ အနက်အဓိပ္ပါယ်ချင်းတူညီသောစကားလုံးများကိုမျဉ်းကြောင်းနဲ့ဆက်ပါ။

သတင်းခေတ်	老板
အင်တာဗျူး	信息时代
ဘော့စ်	面谈
ကော်မရှင်	香港
ဟောင်ကောင်	曼谷

ဘန်ကောက်	银行
ဘဏ်	佣金、提成
ခရစ်ဒစ်ကတ်ပြား	奖学金
ကာတွန်းဇာတ်ကောင်	卡通人物
စကောလားရှစ်	信用卡

၇။ အောက်ပါစကားလုံးများဖြင့်ဝါကျဖွဲ့ပါ။
ဖြစ်   သလို   ဘာမှ---မ---   ဘို့   တဲ့အတိုင်း

၈။ အောက်ပါဝါကျများကိုတရုတ်ဘာသာသို့ပြန်ဆိုပါ။
၁။ ဘယ်နေရာကိုမဆိုသွားချင်တယ်ဆိုရင် အင်္ဂလိပ်ဘာသာစကားတတ်မှ ဖြစ်မယ်။
၂။ ဘေကျင်းမြို့အဖက်ဖက်မှာ တိုးတက်ထွန်းကားပြီး လည်ပတ်ကြည့်ရှု စရာနေရာအများကြီးရှိတဲ့မြို့တစ်မြို့ပါ။
၃။ ရေးခေတ် ဂူနေလူများသည် အသံထွက်စကားလုံးအတိုင်း ရေးနိုင်သော စာလုံးများကိုတီထွင်လာကြတယ်။
၄။ ရွာလူထုသည် ဆရာဝန်ညွှန်ကြားသည်အတိုင်း ဂရုတစိုက်နေထိုင်စား သောက်ကြသည်။
၅။ အထက်ကညွှန်ကြားထားတဲ့အတိုင်းလုပ်ရမယ်။
၆။ မင်းပြင်ဆင်ထားတဲ့အတိုင်းပြောပါ။
၇။ လယ်သမားများမျှော်မှန်းတောင့်တထားတဲ့အတိုင်း ဒီနှစ်စပါးအထွက် အောင်သည်။
၈။ နှစ်ဆယ့်တစ်ရာစုကိုရောက်နေပြီ။ သတင်းခေတ်မှာအချိန်ဖြုန်းတီးပစ် ကြရင်ဘယ်ကောင်းမလဲ။
၉။ ကလေးများဖြစ်ကြတဲ့အတိုင်း အငြိမ်မနေကြဘဲ ဆော့ကစားချင်ကြ တယ်။

၁၀၊ မင်းသိတဲ့အတိုင်းဘဲ ဘာမှမထူးပါဘူး။

၉။ ။ အောက်ပါဝါကျများကိုမြန်မာဘာသာသို့ပြန်ဆိုပါ။
(1) 班长气呼呼地离开了教室。
(2) 这本书都借了两个月了,早就过期了。
(3) 商店里人太多了,我什么也没买成。
(4) 他什么也不想吃,可能是病了吧?
(5) 你在缅甸生活得很愉快吧!
(6) 家里来客人了,所以没能上街。
(7) 你的作业不是已经写完了吗?
(8) 用缅文写一封信,随便写什么内容。
(9) 我一定会每天锻炼身体的,您就放心吧。
(10) 要注意勤俭节约,不能大手大脚地乱花钱。
(11) 我一定听爸爸妈妈和老师的话,努力学习。
(12) 请代我向你的全家问好。祝你全家健康、快乐!
(13) 你到北京后各方面还习惯吗?
(14) 我的地址是北京市海淀区北京大学28楼211房间。
(15) 这学期我选了四门课,有基础缅甸语、缅甸语会话、缅甸文化和世界史。
(16) 中文信封的写法与缅文信封的写法一样吗?
(17) 缅文信封不能按照中文信封那样写。
(18) 有什么差别呢?
(19) 生活在我国云南省的傣族有许多风俗习惯都与缅甸人相同。
(20) 今年泼水节时同我们一道去云南瑞丽玩儿吧,那里可热闹了!

အပိုဖတ်စာ

စာတစ်စောင်

ကိုဖေခင်ရှင့်၊

　　ကျွန်မတော့ မေမေ၊ ဘဘတို့ရဲ့ ဆန္ဒအရ ဒီနှစ်တောင်ကြီးမှာကျောင်းတက်ဖြစ် ပါတယ်။ ကျွန်မ ရန်ကုန် ခေတ္တဆင်းလာစဉ် လှည်းတန်းက အဒေါ်အိမ်ကို ဝင်ကြည့်ပါ သေးတယ်။ ကိုဖေခင်ကို မတွေ့၍ နှုတ်မဆက်ခဲ့ရပါ။ ကျောင်းဖွင့်ချိန်အမီ တောင်ကြီးကို ပြန်လာခဲ့ရပါတယ်။ နောက်နှစ်မှာတော့ ရန်ကုန်ပြန်လာရမှာပါပဲ။ မေမေတို့က ကျွန်မရဲ့ ပညာရေးကိုတော့ ထိခိုက်စေလိမ့်မယ် မထင်ပါ။

　　ကိုဖေခင်ရဲ့ ရည်ရွယ်ချက်များရော အထမြောက်ရဲ့လား။ ကျွန်မသိချင်ပါတယ်။ စာထဲမှာတော့ ကိုဖေခင်ရဲ့ပန်းချီကားတစ်ချပ်ကို တွေ့လိုက်ပါတယ်။ ကျွန်မကတော့ တွေ့ ထက်ိုင်တွယ်ရုံမျှနဲ့ မကျွမ်းကျင်နိုင်တဲ့ ပညာတစ်ရပ်ကို ဆက်လက်ဆည်းပူးနိုင်တော့ မယ် မဟုတ်ပါ။ ကိုဖေခင်ရဲ့အောင်မြင်မှုကိုပဲ မျှော်လင့်နေပါတယ်။

　　ရှမ်းပြည်ရဲ့ ရှုခင်းတွေကတော့ ကိုဖေခင်အတွက် များစွာ အဖိုးတန်လိမ့်မယ် ထင် ပါတယ်။ ကျွန်မတော့ ကိုဖေခင်ကို အမြဲသတိရနေပါတယ်။ တောင်ကြီးကို အလည်လာ ပါလို့ ဖိတ်ခေါ်ပိုင်ခွင့် မရှိသော်လည်း ဘဘနဲ့ လေးလေးတို့က ယဉ်ကျေးဖော်ရွှေသူ များမို့ ညည်သည်လာရင် ညည်ဝတ်ပြို့ ဝန်လေးမယ် မထင်ပါ။

　　ကိုဖေခင် ဒီနှစ် ပြပွဲလုပ်ဖြစ်သေးလား။ ကျွန်မဆီ စာရေးပါဦး။

ခင်မင်လျက်
မမိုးအေး
(မိုးမိုး(အင်းလျား)ရေးသောလုံးချင်းဝတ္ထုမှ ကောက်နုတ်ထားသည်။)

သင်ခန်းစာ (၇)

ဖတ်စာ

ရန်ကုန်မြို့အကြောင်း

  ရန်ကုန်မြို့ဟာ မြန်မာနိုင်ငံရဲ့မြို့တော်ဖြစ်ပါတယ်။ မြန်မာနိုင်ငံရဲ့အကြီးဆုံးဆိပ် ကမ်းမြို့လည်းဖြစ်ပါတယ်။ ၁၉၉၀ ပြည့်နှစ် သန်းခေါင်စာရင်းအရ ရန်ကုန်မြို့ လူဦးရေ ဟာ ၂၄၅၇၄၀၀ လောက်ရှိပြီး အခုဆိုရင် ၅ သန်းနီးပါးလောက်ရှိနေပြီ။

  ရန်ကုန်မြို့ရဲ့သမိုင်းဟာ နှစ်ပေါင်း ၂၅၀၀ ကျော်ရှိပြီ။ အစက ဥက္ကလာပလို့ခေါ် တယ်။ ၁၁၇၃ ခုနှစ် ရောက်တဲ့အခါ ဒဂုံလို့ နာမည်ပြောင်းလိုက်တယ်။ ၁၇၅၅ ခုနှစ်ကျ တော့မှ ရန်ကုန်ဆိုတဲ့နာမည်သစ်ကို ရရှိလာတယ်။ အဓိပ္ပါယ်က ရန်အပေါင်းကို ကုန်စေ ခြင်းဖြစ်ပါတယ်။ အရင်က မန္တလေးမြို့ကို မြို့တော်ပြုလုပ်ခဲ့တယ်။ ၁၈၈၅ ခုနှစ်ကစပြီး ရန်ကုန်မြို့ဟာ မြို့တော်ဖြစ်လာခဲ့တယ်။

  ရန်ကုန်မြို့ဟာ တစ်နိုင်ငံလုံးရှိ မြို့ကြီးတွေနဲ့ မီးရထားလမ်း၊ မော်တော်ကားလမ်း၊ လေကြောင်းလမ်းတွေ ဆက်သွယ်ထားတယ်။ ရန်ကုန်မြို့မြောက်ဘက်ရှိ မင်္ဂလာဒုံလေ ဆိပ်ဟာ ခေတ်မီတဲ့လေယာဉ်စခန်းကြီးဖြစ်ပါတယ်။ ရန်ကုန်မြို့လယ်ရှိ ရန်ကုန်ဘူတာ ရုံကြီးက ပုသိမ်၊ မန္တလေး၊ မြစ်ကြီးနား၊ လားရှိုး၊ ရေးစတဲ့မြို့ကြီးတွေကို နေ့စဉ် မီးရထား အစီးပေါင်း အမြောက်အများခုတ်မောင်းကြပါတယ်။ မြန်မာနိုင်ငံအရပ်ရပ်က ထွက်ကုန် ပစ္စည်းတွေကို ရန်ကုန်မြို့ကတစ်ဆင့် နိုင်ငံခြားတိုင်းပြည်ကိုပို့ဆောင်ပါတယ်။ ဒါကြောင့် ရန်ကုန်မြို့ဟာ မြန်မာနိုင်ငံရဲ့တံခါးဝလို့ ခေါ်ဆိုပါတယ်။

  ရန်ကုန်မြို့နဲ့မြန်မာနိုင်ငံတစ်ဝှမ်းလုံးသာမက ကမ္ဘာ့နိုင်ငံများအထိ ကျော်ကြားတဲ့ ရွှေတိဂုံစေတီတော်ကြီးဟာ ရွှေရောင်တဝင်းဝင်းနဲ့ သပ္ပါယ်လှတယ်။ ထင်ရှားတဲ့အခြား စေတီတွေကတော့ ဆူးလေစေတီတော်နှင့်ကမ္ဘာအေးစေတီတော်တို့ဖြစ်ပါတယ်။

ရန်ကုန်မြို့ဟာ မြန်မာနိုင်ငံရဲ့ နိုင်ငံရေး၊ စီးပွားရေး၊ ယဉ်ကျေးမှုနဲ့လမ်းပန်းဆက်သွယ်ရေး ဗဟိုအချက်အချာမြို့ကြီးဖြစ်တယ်လို့ ဆိုရပါတယ်။

***** ***** *****

စကားပြော

ဘေကျင်းမြို့အကြောင်း

က။ ကျောင်းသား
ခ။ ဦးသောင်း

က။ ။ ဘေကျင်းမြို့ကိုဦးသောင်းရောက်ခဲ့ဖူးသလား။

ခ။ ။ ကျနော်မရောက်ဖူးဘူး။ ခု ပထမအကြိမ်လာလည်တာပါ။

က။ ။ ဦးသောင်းဟာ အင်္ဂလိပ်လိုဘာသာပြန်ထားတဲ့ ဘေကျင်းလမ်းညွှန် ဆိုတဲ့ စာအုပ်ကိုဖတ်ဖူးမှာပေါ့။

ခ။ ။ ဟုတ်ကဲ့။ ဖတ်တော့ဖတ်ဖူးပါတယ်။ ဒါပေမဲ့ မရောက်ဖူးတော့ စာတွေ့ဘဲရှိတယ်။ ကိုယ်တွေ့မရှိဘူး။

က။ ။ ဒီတစ်ခေါက် ဘေကျင်းမြို့ရောက်တော့ ကိုယ်တွေ့ပေါ့။

ခ။ ။ ဘေကျင်းမြို့တယ်ကြီးပါကလား။

သင်ခန်းစာ (၇)

က။ ။ ဟုတ်ပါတယ်။ ဘေကျင်းမြို့ဟာ စတုရန်းကီလိုမီတာ တစ်သောင်းခြောက်ထောင်ကျော်ရှိပြီး လူဦးရေ ဆယ့်နှစ်သန်းကျော်ရှိတယ်။ ကမ္ဘာပေါ်မှာအကြီးဆုံးမြို့ထဲမှာ တစ်ခုအပါအဝင်ဖြစ်ပါတယ်။

ခ။ ။ ဘေကျင်းမြို့ဟာ ရှေးဟောင်းမြို့တော်ကြီးတစ်မြို့ဖြစ်တယ် ဆိုဘဲ။ ဘေကျင်းမြို့ရှိ သမိုင်းဝင်ထင်ရှာတဲ့ရှေးဟောင်းအဆောက်အအုံနဲ့ ရှုခင်းသာယာတဲ့နေရာဌာနများအကြောင်းကို ပြောပြစမ်းပါ။

က။ ။ ဘေကျင်းမြို့ရှိ သမိုင်းဝင်ထင်ရှားတဲ့အဆောက်အအုံနေရာဌာန အများကြီးပါဘဲ။ ကမ္ဘာပေါ်မှာနာမည်ကျော်ကြားတဲ့ နေရာများမှာ ရှေးဟောင်းနန်းတော်ရယ်၊ နွေရာသီနန်းတော်ရယ်၊ မဟာတံတိုင်းရှည်ကြီးနဲ့နိဗ္ဗာန်ဘုရားကျောင်းရယ်တို့ရှိပါတယ်။

ခ။ ။ နွေရာသီနန်းတော်ထဲက စကြံရှည်ကြီးဟာ ကမ္ဘာ့ပေါ်မှာအရှည်ဆုံးစကြံကြီးဖြစ်တယ်လို့ ပြောကြတယ်။ ဘာထူးခြားချက်ရှိပါသလဲ။

 က။ ။ အဲဒီစကြံကြီးမှာ မီတာ ၇၀၀ ကျော်ရှည်တယ်ထင်တယ်။ စကြံမှာ ပန်းချီကား ၈၀၀၀ ကျော်ရှိပြီး ပုံမျိုးစုံဆွဲထားတယ်။ လက်ရာသိပ်မြောက်ပါတယ်။

ခ။ ။ မဟာတံတိုင်းရှည်ကြီးဟာ ကမ္ဘာ့အံ့ဘွယ်တစ်ခုဖြစ်တယ်။ ကျွန်တော်တို့မြန်မာနာမည်ကျော်စာရေးဆရာဇော်ဂျီဟာ တံတိုင်းရှည်ကြီးကိုလည်ပတ်ကြည့်ရှုပြီးတော့ ကဗျာတစ်ပုဒ်စပ်ဆိုခဲ့တယ်။ ဖတ်ဖူးရဲ့လား။

က။ ။ မဖတ်ဖူးပါဘူး။ ဆိုပြစမ်းပါ။

ခ။ ။ ကြီးလှပါသည်၊ ရှည်လှပါတကား၊ တောင်စဉ်မှာဝပ်ကာတွား၊ တိုင်းပြည်စောင့်နဂါးတဲ့။

က။ ။ ဦးသောင်းက မှတ်ဉာဏ်သိပ်ကောင်းတာဘဲ။

ခ။ ။ ဒီကဗျာလွယ်လည်းလွယ်၊ တိုလည်းတိုတော့ မှတ်မိတာပေါ့။ ဒါနဲ့ ကျွန်တော်တို့ဟာ ဗုဒ္ဓဘာသာကိုးကွယ်တဲ့လူမျိုးဆိုတော့ ဗုဒ္ဓစွယ်တော်မြတ်ကိုသိပ်ကြည့်ညိုတယ်၊ သိပ်လဲဖူးမျှော်ချင်တာဘဲ။

က။ ။ စိတ်ချပါ၊ နက်ဖြန်ကျနော်လိုက်ပို့ပေးမယ်။

၃။ ။ ဟာ–ဒီလိုဆိုသိပ်ကောင်းတာပေါ့။ ဘုရားလဲဖူးရ၊ ပညာလဲတိုးရဆိုတော့ ဒီတစ်ခါသဘေကျင်းမြို့ကိုလာရကျိုးနပ်ပြီလို့ ဆိုရမှာပေါ့။ ခင်ဗျားကိုလဲအ များကြီးကျေးဇူးတင်ပါတယ်။

***** ***** *****

စကားပုံ

အသွားမတော်တစ်လှမ်း အစားမတော်တစ်လုတ်

မသင့်တဲ့အစာကို တစ်လုတ်ဘဲ စားမိရုံနဲ့၊ ဘေးဥပဒ်ဖြစ်သလို မသင့်တော်တဲ့ နေရာကိုအသွားမတော်ရင်လဲ ခြေတစ်လှမ်းတည်းနဲ့၊ အန္တရာယ်ရှိကြောင်းကို ဒီစကားပုံနဲ့ သတိပေးထားတာပါ။

***** ***** *****

ဝေါဟာရ

ဆိပ်ကမ်း (န)	港口
သန်းခေါင်စာရင်း (န)	户口
လူဦးရေ (န)	人口
ဥက္ကလာပ (န)	奥格拉巴（仰光市旧称）
ဒဂုံ (န)	德贡（仰光市旧称）
ရန် (န)	敌人
ကုန် (က)	完结
မန္တလေး (န)	曼德勒市
ဆက်သွယ် (က)	联系
လေဆိပ် (န)	机场
လေယာဉ် (န)	飞机

မြန်မာ	အဓိပ္ပါယ်
စခန်း (န)	基地
ပုသိမ် (န)	勃生市
မြစ်ကြီးနား (န)	密枝那市
လားရှိုး (န)	腊戌市
ရေး (န)	耶市
အမြောက်အမြား (ကဝ)	许许多多、大量地
ခုတ်မောင်း (က)	开动、运转
အရပ်ရပ် (န)	各地
ထွက်ကုန် (န)	产品
သစ်တော (န)	森林
တံခါးဝ (န)	门口
ဂုန်း (န)	一带
ကျော်ကြား (နဝ)	著名的
ရွှေတိဂုံစေတီတော် (န)	仰光大金塔
တဝင်းဝင်း (ကဝ)	闪闪发光地
သပ္ပါယ် (နဝ၊ပါဠိ)	雄伟、壮观
ဆူးလေစေတီတော် (န)	小金塔
ကမ္ဘာအေးစေတီတော် (န)	世界和平塔
နိုင်ငံရေး (န)	政治
လမ်းပန်းဆက်သွယ်ရေး (န)	交通
အချက်အချာ (န)	枢纽
လမ်းညွှန် (န)	指南
စာတွေ (န)	书本知识
ကိုယ်တွေ့ (န)	实践、亲身经历
ကီလိုမီတာ (န၊လိပ် kilometre)	千米、公里
မြို့တော် (န)	首都

သမိုင်းဝင် (နဝ)	载入史册的、历史性的
ထင်ရှား (နဝ)	著名的
ဌာန (န)	地方、单位、部门
နိဗ္ဗာန် (န၊ပါဠိ)	天堂
နိဗ္ဗာန်ဘုရားကျောင်း (န)	天坛
စကြံန် (န)	走廊
ထင် (က)	以为、猜想
ထူးခြားချက် (န)	特点、特性
ဆွဲ (က)	绘画
မြောက် (နဝ)	杰出
လက်ရာမြောက် (က)	手艺高超、艺术水平高
အံ့ဘွယ် (န)	奇迹
ပုဒ် (မ)	首
စပ်ဆို (က)	作诗、作曲
တောင်စဉ် (န)	山脉
ဝပ် (က)	趴
တွား (က)	爬行
စောင့် (က)	守护、守卫、等待
နဂါး (န)	龙
မှတ်ဉာဏ် (န)	记忆力
စွယ်တော်မြတ် (န)	佛牙
ကြည်ညို (က)	崇拜、信奉
ဖူးမျှော် (က)	朝拜

ရှင်း ပြ ချက်

၁။ ။ သာမက 连词。书面语体，用于名词、代词、词组或句子之后，表示"不仅……而且……"。ဥပမာ-

- သူသာမကကျွန်တော်လည်းသွားသည်။
  不仅他去了，我也去了。
- သူစာတော်သည်သာမကသူများကိုကူညီချင်စိတ်လည်းရှိသည်။
  他不仅学习好，而且乐于助人。
- တပ်မတော်၌အမျိုးသားများသာမကအမျိုးသမီးများလည်းတာဝန်ထမ်း
  ဆောင်နေလျက်ရှိသည်။
  不单是男子，女子也在军中任职。

၂။ ။ လို 状语助词。口语体，用于名词或代词之后，表示"像……一样"的意思。书面语体为"ကဲ့သို့"。ဥပမာ-

- သူနာပြုဆရာမသည်လူနာများကိုကိုယ့်အမျိုးများကဲ့သို့ပြုစု၏။
  护士像亲人一样照顾病人。
- မောင်လှကမောင်ဘလိုအရပ်မြင့်တယ်။
  貌拉和貌巴一样高。

"လို" 有时转义，表示"……文"、"……话"的意思。ဥပမာ-

- တရုတ်လို   汉语
- ဗမာလိုဘာသာပြန်ပါ။   请译成缅文。

၃။ ။ ဆိုတဲ့ 习用形式。口语体，用于名词或句子之后，起定语的作用，修饰后面的名词，表示"称之为……的"、"叫做……的"。书面语体为"ဟူသော"。ဥပမာ-

- လက်ဖက်ရည်ဆိုင်ဆိုတဲ့ပြဇာတ်
  话剧《茶馆》

- ဘဆိုတဲ့လယ်သမားဟာသိပ်ရိုးတာဘဲ။

名叫鄂巴的农民真老实。

- မြင်းကျောင်းသားဆိုတဲ့ရုပ်ရှင်

电影《牧马人》

၄။ ။ တယ်---ပါလား။ 习用形式。中间加入形容词或动词,表示感叹,相当于汉语"真……呀"的意思。ဥပမာ-

- တယ်လှပါလား။

真美呀!

- တယ်ဟုတ်ပါလား။

真行呀!

- တယ်လုပ်ပါလား။

干得还真欢哪!

၅။ ။ ဆိုဘဲ 语气助词。口语体,用在句尾,表示转达别人的意思,相当于汉语"据说……"、"听说……"的意思。ဥပမာ-

- အဲဒီရုပ်ရှင်ကားရဲ့ဇာတ်လမ်းတော်တော်ကောင်းတယ်ဆိုဘဲ။

据说那部电影的情节很棒。

- ကျနော်တို့ကျောင်းမှာလဲအားကစားပြိုင်ပွဲကျင်းပမယ်ဆိုဘဲ။

听说咱们学校也要举行运动会。

- သူတို့ညနေမှရောက်တယ်ဆိုဘဲ။

据说他们下午才到的。

၆။ ။ ရှိ 原为动词,表示事物的存在。也常直接加在名词后,表示是某地方的事物。ဥပမာ-

- မနီးမဝေးရှိကျောက်တုံးကြီးပေါ်---

附近的大石头上……

- အောက်မြန်မာပြည်ရှိမြစ်ချောင်းများတွင်ရေများသည်။
  下缅甸的许多河流的水量大。

- ကမ္ဘာပေါ်ရှိလုပ်သားပြည်သူများသွေးစည်းညီညွတ်ကြ။
  全世界劳动人民团结起来。

၇။ ။ ---ရယ်---ရယ် 连词。口语体，用于名词、代词或词组之后，表示两个以上并列的事物。书面语体为 "---ငင်း---ငင်း"。ဥပမာ-

- မောင်ဘရယ်၊ မောင်စိန်ရယ် အားလုံးသွားတယ်။
  貌巴、貌盛都去了。

- အနီရယ်၊ အဝါရယ်၊ အစိမ်းရယ် အရောင်သုံးမျိုးရှိတယ်။
  有红、黄、绿三种颜色。

- တရုတ်လိုရယ်၊ ဗမာလိုရယ်၊ အင်္ဂလိပ်လိုရယ် အားလုံးပြောတတ်တယ်။
  汉语、缅语和英语（他）都会讲。

၈။ ။ ဇော်ဂျီ 佐基（1908—1990），缅甸著名作家，原名吴登汉。他创作了大量的诗歌、小说和戏剧作品，曾访问过中国。

၉။ ။ ဟာ 语气助词。用于句首，表示惊讶。ဥပမာ-

- ဟာ-ဆရာပါလား။
  哎呀！是老师呀！

- ဟာ-ဟုတ်လား၊ ဘယ်လိုဖြစ်ကြတာတုန်း။
  啊？是吗？怎么回事？

- ဟာ-တယ်ကောင်းပါလား။
  嘿！太棒了！

၁၀။ ။ ဆိုတော့ 连词。用于名词和句子之后，起连接转折的作用，表示"所谓……"、"既然说……"的意思。ဥပမာ-

- ဝတ္ထုဆိုတော့ဇာတ်လမ်းရှိရမယ်။
  所谓小说就要有情节。
- မိကျောင်းဆိုတော့ကြောက်ကြတာပေါ့။
  鳄鱼，大家当然害怕啦！
- ဓနိမိုးဝါးထရံကာအိမ်ဆိုတော့မီးစွဲမြန်တာပေါ့။
  房子的屋顶是棕叶的，墙是竹子的，着起火来，当然快啦！

၁၁။ ။ ----ရကျိုးနပ် 习用形式。用于动词之后，表示"……是值得的"的意思。ဥပမာ-

- ဒီတစ်ခါကျနော်လာရကျိုးနပ်ပြီလို့ဆိုရမှာဘဲ။
  可以说我不虚此行。
- အကြာကြီးဖတ်ပေမဲ့ဖတ်ရကျိုးမနပ်ပါဘူး။
  虽然读了很久，成效却不大。
- ပြည်သူများအတွက်သေယင်သေရကျိုးနပ်ပါတယ်။
  为人民而死，死得其所。

***** ***** *****

လေ့ကျင့်ခန်း

၁။ ။ အောက်ပါမေးခွန်းများကိုဖြေပါ။

၁။ ဘောကျင်းမြို့ဟာတရုတ်ပြည်မှာအကြီးဆုံးမြို့လား။

၂။ ဘောကျင်းမြို့ဟာအကျယ်အဝန်းဘယ်လောက်ရှိပါသလဲ။ လူဦးရေဘယ်လောက်ရှိပါသလဲ။

၃၊ ဘေကျင်းမြို့ရှိသမိုင်းဝင်ထင်ရှားတဲ့အဆောက်အအုံနဲ့ရှုခင်းသာယာတဲ့
နေရာများပါသလား။

၄၊ ရှေးဟောင်းနန်းတော်ကိုဘယ်နှစ်ကစတည်ဆောက်ခဲ့သလဲ။

၅၊ မဟာတံတိုင်းရှည်ကြီးကော၊ ဘယ်နှစ်ကစတည်ဆောက်ခဲ့သလဲ။

၆၊ ဘေကျင်းမြို့မှာဘုရားဖူးချင်ရင်ဘယ်ကိုသွားဖူးရပါသလဲ။

၇၊ ရန်ကုန်မြို့ရဲ့သက်တမ်းဟာဘယ်လောက်ရှိပြီလဲ။

၈၊ ရန်ကုန်ဆိုတဲ့မြို့ရဲ့နာမည်ဟာဘာအဓိပ္ပါယ်ရပါသလဲ။

၉၊ ဘာဖြစ်လို့ရန်ကုန်မြို့ကိုမြန်မာနိုင်ငံရဲ့တံခါးဝလို့တင်စားခေါ်ကြပါသလဲ။

၁၀၊ ရန်ကုန်မြို့ရှိထင်ရှားကျော်ကြားတဲ့စေတီတော်များကိုပြောပြစမ်းပါ။

၁၁၊ ရန်ကုန်မြို့ရဲ့လမ်းပန်းဆက်သွယ်ရေးပွင့်လန်းပါသလား။

၁၂၊ ဘေကျင်းကနေရန်ကုန်မြို့ကိုသွားချင်ရင်ဘယ်လိုသွားရမလဲ။

၁၃၊ ဘေကျင်းမြို့ဟာတရုတ်ပြည်ရေးအကျဆုံးမြို့တော်လား။

၁၄၊ ဘယ်အချိန်ကစပြီးဘေကျင်းလို့ခေါ်ကြသလဲ။

၁၅၊ တရုတ်သမိုင်းမှာဘယ်ခေတ်ကဘေကျင်းမှာနန်းတည်ခဲ့သလဲ။

၂။ ။ အောက်ပါစကားပြောများကိုမြန်မာဘာသာသို့ပြန်ဆိုပါ။

你到北京多久了？

一个月了。

去过哪些地方？

事儿太多，哪儿都没去过。北京哪儿最好玩儿？

北京是个历史文化名城，也是一个现代化的都市。要看古迹，就去故宫、长城； 要欣赏风景，就去颐和园、香山；要逛街，就去王府井、西单。

我是佛教徒，想去拜佛。

那你可以去八大处呀，那里供奉着佛牙。

太好了。

北京还有什么地方值得去的呢？

北京有很多博物馆，如国家博物馆、军事博物馆、自然博物馆、美术馆和科技馆等等。

太好了，我这次可没白来。

၃။ အောက်ပါစကားလုံးအသီးသီးတို့ကိုကွက်လပ်တွင်ဆီလျော်အောင်ဖြည့်ပါ။

စတဲ့ ဘို့ ပါကလား ဆိုဘဲ ---ရကျိုးနပ် ကဲ့သို့

၁။ ဘေကျင်းရောက်မှတော့ မဟာတံတိုင်းရှည်ကြီးကို သွားဖြစ်အောင်သွား------ကောင်းပါတယ်။

၂။ ဘေကျင်းမှာ ဟိုဟိုဒီဒီသွားလည်------စိတ်မကူးဘူးလား။

၃။ ဘေကျင်းမြို့မှာ မင်းသင်္ချိုင်းတော်၊ တိမ်ဖြူတောက်ဘာသာဘုရားကျောင်းတို့၊ ယုံဟိုလာမာဘာသာကျောင်းတိုက်နဲ့ခေါင်းလောင်းတော်ကြီးဘုရားကျောင်းတိုက်------ရှေးဟောင်းအဆောက်အအုံတွေရှိပါသေးတယ်။

၄။ မြန်မာနိုင်ငံတွင် ကချင်၊ ကယား၊ ကရင်၊ ချင်း၊ မွန်၊ မြန်မာ၊ ရခိုင်၊ ရှမ်း------တိုင်းရင်းသားပေါင်းစုံတို့နေထိုင်ကြပါသည်။

၅။ မဟာတံတိုင်းရှည်ကြီးဟာ တယ်ကြီးကျယ်ခန့်ညား------။

၆။ ဖတ်တဲ့လူနားမလည်ရင် ရေး------မ------ပါဘူးပေါ့။

၇။ မူလတန်းကျောင်းမတက်ခင် မူကြိုတက်ရသေးတယ်------။

၈။ ရန်ကုန်မြို့မှာ လေ့လာသင့်သောပြတိုက်များမှာ အမျိုးသားပြတိုက်၊ ငါးပြတိုက်၊ တပ်မတော်မော်ကွန်းတိုက်တို့ဖြစ်တယ်------။

၉။ မိဘမဲ့ကလေးများကို ကိုယ့်သားသမီးများ------စောင့်ရှောက်သည်။

၁၀။ ကလေးတွေကငှက်ကလေးများ------ပျံချင်တယ်။

သင်ခန်းစာ (၇) 123

၄။ ။ အောက်ပါဝါကျများမှန်အောင်ပြင်ပါ။
၁။ အမွေးတောင်ဟာ သိပ်သာယာပြီး နေရာတစ်ခုဖြစ်တယ်လို့ကြားဖူးပါ တယ်။
၂။ ပီကင်းတက္ကသိုလ်ကိုသွားလည်ယင်ကောင်းပါတယ်။
၃။ ဘေကျင်းရောက်တဲ့နောက်ဘယ်နေရာတွေအလည်အပတ်ရောက်ခဲ့ပြီး သလဲခင်ဗျား။
၄။ အလုပ်ကိစ္စတွေများနေကြောင်းမရောက်ဖြစ်သေးပါဘူး။
၅။ လေဆိပ်နဲ့ပီကင်းတက္ကသိုလ်နဲ့ဘယ်လောက်ဝေးသလဲ။
၆။ မောင်ထွန်းအေးနဲ့မောင်မြင့်ဟာညီအကိုရင်းလိုတဲ့မိတ်ဆွေကောင်းဖြစ် ပါတယ်။
၇။ ကွမ်ကျိုးမြို့သည်တရုတ်ပြည်၏အကြီးဆုံးဆိပ်ကမ်းမြို့ဖြစ်ပါသည်။
၈။ သူ့အမေကလဲကျောင်းဆရာမတစ်ယောက်ဖြစ်တယ်ဆိုတဲ့။
၉။ ပြပွဲရဲ့အစီအစဉ်အတိုင်းနက်ဖြန်ညနေ ၄ နာရီမှာပြပွဲရပ်သိမ်းမယ်။
၁၀။ သူနေမကောင်းခြင်းလို့ကျောင်းမတက်နိုင်ဘူး။

၅။ ။ အောက်ပါဝိုက်ကွင်းထဲမှယှဉ်တွဲဖော်ပြထားသောစကားလုံးများအနက်ဆီ လျော်သောစကားလုံးတစ်လုံးကိုရွေးချယ်ပါ။
၁။ သူငယ်ချင်း(ကို၊ ဆီ၊ နေရာ)စာမရေးတာကြာပြီ။
၂။ ချင်းတွားတက္ကသိုလ်ဟာတရုတ်ပြည်မှာ(အပြင်၊ လည်း၊ သာမက)ကမ္ဘာ ပေါ်မှာလဲနာမည်ကြီးတယ်။
၃။ ကိုယ့်ထက်ငယ်ရွယ်တဲ့လူတွေကို ညီလေး၊ ညီမလေး(စသဖြင့်၊ စသည် တို့၊ စတဲ့)ခေါ်ကြတယ်။
၄။ ကျမအခု(အချိန်၊ တလော၊ မှာ)ကျောင်းမှာအစစအရာရာအဆင်ပြေ ပါတယ်။
၅။ အခု ၁၁ နာရီခွဲရှိ(သေး၊ နေ၊ ထား)တယ်။ ၁၂ နာရီထိုးဘို့မိနစ်သုံး ဆယ်လိုသေးတယ်။

၆။ သူနေမကောင်းတာနှစ်(ပတ်၊ တနင်္ဂနွေ၊ တနင်္ဂနွေတစ်ပတ်)တောင်ကြာ ပြီ။

၇။ တရုတ်ပြည်ကွန်မြူနစ်ပါတီကို ၁၉၂၁ ခုနှစ်မှာ(တည်ထောင်၊ တည် ဆောက်၊ တည်ရှိ)ခဲ့ပါတယ်။

၈။ ဒီနေ့တနင်္ဂနွေနေ့(လို့၊ မို့၊ အတွက်)စကြည့်တိုက်မဖွင့်ဘူး။

၉။ ကျောင်းသူကျောင်းသားများစာကျက်နေ(တုန်း၊ ခါ၊ အချိန်)ဆရာဝင် လာတယ်။

၁၀။ တပည့်တို့၊ ဖတ်စာ(အတိုင်း၊ အရ၊ အလိုက်)ကူးကြပါ။

၆။ ။ အောက်ပါစကားလုံးများဖြင့်ဝါကျဖွဲ့ပါ။
လို ဆိုတဲ့ ----ရယ်----ရယ် ----ရကျိုးနပ် သာမက

၇။ ။ အောက်ပါဝါကျများကိုတရုတ်ဘာသာသို့ပြန်ဆိုပါ။

၁။ ဟီရိုရှီးမားမြို့သည် ဂျပန်နိုင်ငံ၏ဆိပ်ကမ်းမြို့တစ်မြို့ဖြစ်သည်။ ထိုမြို့ သည်ယွန်းထည်၊ ကြေးထည်စသောလုပသည်၊ လူသုံးပစ္စည်းများထွက် ရာ စက်မှုလုပ်ငန်းထွန်းကားသည့်မြို့လည်းဖြစ်သည်။

၂။ ကမ္ဘာသည် အခြားကြယ်များထက်လည်းကောင်း၊ နေထက်လည်း ကောင်း ကြီးပုံရသည်။

၃။ ရန်ကုန်မြို့မှ ပြည်တွင်းရှိနေရာအနှံ့အပြားသို့ ရေလမ်း၊ ကုန်းလမ်း၊ လေကြောင်းလမ်းတို့ဖြင့် အလွယ်တကူ ဆက်သွယ်သွားလာနိုင်သည်။

၄။ ကန်တော်ကြီးသည် အလွန်သာယာသောနေရာဖြစ်သည်။ ကန်တော် ကြီးပတ်ဝန်းကျင်၌ လေ့လာစရာများစွာရှိလေသည်။

၅။ ကန်တော်ကြီး၏တောင်ဘက်၌ ငါးပြတိုက်နှင့်တိရစ္ဆာန်ဥယျာဉ်ရှိသည်။ အရှေ့ဘက်၌ လှပတင့်တယ်သော ကရဝိက်ဟော်တယ်ရှိသည်။

၆။ မြောက်ဘက်၌ ဗိုလ်ချုပ်အောင်ဆန်းကြေးရုပ်ရှိသည်။ ဗိုလ်ချုပ်အောင် ဆန်းနေအိမ်တည်ရှိရာ တာဝါလီမ်းလမ်းသည်လည်း ကန်တော်ကြီး၏

မြောက်ဘက်မနီးမဝေးတွင်ရှိသည်။

၇။ ကန်တော်ကြီး၏အနောက်မြောက်ဘက်ရှိ မြေပဒေသာကျွန်းတွင် သစ်ပင်ပန်းမန်မျိုးစုံကို စိုက်ပျိုးပြုသရောင်းချလေသည်။

၈။ ရန်ကုန်မြို့တော်တွင် စေတီပုထိုးများစွာရှိသည့်အနက် ရွှေတိဂုံစေတီ၊ ဆူးလေစေတီ၊ ကမ္ဘာအေးစေတီနှင့် ဗိုလ်တစ်ထောင်စေတီတို့သည် ထင်ရှား၏။

၉။ မြန်မာနိုင်ငံမှာ တောရောမြို့ပါလူအများအပြား လက်ဖက်ရည်ကြမ်းကို နှစ်နှစ်ခြိုက်ခြိုက် နေ့တိုင်းသောက်သုံးလေ့ရှိကြတယ်။

၁၀။ စာဖတ်ခန်းထဲမှာ သတင်းစာတွေရယ်၊ ရုပ်စုံဂျာနယ်တွေရယ်၊ စာအုပ်တွေရယ် အမျိုးမျိုးရှိတယ်။

၈။ ။ အောက်ပါဝါကျများကိုမြန်မာဘာသာသို့ပြန်ဆိုပါ။

（1）英文版的《北京指南》是月刊，每月十五日出版。

（2）光掌握书本知识，没有实践是不行的。

（3）天坛是北京最著名的景点之一。

（4）你读过缅甸小说《鄂巴》吗？

（5）我们班同学亲如一家，互相关心，互相帮助。

（6）据说缅甸人大多数信仰佛教。

（7）我这学期要上缅文、英文、古代汉语、世界通史等课程。

（8）我给父母、老师和同学都寄了照片。

（9）我不仅给老师，也给同学们写了信。

（10）既然是写信，当然要写到大学的生活。

（11）看来我这次没白来，从你们这里我学到了很多知识。

（12）哎呀，信写得真快呀！

（13）哎呀，这么早你就起床了！
（14）北京是中国政治、经济和文化中心。
（15）上海是我国最著名的港口城市，也是经济、文化、商贸和金融中心。
（16）北京和上海都是人口超过千万的大城市。
（17）首都国际机场是一座现代化的机场。
（18）仰光大金塔是世界上最著名的佛塔之一。
（19）我们很想了解缅甸的历史和文化。
（20）勃生市出产的伞工艺精美，久富盛名。

*****　　　　*****　　　　*****

အဓိပတ်စာ

မြန်မာ့ကျောက်မျက်ရတနာ

မြန်မာနိုင်ငံသည် မြေပေါ်မြေအောက်သယံဇာတများ ပေါကြွယ်ဝလှသည်။ မြေအောက်သယံဇာတများအနက် မြန်မာ့ကျောက်မျက်ရတနာများသည် ထင်ရှားသည်။ ကမ္ဘာပေါ် တွင် အကောင်းဆုံးနှင့်တန်ဖိုးအရှိဆုံးဖြစ်သော ပတ္တမြားကို မိုးကုတ်ကျောက်တွင်းများမှ ထွက် သည်။ သို့သော် နယ်ချဲ့တိုင်းတပါးသားများ အုပ်စိုးစဉ်အခါက မိုးကုတ်ပတ္တမြားကို အိန္ဒိယ နိုင်ငံဘုံဘိုင်မြို့ဈေးကွက်မှတစ်ဆင့် ရောင်းချ ခဲ့ရသဖြင့် ကမ္ဘာက ဘုံဘိုင်ပတ္တမြားဟူ၍သာ သိရှိခေါ်ဝေါ်ခဲ့သည်။ ပတ္တမြား၏အရည်အသွေး ကိုပင် ဘုံဘိုင်ရည်ဟု သတ်မှတ်သုံးနှန်းခဲ့ကြသည်။ ပတ္တမြားသာမက ကျောက်နီ၊ နီလာ

စသောကျောက်မျက်များကိုလည်း မိုးကုတ်မြို့ကျောက်တွင်းများမှ ထွက်လေသည်။

အခြားထင်ရှားသော ရတနာမှာ ကျောက်စိမ်းဖြစ်သည်။ မြန်မာနိုင်ငံ၏ကျောက် စိမ်းမှာ ကမ္ဘာတွင်ကျော်ကြားသည်။ အရည်အသွေးနှင့်အသားအနှစ်ကောင်းမွန်သဖြင့် ကမ္ဘာ့ဈေးကွက်တွင် မျက်နှာပန်းလှသည်။

မြိတ်ကျွန်းစုမှထွက်သော ပုလဲများသည်လည်း အရည်အသွေးလှပကောင်းမွန် သဖြင့် လူကြိုက်များသည်။ နိုင်ငံခြားသားကျောက်မျက်ရတနာကုန်သည်ကြီးများက မြိတ် ကျွန်းစုမှ ထွက်သောပုလဲကို ကမ္ဘာ့ဈေးကွက်၌ ဂျပန်နိုင်ငံထွက် တောင်ပင်လယ်ပုလဲ အဖြစ် ရောင်းချကြသည်။ မြန်မာနိုင်ငံထွက် ကမ္ဘာ့အကြီးဆုံးပုလဲကြီးတစ်လုံးကို ၁၉၆၈ ခုနှစ်က ပြသခဲ့သည်။ ထိုပုလဲကြီးသည် ကြက်ဥငယ်အရွယ်ရှိလေသည်။ အလေးချိန် အားဖြင့် ရတီ ၂၀၁ ဒသမ ၁၃ ရှိလေသည်။

မြန်မာကျောက်မျက်ရတနာများကို ထိုက်တန်စွာရောင်းချရန် မြန်မာ့ကျောက်မျက် ရတနာပွဲကို ရန်ကုန်မြို့၌ ၁၉၆၄ ခုနှစ်မှ စတင်၍ တစ်နှစ်တစ်ကြိမ်၊ ယခုဆိုလျှင် တစ် နှစ်နှစ်ကြိမ် ကျင်းပခဲ့ပါသည်။ နိုင်ငံတကာမှ ရတနာကုန်သည်ကြီးများ လာရောက်၍ အဖိုးတန်ကျောက်မျက်ရတနာများကို ဝယ်ယူခဲ့ကြသည်။ ကျောက်မျက်ရတနာပွဲများ တွင် ကျောက်မျက်၊ ကျောက်စိမ်းနှင့်ပုလဲ ဟူသော ရတနာသုံးမျိုးကို အဓိကထား၍ ရောင်းချသည်။ ထို့ပြင် ကျောက်စိမ်းရုပ်တုများနှင့်လက်ဝတ်ရတနာများကိုပါ ရောင်းချ သည်။

သင်ခန်းစာ (၈)

ပတ်စာ

ရိုင်းပင်းကူညီကြက်ခြေနီ

ညီရင်းအစ်ကိုပေ တို့တတွေ ဟူသောဆောင်ပုဒ်သည် ကြက်ခြေနီအသင်း၏ ဆောင်ပုဒ်ဖြစ်ပါသည်။ နိုင်ငံတိုင်းလိုလိုပင် ကြက်ခြေနီအသင်းများ ဖွဲ့စည်းထားရှိကြ သည်။ အသင်း၏ရည်ရွယ်ချက်မှာ ထိခိုက်ဒဏ်ရာရသူများ၊ ဖျားနာသူများ၊ အတိဒုက္ခ ရောက်နေသူများအား ကူညီကယ်ဆယ်ပြုစုရန်ဖြစ်သည်။

၁၈၅၉ ခုနှစ်ဇွန်လအတွင်းက ဆွစ်လူမျိုး ဟင်နရီဒူးနန့်ဆိုသူသည် ဆော်လဖာ ရီးနိုးနယ်တစ်ဝိုက်တွင် ခရီးလှည့်လည်ခဲ့စဉ် ကြောက်မက်ဖွယ်ကောင်းလှသော တိုက်ပွဲ နှင့်တွေ့ကြုံခဲ့ရသည်။ တိုက်ပွဲတွင်ဒဏ်ရာရသူတို့ အဆမတန်များလှ၏။ သို့သော် စောင့် ရှောက်ပြုစုကုသပေးမည့်သူ နည်းပါးသောကြောင့် မသေသင့်ပဲ သေကြေပျက်စီးကြရ သည်ကိုတွေ့ရ၏။ ဒူးနန့်သည် ဒဏ်ရာရသူတို့ကို မိမိတတ်သရွေ့ ကူညီပြုစုသည်။ ထို့မျှမ

သင်ခန်းစာ (၈)   129

ကသေး အနီးအနားရွာများမှ အမျိုးသမီးများကို စေတနာဝန်ထမ်းသူနာပြုအဖွဲ့ ဖွဲ့ပေးပြီး ဒဏ်ရာရသူများကို ရန်သူမိတ်ဆွေမရွေး ပြုစုသည်။ ၎င်းမှာ ကြက်ခြေနီအသင်း၏ မူလ အစဖြစ်သည်။

ယခုအခါတွင် ကြက်ခြေနီအသင်းများသည် စစ်မြေပြင်ဒုက္ခသည်များကိုသာမက လေဘေး၊ ရေဘေး၊ မီးဘေး၊ ငလျင်ဘေးအစရှိသည် ဒုက္ခသည်များကိုပါ ဝိုင်းဝန်းကူ ညီကြသည်။ ကြက်ခြေနီအသင်း၏အထိမ်းအမှတ်မှာ အဖြူရောင်အောက်ခံတွင် အနီ ရောင်ကြက်ခြေပါရှိသည်အလံဖြစ်သည်။ ထိုအလံသည် ကြက်ခြေနီအသင်းများတည် ထောင်ရန် အကြံပေးခဲ့သူ ဆွစ်လူမျိုး ဟင်းနရီးဒူးနန့်အား ဂုဏ်ပြုသည့်အနေဖြင့် ဆွစ် ဇာလန်နိုင်ငံအလံကို အရောင်များပြောင်းပြန်လုပ်ထားခြင်းဖြစ်သည်။ ထိုအလံကိုအစွဲပြု ၍ ကြက်ခြေနီအသင်းဟုခေါ်သည်။ ဒူးနန့်၏မွေးနေ့ မေလ ၈ ရက်နေ့ကို ကမ္ဘာကြက် ခြေနီနေ့အဖြစ် အထိမ်းအမှတ်ပွဲများ ပြုလုပ်ကြသည်။

မြန်မာနိုင်ငံကြက်ခြေနီအသင်းကို နယ်ချဲ့အစိုးရလက်ထက်ကပင် စတင်တည် ထောင်ခဲ့သည်။ ကမ္ဘာ့ကြက်ခြေနီနေ့တွင် ကြက်ခြေနီစွမ်းရည်ပြိုင်ပွဲများ၊ စံပြကြက်ခြေနီ ဆုချီးမြှင့်ခြင်းများ ပြုလုပ်သည်။ လူငယ်တို့ကို အားလပ်ရက်များတွင် ကြက်ခြေနီသင် တန်းများ ဖွင့်လှစ်လေ့ကျင့်ပေးသည်။ ထို့ကြောင့် ကူညီရိုင်းပင်းသည် ကြက်ခြေနီစိတ် ဓာတ်သည် ပြည်သူများကြားတွင် ပျံ့နှံ့လျက်ရှိသည်။

*****　　　*****　　　*****

စကားပြော

ဆေးရုံသွားခြင်း

က။ လူနာ
ခ။ ဆရာဝန်

က။ ။ ဆရာ၊ ကျနော်နည်းနည်းနေမကောင်းဘူးဗျာ။

ခ။ ။ ဘယ်လိုနေမကောင်းတာလဲ။

က။ ။ ခေါင်းကိုက်တယ်၊ ချောင်းဆိုးတယ်၊ တစ်ကိုယ်လုံးလဲမအီမသာဖြစ်နေတယ်၊ စားလဲမစားချင်ဘူး။

ခ။ ။ (ကိုယ်ပူတိုင်း)သာမိုမီတာနဲ့ကိုယ်ပူချိန်အရင်တိုင်းကြည့်ရအောင်။

က။ ။ အပူချိန်ဘယ်လောက်ရှိသလဲဆရာ။

ခ။ ။ ၃၈ ဒီဂရီရှိတယ်။ ကိုယ်နဲ့နံပူတယ်။ လျှာထုတ်ပြစမ်း။ ပါးစပ်ဟ–အား– လို့အော်ပြစမ်းပါ။

က။ ။ ဟုတ်ကဲ့၊ အား–

ခ။ ။ လည်ချောင်းရောင်နေတယ်။ အကျီကြယ်သီးဖြုတ်လိုက်ပါ။ နားကြပ်နဲ့စစ်ကြည့်မယ်။

က။ ။ ဘာရောဂါလဲဆရာ။

ခ။ ။ ကိစ္စမရှိဘူး။ တုပ်ကွေးမဟုတ်ဘူး။ ရိုးရိုးနှာစေးချောင်းဆိုးရောဂါပဲ။ ဆေးစားပြီးကောင်းကောင်းအနားယူရင်ပျောက်မှာပါ။

က။ ။ ဆေးထိုးဖို့မလိုဘူးလား။

ခ။ ။ ဆေးထိုးဖို့မလိုပါဘူး။

က။ ။ ဆရာ၊ ကျနော့်ကိုတရက်တိုင်းရင်းဆေးပေးပါ။ ကျနော်ကတရက်တိုင်းရင်းဆေးနဲ့မှတည်တယ်။

ခ။ ။ ရပါတယ်။ ဆေးပြားသုံးရက်စာပေးမယ်။ ပြီးတော့ ချောင်းဆိုးပျောက်ဆေး ရည်လဲပေးမယ်။ တစ်ခါတစ်ပြား၊ တစ်နေ့သုံးခါ ရေနွေးနဲ့သောက်သုံးပါ။ ဒီဆေးညွှန်းနဲ့ ဆေးပေးခန်းမှာဆေးသွားယူပါ။

က။ ။ အစားအသောက်ရှောင်ရမလား။

သင်ခန်းစာ (၈)

၁။ ။ အစပ်ကိုခေတ္တရှောင်ပါ။ အဆီလဲသိပ်မစားနဲ့။ ဟင်းသီးဟင်းရွက်ကိုပိုစား
ပါ။

က။ ။ ကျေးဇူးတင်ပါတယ်ဆရာ။ သွားပါအုံးမယ်ဆရာ။

၁။ ။ ကောင်းပါပြီ။

***** ***** *****

စကားပုံ

ခလုတ်ထိမှအမိတ

ဖြောင့်ဖြူးတဲ့လမ်းကို လျှောက်တဲ့အခါ အမိကို သတိမရပါဘူး။ ခလုတ်တိုက်မိတဲ့ အခါမှ အမယ်လေးလို့ အမိကိုတသလို ဒုက္ခနဲ့တွေ့ခါမှ ကိုးကွယ်ရာကို သတိရလေ့ရှိကြ တယ်။

***** ***** *****

ဝေါဟာရ

ရိုင်းပင်း (က)	帮助、协助
ကြက်ခြေ (န)	十字、叉号儿
ကြက်ခြေနီ (န)	红十字
ဆောင်ပုဒ် (န)	口号
အသင်း (န)	协会、团体
ဖွဲ့စည်း (က)	组织、成立
ရည်ရွယ်ချက် (န)	目的、目标
ထိခိုက် (က)	碰伤、伤心、破坏
ဒဏ်ရာ (န)	伤痕、伤口
ဖျားနာ (က)	生病
အတိဒုက္ခ (န)	深重的灾难

ကယ်ဆယ် (က)	救、挽救、拯救
ပြုစု (က)	照顾
ဆွစ် (န၊လိပ် Swiss)	瑞士
ဆွစ်ဇလန် (န၊လိပ် Switzerland)	瑞士
တဝိုက် (န)	一带
လှည့်လည် (က)	周游
ကြောက်မက် (က)	恐惧、惊恐万分
တွေ့ကြုံ (က)	遇见
အဆမတန် (ကဝ)	成倍地、猛增
သေကြေ (က)	死亡、灭亡
ပျက်စီး (က)	毁坏、损坏，死亡
အနီးအနား (န)	附近、周围
ဝန်ထမ်း (န)	工作人员、公务员
စေတနာဝန်ထမ်း (န)	志愿者
ရန်သူ (န)	敌人
မူလ (န၊ပါဠိ)	本来、原来
စစ်မြေပြင် (န)	战场
ဘေး (န)	灾难
ငလျင် (န)	地震
ဝိုင်းဝန်း (ကဝ)	一起、共同
အထိမ်းအမှတ် (န)	标志、纪念
အောက်ခံ (န)	底
အလံ (န)	旗帜
အကြံပေး (က)	建议
ဂုဏ်ပြု (က)	给予……荣誉、祝贺
ပြောင်းပြန် (ကဝ)	相反、颠倒

အစွဲပြု (က)	以……为根据
နယ်ချဲ့ (န)	帝国主义
လက်ထက် (န)	时期、时代、朝代
စွမ်းရည် (န)	能力
စံပြ (န)	模范、榜样
ချီးမြှင့် (က)	赞扬、授奖
အားလပ်ရက် (န)	休息日
ဖွင့်လှစ် (က)	开办、开幕
စိတ်ဓာတ် (န)	精神、情绪
ပျံ့နှံ့ (က)	扩散、传开
လူနာ (န)	病人、患者
ခေါင်းကိုက် (က)	头疼
ချောင်းဆိုး (က)	咳嗽
မအီမသာ (ကဝ)	身体不适
ကိုယ်ပူတိုင်း (က)	测体温
သာမိုမီတာ (န၊လိပ် thermometer)	体温表
ကိုယ်ပူချိန် (န)	体温
တိုင်း (က)	测量
ကိုယ်ပူ (က)	发烧
လျှာ (န)	舌头
ပါးစပ် (န)	嘴
ဟ (က)	张开
လည်ချောင်း (န)	喉咙、咽喉
ရောင် (က)	肿、红肿
ကြယ်သီး (န)	纽扣
ဖြုတ် (က)	解开

နားကြပ် (န)	听诊器、耳机
ရောဂါ (န)	病
တုပ်ကွေး (န)	流行性感冒
နာစေး (က)	感冒、伤风
ပျောက် (က)	痊愈
ဆေးထိုး (က)	打针
တိုင်းရင်းဆေး (န)	草药
တည် (က)	适合、适应
ဆေးပြား (န)	药片
ဆေးရည် (န)	药剂
ဆေးညွှန်း (န)	药方
ရှောင် (က)	忌讳、忌口
ခဏ (န)	暂时、一会儿
အဆီ (န)	油腻的食物

***** ***** *****

ရှင်းပြချက်

၁။ ။ တတွေ 词缀。用于集合名词之后，表示"们"、"一伙"的意思。ဥပမာ-

- သူတို့တတွေ   他们一伙
- ညီအစ်ကိုတတွေ   兄弟们

၂။ ။ ပင်

၁၊ 语气助词。书面语体，用于名词、代词、数量词、副词、句子等之后，表示限定的语气。口语体为"သာ"。ဥပမာ-

- သူ့အမေသည်မိန်းမလှတစ်ဦးပင်ဖြစ်သည်။
 他母亲是一位漂亮的女人。
- သူသည်တကယ်ပင်အော်လိုက်လေသည်။
 他真的喊了起来。
- မည်သို့ပင်ကောင်းကောင်းမကြိုက်။
 不管多好也不喜欢。

၂။ 语气助词。书面语体，用于名词、代词、动词、短语或句子等之后，加强语气，表示"连……"、"甚至……"的意思。口语体为"တောင်"。ဥပမာ–

- သူသည်အသက်ရှူပင်မှားနေလေသည်။
 他连呼吸都不正常了。
- ကျောင်းပိတ်သည်မှာ ၁၀ ရက်ပင်ရှိလေသည်။
 放假已有 10 天了。
- သူတောင်နားမလည်ဘူး၊ ကျွန်တော်ဘယ်နားလည်နိုင်ပါ့မလဲ။
 连他都不明白，我怎么能弄明白呢?

၃။ ■ ဖွယ် 词缀。书面语体，用于动词和形容词之后，构成名词，表示"……的东西"的意思。口语体为"စရာ"。ဥပမာ–

- စားဖွယ်သောက်ဖွယ်များ
 食品
- အဘယ်မှာဆိုဖွယ်ရှိအံ့နည်း။
 还有什么好说的呢?
- စိတ်ဝင်စားဖွယ်ကောင်းသောအဖြစ်အပျက်တစ်ခု
 一件有趣的事

၄။ ။ သို့သော် 连词。书面语体，用于第二分句句首，表示转折的意思，相当于汉语"但是……"的意思，与"သို့သော်လည်း၊ သို့ရာတွင်"相同。口语体为"ဒါပေမဲ့"。ဥပမာ-

- သူမှာအတွေ့အကြုံမရှိဘူး၊ သို့သော် ကြိုးစားလုပ်ကိုင်၍အောင်မြင်ခဲ့လေသည်။
  他没有经验，但通过努力获得了成功。
- သူသည်အလွန်ကြိုးစားသည်၊ သို့သော် နည်းလမ်းမမှန်၍အောင်မြင်မှုမရနိုင်ခဲ့ချေ။
  他很努力，但方法不对，没有成功。
- မောင်မောင်သည်စာကြိုးစား၏၊ သို့ရာတွင် ဂုဏ်ထူးတော်မရပေ။
  貌貌学习努力，但是没有取得优等生的资格。
- လူကတော်တော်ပင်ပန်းသွားတယ်၊ ဒါပေမဲ့ စိတ်ထဲမှာတော့ဝမ်းသာရှင်လန်းလှတာပေါ့။
  尽管人很累了，但心情却是非常愉快的。

၅။ ။ သရွေ့ 助词。用于动词之后，构成名词，表示"所有的、一切"的意思，可作状语和定语，与"သမျှ"相同。ဥပမာ-

- တတ်နိုင်သရွေ့ဆောင်ရွက်ပေးမည်။
  尽我所能为您效劳。
- ကျွန်တော်သိရသရွေ့မောင်မောင်သည်လူကောင်းတစ်ယောက်ဖြစ်၏။
  据我所知，貌貌是个好人。
- ကျွန်တော်ပြောသမျှတွေဟာမျက်မြင်တွေချည်းဘဲ။
  我所说的全是亲眼所见。

၆။ ။ ထိုမျှမကသေး 插入语。书面语体，表示"不仅如此"的意思。口语体为"ဒါတင်မကသေးပါဘူး။"。

၇။ ။ အစရှိတဲ့ 习用形式。口语体，与"စတဲ့"相同，表示"……等等"的意思。书面语体为"စသော၊အစရှိသော၊အစရှိသည်"。ဥပမာ-

- ဆပ်ပြာ၊ သွားတိုက်ဆေး၊ ေလုံ၊ မျက်နှာသုတ်ပုဝါအစရှိတဲ့နေ့စဉ်သုံးပစ္စည်းတွေ ဟိုဆိုင်မှာရောင်းပါတယ်။
  那家商店里卖肥皂、牙膏、脸盆和毛巾等日用品。
- ဗလာစာအုပ်၊ ခဲတံနဲ့ခဲဖျက်အစရှိတဲ့စာရေးကိရိယာများဝယ်ခဲ့တယ်။
  买了本子、铅笔和橡皮等文具。
- အင်တာနက်ကတစ်ဆင့် စာအုပ်၊ တိတ်ခွေနဲ့ဗီစီဒီအစရှိတဲ့ပစ္စည်းတွေ ဝယ်ယူနိုင်ပါတယ်။
  从网上可以买到书籍、磁带和光盘等。

၈။ ။ အနေဖြင့်၊အနေနှင့် 状语助词。书面语体，用于名词、代词或词组之后，表示"作为……"、"身为……"的意思。口语体为"အနေနဲ့"。ဥပမာ-

- ကျွန်တော်အနေနှင့်ပြောလျှင်သဘောမတူနိုင်ပေ။
  作为我个人来说是不能同意的。
- တရုတ်အစိုးရနှင့်ပြည်သူပြည်သားများ၏ကိုယ်စားအနေဖြင့်၎င်း၊ ကျွန်တော်အနေဖြင့်၎င်း၊ ပြောကြားခွင့်ပြုစေလိုပါသည်။
  请允许我代表中国政府和人民，并以我个人的名义……
- ခင်ဗျားအနေနဲ့ဒီလိုလုပ်နိုင်ပေမဲ့ကျနော်အနေနဲ့တော့မလုပ်နိုင်ဘူး။
  你能这样做，但作为我来说却不能这样做。

၉။ ။ သည်အနေဖြင့်၊ သည်အနေနှင့် 状语助词。书面语体，用于动词之后，表示"作为……"、"以示……"的意思。口语体为"တဲ့အနေနဲ့"。ဥပမာ-

- သူ့ကိုချီးကျူးသည့်အနေဖြင့် သြဘာပေးကြသည်။

大家为他鼓掌以示鼓励。

- တက္ကသိုလ်အက်ဥပဒေကို ကန့်ကွက်သည့်အနေဖြင့် ကျောင်းသားများသ ပိတ်မှောက်ကြသည်။

学生们举行罢课以示对《大学法》的抗议。

- အမှားကျူးလွန်သူတွေကိုညှာတာသည့်အနေနှင့် ပြုပြင်ရန်အခွင့်အရေး ပေးထားသည်။

给予犯错误的人改正的机会，以示宽大。

၁၀။ ထို့ကြောင့် 连词。书面语体，用于第二分句的句首，表示"所以……"的意思。口语体为"ဒါကြောင့်"。ဥပမာ-

- ဆောင်းရာသီတွင်ရာသီဥတုအလွန်အေးသည်။ ထို့ကြောင့် အများကထူ ထူဝတ်ဆင်ထားကြပါသည်။

冬天很冷，所以大家都穿得厚厚的。

- ဤသင်ခန်းစာသည်ခက်လည်းခက်၊ ရှည်လည်းရှည်သည်။ ထို့ကြောင့် စတုတ္ထနှစ်ဖတ်စာထဲထည့်မည်။

这篇课文又长又难，所以将它放在四年级课本里。

- ဆရာဖျားနေတယ်။ ဒါကြောင့် နက်ဖြန်ကျောင်းမတက်နိုင်တော့ပါဘူး။

老师病了，所以明天不能上课了。

၁၁။ စာ 词缀。用于名词、数量词之后，表示时间长短、地方大小、物品的分量。ဥပမာ-

- သုံးရက်စာ

三天的量

- ထမင်းတစ်ယောက်စာပိုချက်ထားပါ။

多做一个人的饭吧！

သင်ခန်းစာ (၈)

- ခရီးသည်တစ်ယောက်စာနေရာဘဲရှိတယ်။
只有容纳一位乘客的地方。
- လက်နှစ်ပိုက်စာခန့်ရှိသောသစ်ပင်
两人合抱粗的树

*****   *****   *****

လေ့ကျင့်ခန်း

၁။ ။ အောက်ပါမေးခွန်းများကိုဖြေပါ။
  ၁။ ကြက်ခြေနီအသင်း၏ဆောင်ပုဒ်ကဘာလဲ။
  ၂။ ကြက်ခြေနီအသင်း၏ရည်ရွယ်ချက်ကဘာလဲ။
  ၃။ ကြက်ခြေနီအသင်းကိုဘယ်သူ၊ ဘယ်နှစ်ကစတည်ထောင်တာလဲ။
  ၄။ အခုကြက်ခြေနီအသင်းကစစ်မြေပြင်ဒုက္ခသည်များကိုသာကူညီသလား။
  ၅။ ကြက်ခြေနီအသင်းရဲ့အလံဟာဆွစ်ဇလန်နိုင်ငံအလံနဲ့တူသလား။
  ၆။ ဘာကြောင့်နှစ်တိုင်းမေလ ၈ ရက်နေ့မှာကြက်ခြေနီအထိမ်းအမှတ်ပွဲကျင်းပကြသလဲ။
  ၇။ မြန်မာနိုင်ငံကြက်ခြေနီအဖွဲ့ဟာဘယ်နှစ်ကဖွဲ့စည်းတာလဲ။
  ၈။ တရုတ်ပြည်ကြက်ခြေနီအဖွဲ့ကော၊ ဘယ်နှစ်ကဖွဲ့စည်းတာလဲ။
  ၉။ တရုတ်ပြည်ကြက်ခြေနီအဖွဲ့ရဲ့အလုပ်တာဝန်ကဘာလဲ။
  ၁၀။ ပီကင်းတက္ကသိုလ်မှာကြက်ခြေနီအဖွဲ့ရှိသလား။
  ၁၁။ ပီကင်းတက္ကသိုလ်မှာကျောင်းသားများဖွဲ့စည်းထားတဲ့စေတနာအဖွဲ့ရှိတယ်ဆို။
  ၁၂။ စေတနာအဖွဲ့ဝင်များကဘာတွေလုပ်ကြသလဲ။
  ၁၃။ ခင်ဗျားသွေးလှူချင်သလား။ ဘာဖြစ်လို့လဲ။
  ၁၄။ မြန်မာပြည်ကြက်ခြေနီအဖွဲ့ကကမ္ဘာ့ကြက်ခြေနီနေ့မှာဘာတွေလုပ်ကြသလဲ။

၁၅။ စစ်အတွင်းမှာစေတနာ့ဝန်ထမ်းသူနာပြုများကဘာဖြစ်လို့ဒဏ်ရာရသူ
များကိုရန်သူမိတ်ဆွေမရွေးပြုစုကြသလဲ။

၂။ ။ အောက်ပါစကားပြောများကိုမြန်မာဘာသာသို့ပြန်ဆိုပါ။
你不舒服吗？
是的。有点儿头疼、恶心，还觉得浑身发冷。
可能是感冒了吧。赶快吃点儿药，好好休息就会好的。
谢谢。

给，这是您的药。
麻烦您告诉我这些药的服法。
咳嗽糖浆每天喝三次，每次一格。感冒药每天早晚各一次，每次两片。
饭前服还是饭后服？
饭后半小时，用温水送下。

၃။ ။ အောက်ပါကဗျာဖတ်ပြီးနောက် သင်လျော်သောစကားလုံးများရွေးချယ်ပြီး
ကွက်လပ်ဖြည့်ပါ။
သတ်ပုံနှင့်ကဗျာ
ဆိပ်၊ဆိတ်   **အိပ်၊အိတ်**   **ချိပ်၊ချိတ်**   **စိပ်၊စိတ်**   **ရိပ်၊ရိတ်**
သဘော်ဆိုက်တာမြစ်**ဆိပ်**
ပဲပဲမြည်တာ**ဆိတ်**။
ဆိတ်ကလေးအတွက်မြက်ကို**ရိတ်**
ထားတော့သစ်ပင်**ရိပ်**။
မြက်ထည့်တာဂုန်**အိတ်**
ဆိတ်လေးမှိုလို့**အိပ်**။

ဂုန်အိတ်ပေါ်မှာသံ**ချိတ်**
စာအိတ်ပေါ်**ချိပ်**ပိတ်။
ဆိတ်ပိုင်ရှင်ကပုတီး**စိပ်**
အေးချမ်းလှတဲ့**စိတ်**။

၁။ မြစ်-------သို့သဘော်ဆိုက်လာသည်။
 ဤအနီးဉ္ဌသနားစရာ-------ကလေးတစ်ကောင်ရှိသည်။
၂။ မြက်-------ကြစို့။
 သစ်ပင်-------မှာခဏနားကြသည်။
၃။ ဂုန်-------ပေါ်မှာဘာရှိသလဲ။
 အနားမှာကားကြောင်ကလေးတစ်ကောင်-------နေရာသည်။
၄။ သံ-------တစ်ခုလိုသည်။
 စာအိပ်ကို-------ပိတ်ထားပါ။
၅။ ဦးဦး-------အလွန်ကောင်းသည်။
 ပုတီး-------နေ၏။

၄။ ။ အောက်ပါဝါကျများကိုပြီးပြည့်စုံအောင်ရေးပါ။
 ၁။ သူသည်မြန်မာပြည်ကိုမရောက်ဖူးပါ။ သို့သော်---
 ၂။ မဖြူဖြူသည်ခါတိုင်းတွင်စာတော်သူတစ်ယောက်ဖြစ်သည်။ သို့သော်---
 ၃။ မောင်လင်းသည်မိဘကိုရိုသေလေးစားသည်။ သို့သော်---
 ၄။ ကျောင်းသားများသည်ဆရာကိုရိုသေကြသည်။ ထို့မှမကသေး---
 ၅။ သူသည်မီတာ ၂၀၀ ပြေး ပြိုင်ပွဲတွင်ပထမဆုရသွားသည်။ ထို့မှမကသေး---
 ၆။ ကျွန်တော်တို့ဆရာသည်နိုင်ငံခြားတော်တော်များများရောက်ဖူးသည်။ ထို့မှမကသေး--
 ၇။ ကျွန်မသည်ဗမာရုပ်ရှင်ကိုတစ်ခါမှမကြည့်ဖူးပေ။ ထိုကြောင့်---

၈။ အမေလုပ်သူသည်အရမ်းစိတ်ဆိုးသွားသည်။ ထို့ကြောင့်---
၉။ သကြန်ပွဲတော်အတွင်းရှောင်ကြဉ်ရန်သတ်မှတ်ထားသည့်စည်းကမ်းများ လည်းရှိသည်။ သို့သော်---
၁၀။ သူအတန်းမှူးအနေနှင့်ဤကဲ့သို့မပြုလုပ်အပ်ချေ။ ထို့ကြောင့်---

၅။ ။ အောက်ပါဗိုက်ကွင်းထဲမှဆီလျော်သောစကားလုံးကိုရွေးချယ်ပါ။
၁။ ကျွန်တော်သည်အမေရိကန်၊ ဂျပန်၊ ထိုင်း၊ မြန်မာ(စသည်တို့၊ စသည်) နိုင်ငံများရောက်ဖူးသည်။
၂။ စာမေးပွဲကျသွားသဖြင့်သူသည်အပြောခံရ(ရုံသာမက၊ အပြင်)အရိုက် လည်းခံရသည်။
၃။ နှစ်နိုင်ငံယဉ်ကျေးမှုပူးပေါင်းဆောင်ရွက်ရေးသဘောတူစာချုပ်(အရ၊ အ လိုက်)သူကနိုင်ငံခြားကိုသွားပြီးပညာသင်တယ်။
၄။ ဗမာအဆိုအက(နဲ့၊ပတ်သက်ပြီး၊ ဆိုင်ရာ)ဘာတွေသိချင်သလဲ။
၅။ ရေကန်ထဲမှာငါးမွေးထား(မို့၊ တဲ့အတွက်)ရေမကူးတာမဟုတ်ဘူး။
၆။ အချင်းချင်းဆက်ဆံ(ပြီး၊ ရာမှာ)တစ်ယောက်ကိုတစ်ယောက်ရိုသေ လေးစားရမယ်။
၇။ ကျောင်းသားတွေကကြမ်းတိုက်၊ ကျောင်းသူတွေကစားပွဲနဲ့ကုလားထိုင် တွေသန့်ရှင်း(အောင်၊ ဘို့)လုပ်ကြပါ။
၈။ သူတို့နှစ်ယောက်သည်လက်ထပ်မင်္ဂလာပွဲကိုတရုတ်ရိုးရာမလေ့ထုံးစံ(အ တိုင်း၊ အရ)ကျင်းပခဲ့သည်။
၉။ အကြီးဖတ်(ပေမဲ့၊ ရာမှာ)ဖတ်ရကျိုးမနပ်ပါဘူး။
၁၀။ ဒီစာတစ်စောင်(ကို၊ ပဲ)နဲ့အသေးစိတ်တော့ရှင်းပြနိုင်မှာမဟုတ်ဘူး။

၆။ ။ အောက်ပါစကားလုံးများဖြင့်ဝါကျဖွဲ့ပါ။
ဒါပေမဲ့ အနေဖြင့် ဘဲ ထို့ကြောင့် သရွေ့

သင်ခန်းစာ (၈)

၇။ အောက်ပါဝါကျများကိုတရုတ်ဘာသာသို့ပြန်ဆိုပါ။

၁။ အအေးမိခြင်းသည် တစ်ဦးမှတစ်ဦးသို့ကူးလွယ်သောရောဂါပိုးတစ်မျိုးကြောင့်ဖြစ်သည်။

၂။ အိပ်ရေးပျက်သောအခါအအေးမိလျှင်ဖျားတတ်သည်။

၃။ ဗိုလ်ချုပ်အောင်ဆန်းအပါအဝင် ရဲဘော်သုံးကျိပ်သည် ဂျပန်ပြည်သို့ လျှို့ဝှက်စွာသွားပြီး စစ်ပညာကိုလက်တွေ့ဆည်းပူးလေ့ကျင့်ခဲ့ကြသည်။

၄။ အင်္ဂလန်နိုင်ငံသား ဂျိမ်စ်ဝပ်သည် ရေနွေးငွေ့စက်ကို တီထွင်ခဲ့သူဖြစ်သည်။ ထိုမျှမက သူသည် စက်အားဖော်ပြရာ၌ သုံးစွဲသော မြင်းကောင်ရေအားကိုလည်း တီထွင်ခဲ့သည်။

၅။ ဂျိမ်စ်ဝပ်သည် ကမ္ဘာ့ပထမဆုံးရေနွေးငွေ့စက် ထုတ်လုပ်သောစက်ရုံကို တည်ဆောက်သည်။ ၎င်းစက်ရုံမှာ ထိုခေတ်၏အံ့ဖွယ်ရာတစ်ခုဖြစ်လာသည်။

၆။ ခင်ဗျားအနေနဲ့ အလုပ်ဟောင်းကနေ အလုပ်သစ်ကို အဆင်ပြေပြေကူး ပြောင်းလုပ်ကိုင်နိုင်ပါလိမ့်မယ်။

၇။ သင်္ကြန်ပွဲတော်စတင်ပေါ်ပေါက်ခဲ့သည်အကြောင်းအရင်းနှင့်ပတ်သက်၍ အဆိုအမျိုးမျိုးရှိသည်။

၈။ လုပ်ငန်းတစ်ခုစလုပ်တော့မယ်ဆိုယင် လူအများက ဘဏ်ကနေ ငွေချေး ယူဖို့ကိုဘဲ ပထမဦးစားပေးခြင်းအနေနဲ့ စဉ်းစားကြတယ်။

၉။ အဲဒီကုမ္ပဏီဟာ ကမ္ဘာပေါ်မှာအကြီးဆုံးကြော်ငြာလုပ်ငန်းများထဲမှာတစ်ခုအပါအဝင်ဖြစ်တယ်။

၁၀။ ဈေးမှာ လူသုံးကုန်မျိုးစုံ၊ အဝတ်အထည်၊ အစားအသောက် စုံစုံလင်လင်ရောင်းချတာကို တွေ့ရပါတယ်။

၈။ ။ အောက်ပါဝါကျများကိုမြန်မာဘာသာသို့ပြန်ဆိုပါ။

（１）服中药期间，请不要吃油腻的东西。

（２）每当遇到地震、洪水等自然灾害，就是红十字会最忙的时候。

（3）我将尽力帮助您。

（4）我代表全体同学，对您的到来表示热烈的欢迎。

（5）虽然这位作家很有名，但我不喜欢他的作品。

（6）假期过后，他甚至连最简单的话也说不流利了。

（7）他会讲很多有趣的故事。

（8）尽管我准备了很长时间，但发言时还是很害怕。

（9）这药一天三次，每次一片，温水服用。

（10）不仅如此，我还参加了北大的爱心社。

（11）作为老师，我不能同意你的做法。

（12）作为家长，不仅要爱孩子，还应该教育他们。

（13）我很希望帮助别人，所以参加了红十字会。

（14）中国的国旗是五星红旗，在红色的旗帜上有五颗黄色的星星。

（15）我到医院去看病，医生给我开了三天的药。

（16）雨季时，缅甸几乎每天都要下雨。

（17）星期天去超市买了一个星期的食品。

（18）这是一本非常有趣的书，大人小孩都爱看。

（19）据估计，已有近一半的大学生拥有手机。

（20）这部电视剧是根据老舍的小说改编的。

*****　　*****　　*****

အပိုဖတ်စာ

ဟာသ ၂ ခု

ကျွန်တော်၏ကွန်ပျူတာပရင်တာအရောင်တွေ မှိန်လာသောကြောင့်ပြည်တွင်းပြ

ပြင်ရေးဆိုင်တစ်ဆိုင်ကို ဆက်သွယ်လိုက်ရာ အလွန်ခင်မင်နှစ်လိုဖွယ်ကောင်းသောလူ တစ်ဦးရောက်လာပါသည်။ သူက ပရင်တာအခြေအနေကိုကြည့်ပြီး သန့်ရှင်းရေးလုပ် လိုက်ရုံနှင့် ကောင်းသွားမည်ဟုဆိုသည်။ သန့်ရှင်းရေးလုပ်ရုံနှင့် သူ့ဆိုင်က ဒေါ်လာ ၅၀ ယူသဖြင့် ကျွန်တော်ကိုယ်တိုင်ပရင်တာပြုပြင်ထိန်းသိမ်းရေးလမ်းညွှန်စာအုပ်ကိုဖတ်ပြီး လုပ်ပါလားဟု သူကအကြံပေးသည်။ ကျွန်တော်က သူ၏ပွင့်လင်းပြောင်မတ်မှုကို ကြည် နူးအံ့အားသင့်သွားပြီး ခင်ဗျားအခုလို ပြောလိုက်တာဟာ လုပ်ငန်းပျက်စီးရာပျက်စီး ကြောင်းလုပ်လိုက်တာပဲဆိုတာကို ခင်ဗျားရဲ့သူဌေးသိသလား။ တကယ်ဆိုရင် ဒါဟာ ကျွန်တော်သူဌေးရဲ့အကြံဉာဏ်ပါပဲခင်ဗျာဟု သူတို့တို့ဆိုင်းဆိုင်းပြောသည်။ ပြီးနောက် သူကဆက်၍ပြောလိုက်သည်မှာ ကျွန်တော်တို့က လူတွေကို သူတို့ဘာသာသူတို့အရင် ဆုံးပြင်ခိုင်းပြီးမှပဲ ပြုပြင်ခကို ပိုပြီးရလေရှိလို့ပါ ဟု၏။

- မင်းဟိုအမျိုးသမီးကိုပိုးနေတယ်ဆို။
- အေးကွ၊ အဲဒါဘာပြုလို့လဲ။
- မင်းသတိထားနော်။ သူအကိုကလက်ဝှေ့ချန်ပီယံကြီးကွ။
- မင်းကလဲကွာ၊ ငါ့ကိုလာပြီးခြိမ်းခြောက်မနေစမ်းပါနဲ့။ ငါကလဲ အပြေးချန်ပီယံ ကြီးပါကွာ။

သင်ခန်းစာ (၉)

ပတ်စာ

မြေခွေးနဲ့ကျီးကန်း

တစ်နေ့မှာ ကျီးကန်းတစ်ကောင်ဟာ ကိုယ်သားသမီးများအတွက် အစာထွက် ရှာတယ်။ အသားတစ်တစ်တုံးတွေတော့ချီပြီးပြန်အလာမှာ သစ်ပင်တစ်ပင်ပေါ်နားယင်း ပီတိဖြစ်နေတယ်။ အဲဒီအချိန်မှာ မြေခွေး တစ်ကောင်ဟာလဲ အစာရှာဘို့ ထွက်လာ တယ်။ ကျီးကန်းရဲ့နှုတ်သီးမှာ အသားတစ် တစ်တုံးကိုက်ချီထားတာကိုမြင်တော့ အကြံ ယုတ်တစ်ခုကြံမိပါတယ်။

နေကောင်းရဲ့နော်လို့မြေခွေးက အချို ဆုံးမျက်နှာထားနဲ့ ကျီးကန်းကို နှုတ်ဆက် လိုက်တယ်။

ခင်ဗျားရဲ့ကလေးတွေကော နေကောင်းကြရဲ့လားလို့မြေခွေးက မေးပြန်ပါတယ်။ ကျီးကန်းကခေါင်းငဲ့ပြီး မြေခွေးကိုကြည့်ရုံပဲကြည့်လိုက်တယ်။ ဘာမှပြန်မပြောဘူး။

ခင်ဗျားသီချင်းဆိုတာသိပ်တော်တယ်။ အကောင်းဆုံးအဆိုကျော်ဘဲလို့ အားလုံးက ပြောကြတယ်။ ခင်ဗျားလောက်သီချင်းဆိုတတ်တဲ့လူမတွေဖူးဘူး။ တစ်ပုဒ်လောက်လုပ် စမ်းပါဗျားလို့ မြေခွေးကပြောလိုက်တယ်။

မြေခွေးရဲ့စကားကိုကြားရတော့ ကျီးကန်းက အတိုင်းမသိဝမ်းမြောက်ဝမ်းသာ ဖြစ်ပြီး သီချင်းဆိုချင်စိတ်တောင်ပေါ်လာပါတယ်။ သူနှုတ်သီးဟပြီး အာလို့ ဆိုလိုက် ယင်ဘဲ ချီထားတဲ့အသားတစ်ဟာ လွတ်ကျသွားပါလေရော။

သင်ခန်းစာ (၉) 147

မြေခွေးကကျလာတဲ့အသားတစ်ကိုချီပြီး ထွက်သွားပါတော့တယ်။

စကားပြော

တယ်လီဖုန်းဆက်ခြင်း

က။ ကိုအောင်မြင့်
ခ။ အော်ပရေတာ
ဃ။ ကျောင်းသူ
ဂ။ မခင်ခင်နဲ့

က။ ။ တဆိတ်မေးပါရစေခင်ဗျား။ အပြင်လိုင်းကိုဘယ်လိုဆက်ရပါသလဲခင်ဗျား။
ခ။ ။ အပြင်လိုင်းကိုသုညနဲ့အရင်ခေါ်ရပါတယ်ရှင်။
က။ ။ ကျေးဇူးဘဲ။
ခ။ ။ ရပါတယ်ရှင်။
က။ ။ ဟလို၊ ကျေးဇူးပြုပြီး မခင်ခင်နဲ့ကိုခေါ်ပေးပါခင်ဗျား။
ဃ။ ။ ခဏကိုင်ထားပါ။ သွားခေါ်ပေးလိုက်မယ်ရှင်။
က။ ။ ကျေးဇူးဘဲ။ ဟလို၊ မခင်ခင်နဲ့လား။
ဂ။ ။ ဟုတ်ကဲ့၊ စကားပြောနေတာဘယ်သူပါလဲရှင်။
က။ ။ ကျနော်အောင်မြင့်ပါ။
ဂ။ ။ ဩော်–ကိုအောင်မြင့်လား။ ဘာကိစ္စများရှိလို့တုန်း။
က။ ။ မနက်က ကိုထွန်းတင်ကျနော်ဆီဖုန်းဆက်လာတယ်။ ရွှေလဆန်းမှာ ကျ

နော်တို့နိုင်ငံယဉ်ကျေးမှုသုခုမအနုပညာအဖွဲ့ဟာ မြန်မာပြည်ကိုသွားမလို့တဲ့။ အဲဒီအဖွဲ့က တင်ဆက်မယ့်အတီးအမှုတ်နဲ့အဆိုအကတွေကို အစမ်းသဘောနဲ့ ကပြမလို့တဲ့။

ဂ။ ။ အဲဒါဘာဖြစ်တုန်း။

က။ ။ ကျနော်တို့တတွေကြည့်မလားတဲ့။ ကြည့်ချင်ရင် လူဘယ်နှစ်ယောက်လဲ ဆိုတာ သူ့ဆီဖုန်းဆက်ပေး၊ လက်မှတ်တွေပို့ပေးမယ့်တဲ့။

ဂ။ ။ အခွင့်ကောင်းကိုလက်လွတ်လို့ဘယ်ဖြစ်မလဲ။ ကြည့်မှာပေါ့။ ရှင့်ကော။

က။ ။ ခင်ဗျားလိုပေါ့။ ဒါနဲ့ ဒီပြင်လူတွေလဲမေးကြည့်အုန်း။

ဂ။ ။ ဟုတ်ကဲ့၊ ညနေကျောင်းတက်တဲ့အချိန် လူတွေအားလုံးဆုံမှ မေးလိုက် မယ်လေ။ မကောင်းဘူးလား။

က။ ။ ကောင်းပါပြီ၊ ဆက်ဆက်မေးပြီး ကျနော့်ကိုအကြောင်းပြန်ပေးပါ။

ဂ။ ။ စိတ်ချပါ။ ဆက်ဆက်မေးပြီး ရှင့်ကိုအကြောင်းပြန်ပါ့မယ်။ ကဲ-ဘိုင်းဘိုင်း။

က။ ။ ဘိုင်းဘိုင်း။

*****   *****   *****

စကားပုံ

လယ်ထွန်သွားနွားမေ့

လယ်ထွန်ရန်သွားသူသည် လယ်ထွန်မည့်နွားမေ့ကျန်နေပါက လယ်ထွန်ရန်မဖြစ် တော့ပေ။ ထို့အတူ မိမိလုပ်ဆောင်ရမည့်အမှုကိစ္စများအတွက် လိုအပ်သောပစ္စည်းများ မေ့ကျန်မှုရှိပါက အလုပ်ဖြစ်လိမ့်မည်မဟုတ်ကြောင်းကို ဤစကားပုံဖြင့်သတိပေးလေ့ ရှိသည်။

*****   *****   *****

သင်ခန်းစာ (၉)

ဝေါဟာရ

မြန်မာ	တရုတ်
ကျီးကန်း (န)	乌鸦
အသားတစ် (န)	肉块
ချီ (က)	叼、咬
ပီတိ (န၊ပါဠိ)	幸福、愉快
ပီတိဖြစ် (က)	高兴
အစာရှာ (က)	觅食
နှုတ်သီး (န)	（鸟、鸡）喙
ကိုက် (က)	叼、咬
အကြံ (န)	主意
ယုတ် (နဝ)	坏
အကြံယုတ် (န)	坏主意、阴谋
မျက်နှာထား (န)	表情、神态
ခေါင်းငုံ့ (က)	低头
အတိုင်းမသိ (ကဝ)	无比地、无限地
ဝမ်းမြောက်ဝမ်းသာ (ကဝ)	高兴
ပေါ် (က)	产生、出现
လွတ်ကျ (က)	掉下、掉落
ထွက်ပြေး (က)	逃跑
တယ်လီဖုန်း/ဖုန်း (န၊လိပ် telephone/phone)	电话
တယ်လီဖုန်းဆက် (က)	打电话
အော်ပရေတာ (န၊လိပ် operator)	（电话）接线员、报务员
လိုင်း (န၊လိပ် line)	线路
အပြင်လိုင်း (န၊လိပ် အပြင်+line)	外线
ဆက် (က)	继续、联系

ဟလို (အၤလိပ် hello)	喂
ကျေးဇူးပြု (က)	劳驾
ကိုင် (က)	拿着
ရှေ့ (နဝ)	下一个
လဆန်း (န)	月初
သုခုမအနုပညာ (နဝ)	艺术
တင်ဆက် (က)	演出
အတီးအမှုတ် (န)	演奏
တီး (က)	弹奏
မှုတ် (က)	吹奏
အစမ်း (န)	试验性
သဘော (န)	意思、态度、含义
လက်လွှတ် (က)	放弃
ဆုံ (က)	相会
ဆက်ဆက် (ကဝ)	务必、一定
အကြောင်းပြန် (က)	回话、答复

ရှင်းပြချက်

၁။ အလာ 构词方式。动词之前加"အ"，变成动名词，是缅语中一种常见的构词形式。ဥပမာ-

    လာ (က) 来 ------ အလာ (န) 来时、来的路上
    သွား (က) 去 ------ အသွား (န) 去时、去的路上
    ပြန် (က) 回 ------ အပြန် (န) 回来时、回来的路上
    ရောက် (က) 到、到达 ------ အရောက် (န) 到达时
    ပြော (က) 说 ------ အပြော (န) 口才

သင်ခန်းစာ (၉)

စား (က) 吃 ------ အစား (န) 食物、饭量
သုံး (က) 用 ------ အသုံး (န) 用处
နိုင်ငံခြားကိုအရောက်များတဲ့လူ　　　到过许多国家的人
လူအရောက်နဲတဲ့နေရာ　　　人迹罕至的地方
在并列结构的双音节动词中要加两个 "အ" 构成名词。ဥပမာ-
ကူညီ (က) 帮助 ------ အကူအညီ (န) 帮助
လုပ်ကိုင် (က) 干、做 ------ အလုပ်အကိုင် (န) 工作、职业
ပြောဆို (က) 说 ------ အပြောအဆို (န) 口才、谈吐

၂။ ။ တော့ 状语助词。用于动词之后，表示 "……之后"、"……的时候" 的意思。ဥပမာ-

- ကျောင်းဆင်းတော့ဘာလုပ်မလဲ။
 放学后干什么呢？
- စနေနေ့ညမှာလုပ်စရာမရှိတော့ပျင်းစရာကြီးဘဲ။
 星期六晚上没事可干，真无聊！
- မိုးလင်းတော့မိုးသဲသဲမဲမဲရွာချလာတယ်။
 天亮时，雨下大了。

၃။ ။ မိ 助动词。用于动词之后，表示动作达到某种程度、取得某种成果，相当于汉语 "到、住" 的意思。ဥပမာ-

- သတိပြုမိတယ်။　　　注意到。
- ယူဆမိတယ်။　　　认识到。
- ဖမ်းမိတယ်။　　　抓住。

၄။ ။ ပြန် 用于动词前后起着不同的语法作用。
 ၁၊ 用于动词之后，起助动词作用，表示 "又一次……" 的意

思。ဥပမာ-
- ကျောင်းဖွင့်ပြန်ပြီ။ 又开学了。
- လာမေးပြန်ပြီ။ 又来问了。
- ဒီအကြောင်းပြောပြန်ပြီ။ 又在说这件事了。

၂။ 用于动词之前，起副词作用。表示重新进行某种动作。ဥပမာ-
- ပြန်လုပ်ပါ။ 重新做。
- ပြန်ပြောပါ။ 再说一遍。
- ပြန်ဖတ်ပါ။ 重新念吧。

၅။ ရုံဘဲ 习用形式。用于动词之后或两个相同动词之间，表示"仅仅……"、"只是……"的意思。ဥပမာ-
- ကြည့်ရုံဘဲကြည့်လိုက်တယ်။
  只是看了看。
- ပြောရုံဘဲပြောတယ်။
  只是说了说。
- သူသဘောမတူယင်မသွားရုံဘဲရှိတော့တယ်။
  他不同意的话，就只有不去了。

၆။ လောက် 状语助词。用于名词、代词和句子之后，有两种意思：
၁။ 表示两者相近或相同之意，相当于汉语"如同……"之意。
ဥပမာ-
- မောင်ဘသည်မောင်လှလောက်ဝသည်။
  貌巴和貌拉差不多胖。
- ကျွန်တော်ရေးတာဟာသူရေးတာလောက်မြန်တယ်။
  我写得和他差不多快。

၂။ 表示主体动作或程度不及被比对象的水平，相当于汉语"不

如……"的意思。ဥပမာ–

- သူသည်သူ့အဖေလောက်အပြောမကောင်းပေ။
  他的口才不如他的父亲。
- ဒီနှစ်ကောက်ပဲသီးနှံအထွက်ဟာမနှစ်ကလောက်မကောင်းဘူး။
  今年的收成不如去年。

၇။ ■ ဆိုယင်ဘဲ 习用形式。用于句子之后，表示"一……就……"的意思。ဥပမာ–

- မိုးစဲတယ်ဆိုယင်ဘဲသူတို့ပြန်သွားကြတယ်။
  雨一停，他们就回去了。
- သူဆေးရုံဆင်းလိုက်တယ်ဆိုယင်ဘဲအလုပ်တက်သွားတယ်။
  他一出院就上班了。
- ကျောင်းပိတ်တယ်ဆိုယင်ဘဲမောင်ဘကသူ့သူငယ်ချင်းနဲ့အတူအိမ်ပြန်သွားတယ်။
  一放假，貌巴就和同学一起回家了。

၈။ ■ ပါလေရော့ 谓语助词。用于肯定句的动词之后，强调动作发展到了某种地步，表示"就……了"的意思。ဥပမာ–

- သဘောမကျတော့ငိုပါလေရော့။
  不合意，就哭了起来。
- အချိန်ကြာတော့ကိုယ်မိဘကိုလွမ်းလာပါလေရော့။
  时间一久，就思念起自己的父母来了。
- ငါလဲတောင့်တလိုက်ရော့၊ သူလဲရောက်လာပါလေရော့။
  我正盼着，他就来了。

၉။ ■ တော့ 助词。用于动词之后，与语尾助词 "သည်၊တယ်" 连用，

表示事情发展到某一地步，相当于汉语"于是就……了"、"终于……了"的意思。ဥပမာ-

- နောက်ဆုံးမှာလွတ်လပ်ရေးရရှိပါတော့တယ်။
最后终于获得了独立。
- အခက်အခဲရှိတော့သူ့ဆီကိုသွားပြီးအကူအညီတောင်းရပါတော့တယ်။
遇到了困难，于是就去向他求助了。
- ယခုမှသူတို့သည်ကျွန်တော့်အားအသိအမှတ်ပြုကြပေတော့သည်။
他们现在才终于承认了我。

၁၀။ ။ များ: 语气助词。用于名词、代词、副词、连词和动词之后，加强疑问语气。ဥပမာ-

- မောင်မောင်များယူသွားသလားမသိ။
不知道是不是貌貌拿走了。
- ဘာတွေများပြောသွားတုန်း။
不知（他）说了些什么？
- ဟုတ်များဟုတ်နေပါ့မလားမသိ။
不知道会不会是真的。
- မိုးဒီလောက်ကြီးနေတဲ့အထဲဘယ်လိုများသွားရမလဲ။
下这么大的雨，怎么去呢？

၁၁။ ။ အစမ်းသဘောနဲ့ 试验性的。ဥပမာ-

- အစမ်းသဘောနဲ့ကပြမယ်။
将进行预演。

၁၂။ ။ အခွင့်ကောင်းကိုလက်လွှတ်လို့ဘယ်ဖြစ်မလဲ။ 这么好的机会怎能错过！

၁၃။ ။ လေ 语气助词。用于句子之后，提醒对方，表示"你不知道吗"、"就是……呗"的意思。ဥပမာ-

- ဟိုမှာထိုင်နေတဲ့အမယ်ကြီးဟာသူ့အမေလေ။

坐在那里的老太太就是他的母亲呀！

- သူလဲသွားမယ်လေ။

他也要去呢！

- ဗမာတွေထမင်းစားတဲ့အခါငါးပြာရည်မပါယင်မပြီးဘူးတဲ့လေ။

不是说缅甸人吃饭时没有鱼露酱油不行吗？

*****   *****   *****

လေ့ကျင့်ခန်း

၁။ ။ အောက်ပါမေးခွန်းများကိုဖြေပါ။

၁။ ဘာဖြစ်လို့ကျီးကန်းကအပြင်ထွက်ရသလဲ။

၂။ ကျီးကန်းအပြင်ရောက်တော့ဘာတွေတွေ့ခဲ့ရသလဲ။

၃။ အသားတစ်တစ်တုံးတွေတော့ကျီးကန်းကချက်ချင်းစားပစ်လိုက်သလား။

၄။ ကျီးကန်းကဘာဖြစ်လို့ပီတိဖြစ်နေသလဲ။

၅။ မြေခွေးကအစာထွက်ရှာတာလဲသူ့သားသမီးအတွက်လား။

၆။ ကျီးကန်းကိုမြေခွေးမြင်တော့အကြံယုတ်တစ်ခုထုတ်တယ်။ ဘယ်လိုအကြံယုတ်လဲ။

၇။ မြေခွေးကကျီးကန်းနဲ့ဘယ်လိုနှုတ်ဆက်လိုက်သလဲ။

၈။ ကျီးကန်းနဲ့နှုတ်ဆက်ပြီးမြေခွေးကဘာတွေပြောသေးသလဲ။

၉။ ဘာဖြစ်လို့မြေခွေးကဒီလိုပြောသလဲ။

၁၀။ မြေခွေးစကားကိုကြားရတော့ကျီးကန်းကဘယ်လိုဖြစ်သွားသလဲ။

၁၁။ ကျီးကန်းချီထားတဲ့အသားတုံးဟာဘာဖြစ်လို့မြေခွေးပါးစပ်ထဲရောက်

သွားသလဲ။
၁၂။ ဒီပုံပြင်ရဲ့အနက်သဘောကဘာလဲ။
၁၃။ ငယ်ငယ်တုန်းကမြေခွေးနဲ့ကျီးကန်းဆိုတဲ့ပုံပြင်လေးကိုကြားဖူးသလား။
၁၄။ အဒီပုံပြင်လေးဟာဘယ်နိုင်ငံကပုံပြင်လဲ။
၁၅။ တခြားမြေခွေးနဲ့ပတ်သက်တဲ့ပုံပြင်ကြားဖူးသလား။

၂။ အောက်ပါခေါင်းစဉ်ဖြင့်ဝိုင်းဆွေးနွေးကြရန်ပြင်ဆင်ထားပါ။
ချိုးမွှန်းခြင်းအပေါ်ဘယ်လိုသဘောထားသင့်သလဲ။

၃။ အောက်ပါစကားပြောများကိုမြန်မာဘာသာသို့ပြန်ဆိုပါ။
请问这儿附近有没有公用电话?
前面汽车站附近有一个公用电话亭。
可以用 IC 卡吗?
可以。

您好,是海通公司吗?
是的,请问您找谁?
王经理在吗?
他正在开会,请您过一会儿再打。
我是从上海打来的。等他开完会,请他给我回电话,号码是 021-67234566。
好的。

听说你们宿舍里都有电话。
是的。

可以打长途吗？
可以。
每分钟多少钱？
平时每分钟一块钱，节假日、每晚九点至第二天早七点半价，每分钟五毛钱。
你可以买一张 IP 卡，打长途每分钟只要三毛钱，用起来也很方便。
太好了，我可以经常给家里打电话了。

၄။ အောက်ပါစကားလုံးများထဲမှဆီလျော်သောစကားလုံးဖြင့်ကွက်လပ်ဖြည့်ပါ။

ပြန်   ချ   တော့   ထက်   ကဲ့သို့   စေ

၁။ ပြင်းထန်သည်ကြိမ်ဒဏ်ပေးပြီးနောက် ရာထူးမှဖြုတ်------လိုက်သည်။

၂။ သူကအေးအေးဆေးဆေးပဲ------ပြောလိုက်တယ်။

၃။ ထိုလင်မယားသည်ထိုကလေးကိုသားအရင်း------ချစ်ခင်ကာကျွေးမွေးစောင့်ရှောက်ထားသည်။

၄။ ဒီသတင်းကိုကြားရ------မင်းကြီးကဒေါသထွက်လေသည်။

၅။ ကျောင်းပိတ်ရက်မှာအိမ်ကိုပြန်ပြီးသူငယ်ချင်းတွေတွေ့------သိပ်ဝမ်းသာပါတယ်။

၆။ အနော်ရထာမင်းကြီးသည်စစ်မှန်သောဗုဒ္ဓအယူအဝါကိုတစ်ပြည်လုံးကိုးကွယ်------၏။

၇။ ကျနော်တို့အခန်းကသူတို့အခန်း------သန့်ရှင်းတယ်။

၈။ ကိုကိုကဆုံးမတဲ့အခါမှာညီလေးက------မပြောရဲဘူး။

၉။ သူတို့ကဗမာစာကောင်းကောင်းသင်မယ်လိုသန္နိဋ္ဌာန်------လိုက်ပါတယ်။

၁၀။ အိမ်ကကျောင်းကိုအ------မှာစာအုပ်ဆိုင်ကိုဝင်သေးတယ်။

၅။ ။ အောက်ပါဝိုက်ကွင်းထဲမှဆီလျော်သောစကားလုံးကိုရွေးချယ်ပါ။

၁။ တံငါသည်၏(အကြံဉာဏ်စိတ်ကူး၊ တွေးတောချက်)ကိုသိကြသဖြင့် တံငါသည်ကိုများစွာအံ့ဩချီးမွမ်းကြလေ၏။

၂။ အာဟာရဓာတ်စုံလင်စွာပါရှိသော ကြက်စွပ်ပြုတ်သောက်ခြင်းဖြင့် သွေးအား(ထပ်၊ ပြန်)ကောင်းလာနိုင်သည်။

၃။ ကမ္ဘာ့လူဦးရေ ၉၀ ရာခိုင်နှုန်းကျော်ဟာဆံပင်အမည်းရောင်ရှိသူတွေဖြစ်ပါတယ်(ဆိုဘဲ၊ လို့)။

၄။ ကျနော်ရေးတာဟာသူရေးတာ(လောက်၊ ထက်)မကောင်းဘူး။

၅။ လေယာဉ်နဲ့သွားတာဟာလှေနဲ့သွားတာ(လောက်၊ ထက်)မြန်တယ်။

၆။ ဒါကြောင့်ဒီနေ့(က၊ မှ)စပြီးစာကောင်းကောင်းသင်မယ်လို့သန္နိဋ္ဌာန်ချလိုက်တယ်။

၇။ မိမိသန္နိဋ္ဌာန်(အတိုင်း၊ အလိုက်)နေ့တိုင်းစာကြိုးစားသင်ယူတယ်။

၈။ အလောင်းစည်သူမင်းသည်ဇရပ်၊ တန်ဆောင်း၊ သိမ်ကျောင်း(စသော၊ စသည်တို့)ကိုအများကြီးလှူခဲ့သည်။

၉။ ကျွန်တော်ခြောက်နှစ်သားအရွယ်က လူကြီးများနှင့်(ပတ်သက်သော၊ ဆိုင်ရာ)စာအုပ်ထဲ၌ အလွန်ထူးဆန်းသည့်ရုပ်ပုံတစ်ပုံကိုတွေ့ရှိခဲ့သည်။

၁၀။ အထက်ကဖော်ပြထားသောပုံ(အတိုင်း၊ အရ)ဖြစ်ပါသည်။

၆။ ။ အောက်ပါစကားလုံးများဖြင့်ဝါကျဖွဲ့ပါ။

တော့ ရုံဘ ဆိုယင်ဘဲ လောက် မိ

၇။ ။ အောက်ပါပုံပြင်လေးကိုတရုတ်ဘာသာသို့ပြန်ဆိုပါ။

ညီလေးတို့၊ ဒီနေ့ဦးလေးက ကျီးကန်းနဲ့ပတ်သက်တဲ့ ပုံပြင်တစ်ခု ပြောပြမယ်။ ဟိုးရှေးရှေးတုန်းက သိပ်အတဲ့ ကျီးကန်းတစ်ကောင်ရှိသတဲ့။ အဲဒီကျီးကန်း ဟာ တစ်ကိုယ်လုံး မည်းနက်နေတဲ့အတွက် သိပ်ဝမ်းနဲ့နေပါတယ်။ တခြားငှက်များ ရဲ့ အင်မတန်လှပတဲ့အမွေးအတောင်ကို မြင်တော့. ဒီကျီးကန်းက သိပ်အားကျမိ

သင်ခန်းစာ (၉)

ပါတယ်။ တခြားငှက်များလောက်လှချင်တယ်။ သူများလိုလှပတဲ့ အမွေးအတောင် များရှိချင်တယ်။

တစ်နေ့တော့ တခြားငှက်ကိုယ်ပေါ်က ကျွတ်ကျတဲ့ အမွေးကိုတွေ့တော့ အဲဒီကျီးကန်းက ဝမ်းမြောက်ဝမ်းသာဖြစ်မိပါတယ်။ ဟယ်–တယ်လှတဲ့အမွေးအ တောင်ပါလား လို့ပြောရင်း အဲဒီအမွေးကို ကောက်ယူလိုက်တယ်။ ကောက်ရတဲ့ အမွေးကို ကိုယ်ပေါ်ကပ်ပြီး ရေထဲကကိုယ့်အရိပ်ကို မှန်ကြည့်သလို ခဏခဏသွား ကြည့်တယ်။ အရင်ကထက် ပိုလှလာတယ်လို့ ထင်ပြီး တစ်ယောက်တည်း ပီတိ ဖြစ်မိပါတယ်။

အဲဒီအချိန်မှာ မြေခွေးတစ်ကောင်က သူ့ကိုမြင်တော့ အကြံယုတ်တစ်ခုပေါ် လာတယ်။

သိပ်ချောတဲ့ကျီးကန်းလေး– နေကောင်းရဲ့နော်လို့ နှုတ်ဆက်လိုက်တယ်။ ကျီးကန်းလေးက သိပ်ချောတဲ့ကျီးကန်းဆိုတဲ့စကားကြားရတော့ အတိုင်းမသိ ဝမ်းမြောက်ဝမ်းသာဖြစ်မိပါတယ်။

သိပ်ချောသိပ်လှတဲ့ကျီးကန်းလေး–ရှင်ဒီနေ့သိပ်လှတာဘဲ။ အခုလိုလှလာ အောင် ဘယ်လိုလုပ်ရသလဲ။

အမွေးလှကောက်ရတဲ့အကြောင်း မြေခွေးမသိစေချင်လို့ ကျမနေ့ကအ မွေးလှလှတွေပေါက်လာတယ်လို့ပြောလိုက်တယ်။

မြေခွေးက ဟုတ်လား၊ ဝမ်းသာလိုက်တာ။ အင်း– ဒါပေမဲ့ ဝမ်းနဲပါတယ်ရှင်၊ ရှင့်ကိုကျမကောင်းကောင်းမမြင်ရဘူးလို့ပြောတယ်။

ကျီးကန်းကသစ်ပင်ပေါ်ကနေ ကျောက်တုံးပေါ်ဆင်းရပ်ပြီး မေးတယ်။ ကဲ– မြင်ရပြီလား၊ ဟောဒီအမွေးဘယ်လောက်လှသလဲ။

အင်း–နဲ့တော့မြင်ရပါပြီ၊ ဒါပေမဲ့ သိပ်မသဲကွဲသေးဘူးလို့ မြေခွေးကပြန် ပြောလိုက်တယ်။

အလုပြချင်တဲ့ကျီးကန်းလေးကအသက်အန္တရာယ်ကိုသတိမမူတော့ဘဲ မြေ ခွေးရှေ့ကိုသွားရပ်ပြတယ်။ ဒီတော့ မြေခွေးကကျီးကန်းကို ခုန်အုပ်ဖမ်းဆီးပြီး အမွေးပါမကျန် စားပစ်လိုက်ပါလေရော။

၆။ ။ အောက်ပါဝါကျများကိုမြန်မာဘာသာသို့ပြန်ဆိုပါ။

(1) 每当我想起这件事情，总是感到很遗憾。

(2) 那天我在公园里摘了一朵花，挨了老师的批评。

(3) 图书馆里都坐满了，我只好回宿舍去看书了。

(4) 没办法，我只能这么干了。

(5) 这本书我只是翻了翻，没有仔细读。

(6) 他的儿子和我的儿子同龄，个子也差不多，但没我的儿子胖。

(7) 老师一走进教室，同学们就起立，向老师致敬。

(8) 听到这个消息，他只是笑了笑，什么也没说。

(9) 他每天坚持锻炼，终于在运动会上取得了好成绩。

(10) 一听到这个好消息，他就立刻给家里打电话报喜。

(11) 澳大利亚全国的人口只有北京市的人口那么多。

(12) 又开学了。同学们一见面，都感到很高兴。

(13) 听到老师的表扬，他不禁高兴得想跳起来。

(14) 明年我就要去缅甸留学了。这么好的机会怎么能错过呢？

(15) 关于狐狸的故事非常多。故事中的狐狸总是很狡猾。

(16) 一看他脸上的表情，就知道他正在打什么坏主意。

(17) 你同父母商量一下，尽快给我答复。

(18) 下月初，缅甸文化艺术团将访华。你去看演出吗？

(19) 得知你将赴缅留学的消息，我感到非常高兴。

(20) 我只听说她是位歌星，可从未听过她唱歌。

အပိုဖတ်စာ

နွားကွဲကျားကိုက်

ဟိုးရှေးရှေးတုန်းက နွားတစ်အုပ်က တောင်ပေါ်မှာ မြက်စားနေကြတုန်း၊ ကျားတစ်ကောင်နဲ့တွေ့တော့ ကျားရဲ့ရန်ကို စည်းစည်းလုံးလုံးခုခံလိုက်ကြတယ်။ ကျားတစ်ကောင်တည်းမို့ အရှုံးပေးလိုက်ရတယ်။

ကျားက အမဲသားသိပ်စားချင်နေပေမဲ့ နွားကိုဖမ်းမရတော့ တစ်ကောင်တည်း ဒေါသထွက်နေတယ်။ ဒါကိုမြေခွေးကသိတော့ ကျားအနားကပ်သွားပြီး အကြံပေးလိုက်တယ်။ မြေခွေးရဲ့အကြံပေးချက်ကိုကြားရတော့ ကျားအတိုင်မသိမ်းမြောက်ဝမ်းသာ ဖြစ်ပြီး ကဲ–မိတ်ဆွေ၊ တကယ်လို့ ငါ နွားတစ်ကောင်ဖမ်းလို့ရယင် မင်းကိုလဲ ဝအောင် ကျွေးမယ်လို့ပြောလိုက်တယ်။ မြေခွေးက ပီတိဖြစ်ပြီး နွားမတစ်ကောင်ဆီသွားပြီး နေကောင်းရဲ့နော်လို့ အချိုဆုံးမျက်နှာထားနဲ့ နှုတ်ဆက်လိုက်တယ်။

နွားမကမြေခွေးကိုကြည့်ပြီး နင်ဘယ်သူတုန်း။ နင့်ကို ငါမသိပါလားလို့ ပြန်ဖြေလိုက်တယ်။

ခင်ဗျားကလဲ၊ မေ့တတ်လိုက်တာ။ ဟိုနေ့ကတောင် ကျနော်ကခင်ဗျားနဲ့အတူ ကြက်သွားဖမ်းစားသေးတယ်လို့ မြေခွေးက ပြောတယ်။ နွားမက ကြက်ကို ငါဘယ်တုန်းကမှမစားဘူးလို့ပြောတယ်။

မြေခွေးက ဒါတွေထားလိုက်ပါတော့။ ကျနော်အခုသတင်းကောင်းပြောချင်လို့လာတာပါ။

ဘာသတင်းကောင်းလဲလို့ နွားမကမေးတယ်။

မြေခွေးကအနားကပ်ပြီး တိုးတိုးပြောလိုက်တယ်။

ခင်ဗျားကိုအလှမယ်အဖြစ်ရွေးကြမယ်တဲ့။

တကယ်လား။

တကယ်ပေါ့။ ခင်ဗျားတခြားနွားတွေနဲ့အတူမနေနဲ့။ သိလား။ ခင်ဗျားကြည့်၊ သူတို့ တစ်ကိုယ်လုံးရွှံ့တွေနဲ့။ ဘယ်လောက်ညစ်ပတ်သလဲ။

နွားမကတခြားနွားတွေကို တစ်ချက်ကြည့်ပြီး အင်း–သူတို့နဲ့ တတ်နိုင်သလောက် ဝေးဝေးနေမယ်လို့ပြောတယ်။ နောက်တစ်နေ့ကျတော့ အဲဒီနွားမဟာ ပျောက်သွားပါလေရော။ တခြားနွားတွေက ပျောက်သွားတဲ့နွားမကို သွားရှာကြတယ်။ တောထဲကသစ်ပင် တစ်ပင်အောက်မှာ အရိုးပုံတစ်ပုံကိုဘဲတွေ့ကြတော့မှ ပျောက်သွားတဲ့နွားမဟာ ကျားစာ ဖြစ်သွားမှန်းသိကြရတော့တယ်။

သင်ခန်းစာ (၁၀)

ဖတ်စာ

မြန်မာနိုင်ငံ

မြန်မာနိုင်ငံသည် အရှေ့တောင်အာရှတစ်နိုင်ငံဖြစ်သည်။ ၎င်း၏မြောက်ဘက်တွင် တရုတ်ပြည်သူ့သမ္မတနိုင်ငံ၊ အနောက်ဘက်တွင် အိန္ဒိယနိုင်ငံနှင့်ဘင်္ဂလားဒေ့ရှ်နိုင်ငံ၊ အရှေ့ဘက်တွင် လောနိုင်ငံနှင့်ထိုင်းဘုရင်နိုင်ငံ၊ တောင်ဘက်တွင် ဘင်္ဂလားပင်လယ်အော် တို့ရှိကြ၏။

မြန်မာနိုင်ငံ၏ အကျယ်အဝန်းမှာ စတုရန်းကီလိုမီတာပေါင်း ခြောက်သိန်းခုနစ် သောင်းကျော်ဖြစ်၏။ ပင်လယ်ကမ်းရိုးတန်းမှာ ကီလိုမီတာပေါင်း နှစ်ထောင်နှစ်ရာကျော် ရှည်လျား၏။ မြန်မာနိုင်ငံ၏ မြောက်ဘက်စွန်းမှ တောင်ဘက်စွန်းအထိ ကီလိုမီတာ နှစ် ထောင်နှင့်ငါးဆယ်ခန့်ရှိပြီးလျှင် အရှေ့ဘက်စွန်းမှ အနောက်ဘက်စွန်းအထိ ကိုးရာခန့် ကျယ်ဝန်း၏။

မြန်မာနိုင်ငံတွင် လူဦးရေလေးဆယ်ရှစ်သန်း (လေးကုဋေရှစ်သန်း) နီးပါးရှိလျက် တိုင်းရင်းသားလူမျိုးစုများစွာရှိ၏။ လူဦးရေငါးပုံလေးပုံသည် စိုက်ပျိုးရေးဖြင့် အသက် မွေးသူများဖြစ်ကြ၏။ ဆန်၊ နှမ်း၊ ပြောင်း၊ မြေပဲ၊ ဝါဂွမ်း၊ ပဲအမျိုးမျိုး၊ ကြက်ပေါင်စေး၊ ဂုန်လျှော်စသည်တို့ကို စိုက်ပျိုးကြ၏။ ရောဝတီမြစ်သည် မြန်မာနိုင်ငံ၏မြောက်ဘက်မှ ဘင်္ဂလားပင်လယ်အော်ထဲသို့ စီးဆင်းသွားရာ မြစ်ဂွမ်းတလျှောက်မှာ မြေဩဇာကောင်း ၏။ မြစ်ဝကျွန်းပေါ်ဒေသတွင် မိုးများစွာရွာသွန်း၍ ဆန်စပါးအများအပြားစိုက်ပျိုးရရှိ၏။

မြန်မာနိုင်ငံတွင် ကျွန်းပင်လည်းများစွာပေါက်ရောက်၍ ကျွန်းသစ်အများပင်ထွက် သည်။ ဆန်စပါးနှင့်ကျွန်းသစ်အပြင် ရေနံ၊ ခဲမဖြူ၊ ဘော်စသည်သတ္တုများ၊ ကျောက် စိမ်း၊ နီလာစသည် ကျောက်မျက်ရတနာများလည်းထွက်သေး၏။ ရေနံမှအပ အခြား

ဓာတ်သတ္တုကျောက်မျက်ရတနာများကို နိုင်ငံခြားသို့ တင်ပို့ရောင်းချရ၏။ ကျွန်းသစ် များစွာကိုလည်း အလားတူ တင်ပို့သည်။ မြန်မာနိုင်ငံသည် ကမ္ဘာပေါ်တွင် နိုင်ငံခြားသို့ ဆန်အများဆုံးတင်ပို့ရောင်းချသောနိုင်ငံတစ်နိုင်ငံဖြစ်ခဲ့၏။

မြန်မာနိုင်ငံသည် ဖော်ပြခဲ့သည့်အတိုင်း ရာသီဉတုနှင့်မြေညာကောင်းမွန်၍ သာ ယာဝပြောသည့်ပြင် ဓာတ်သတ္တုစသည် သဘာဝပစ္စည်းများ ပေါများခြင်းကြောင့် ကြွယ် ဝသောနိုင်ငံတစ်နိုင်ငံဖြစ်၏။

***** ***** *****

စကားပြော

ချစ်ကြည်ရေး

က။ ကျောင်းသား

ခ။ ဆရာ

က။ ။ မြန်မာပြည်မှာရှိတဲ့တရုတ်လူမျိုးတွေကို ဗမာတွေက ပေါက်ဖော်လို့ခေါ် ကြတယ်လို့ကြားတယ်။ ဟုတ်လား။

ခ။ ။ ဟုတ်တယ်။ ဗမာတွေဟာ သူတို့နဲ့ရင်းနှီးတဲ့ တရုတ်အမျိုးသားတွေကို ပေါက်ဖော် ဒါမှမဟုတ် ပေါက်ဖော်ကြီးလို့ခေါ်ကြတယ်။ တရုတ်အမျိုး

သင်ခန်းစာ (၁၀)

သမီးတွေကိုတော့ ပေါက်ဖော်မလို့ခေါ်ကြတယ်။

က။ ။ ဘာဖြစ်လို့ ဒီလိုခေါ်ကြပါသလဲ။

ခ။ ။ ဆွေမျိုးလို့ညီအစ်ကိုလိုခင်မင်တဲ့သဘောပေါ့။ ဗမာတွေက ဒိပြင်လူမျိုးကိုတော့ ဒီလိုမခေါ်ကြဘူး။

က။ ။ သြော်–ဟုတ်လား။

ခ။ ။ တရုတ်လူမျိုးနဲ့ဗမာတို့ဟာ အခုမှ ဒီလိုရင်းနှီးကြတာမဟုတ်ဘူး။

က။ ။ ဒါဖြင့် ဘယ်တုန်းကစခဲ့တာလဲ။ ဆိုစမ်းပါအုံး။

ခ။ ။ ရှေးပဝေသဏီကာလကတည်းက ဒီလိုရင်းနှီးလာခဲ့ကြတာဘဲ။

က။ ။ နယ်ချဲ့သမားတွေကျူးကျော်ဝင်ရောက်လာတော့မှ အဲဒီလိုရင်းရင်းနှီးနှီး ဆက်ဆံမှုဟာ ပြတ်ခဲ့ရတယ်၊ မဟုတ်လား။

ခ။ ။ ဟုတ်ပါတယ်။ ဒါပေမယ့် ၁၉၄၈ ခုနှစ်မှာ မြန်မာပြည်က လွတ်လပ်ရေးရရှိ ပြီးတဲ့နောက် ၁၉၄၉ ခုနှစ်မှာ တရုတ်ပြည်သစ်ထူထောင်လာရတော့ နှစ်နိုင် ငံအစိုးရန့်၊ ပြည်သူတွေရဲ့ ဆက်ဆံမှုဟာ အခြေခံသစ်ပေါ်မှာ ပိုပြီးတော့ တောင့် ရင်းနှီးလာတယ်။

က။ ။ ဟုတ်တယ်။ ဒါကြောင့် ကျနော်တို့ဟာ နှစ်နိုင်ငံချစ်ကြည်ရေး ပိုမိုခိုင်မြဲ အောင်ကြိုးစားကြရမယ်။ သားစဉ်မြေးဆက်ချစ်ကြည်သွားရအောင်လဲ ကြိုးပမ်းသွားရမယ်။

ခ။ ။ ဒါပေါ့၊ ဒါပေါ့။

***** ***** *****

စကားပုံ

မသိလျှင်မေး မစင်လျှင်ဆေး

မသိတာကိုမေးရင် အကြောင်းစုံအဖြေသိပါလိမ့်မယ်။ ထို့အတူ အညစ်အကြေး များ ပေကျံနေရင် ဆေးကြောသုတ်သင်မှ စင်ကြယ်ပေလိမ့်မယ်ဆိုတာ နားလည်စေဘို့ ဒီစကားပုံဖြစ်ပေါ်လာတယ်။

ဝေါဟာရ

သမ္မတ (န)	总统、共和
ရေနံ (န)	石油
ဘုရင့်နိုင်ငံ (န)	王国
ပင်လယ်အော် (န)	海湾
ဘင်္ဂလားပင်လယ်အော် (န)	孟加拉湾
အကျယ်အဝန်း (န)	面积
ပင်လယ်ကမ်းရိုးတန်း (န)	海岸线
ရှည်လျား (နဝ)	长
စွန်း (န)	边缘、顶点
စိုက်ပျိုးရေး (န)	农业
အသက်မွေး (က)	谋生
ဝါဂွမ်း (န)	棉花
ကြက်ပေါင်စေး (န)	橡胶
ဂုန်လျှော် (န)	黄麻
ဧရာဝတီမြစ် (န)	伊洛瓦底江
စီးဆင်း (က)	流动、流淌
မြစ်ဝှမ်း (န)	流域
တလျှောက် (န)	一带、一条、沿线
မြေဩဇာ (န)	土质、肥料
မြစ်ဝကျွန်းပေါ် (န)	三角洲
ရွာသွန်း (က)	下（雨）
ကျွန်းပင် (န)	柚木（树）
ပေါက်ရောက် (က)	生长
ကျွန်းသစ် (န)	柚木（木材）
ဘင်္ဂလားဒေ့ရှ် (နလိပ် Bangladesh)	孟加拉国

ခဲမပုပ် (န)	铅、石墨
ဘော် (န)	银
သတ္တု (န)	矿物
ကျောက်စိမ်း (န)	玉、翡翠
နီလာ (န)	蓝宝石
ကျောက်မျက်ရတနာ (န)	珍宝、珠宝
ဓာတ်သတ္တု (န)	矿产
တင်ပို့ရောင်းချ (က)	外销、出口
အလားတူ (ကဝ)	同样地
ကောင်းမွန် (နဝ)	好、优良
သာယာဝပြော (နဝ)	富足、富饶
သဘာဝပစ္စည်း (န)	自然资源
ပေါများ (နဝ)	多、丰富
ကြွယ်ဝ (နဝ)	富裕、富足
ချစ်ကြည်ရေး (န)	友谊
လူမျိုး (န)	民族
ပေါက်ဖော် (န)	"胞波"，同胞兄弟
ရင်းနှီး (နဝ)	亲密、亲近、熟悉
ခင်မင် (နဝ)	亲、亲密
ရှေးပဝေသဏီကာလ (န)	从前、古时候
နယ်ချဲ့သမား (န)	帝国主义者
ကျူးကျော်ဝင်ရောက် (က)	入侵
ဆက်ဆံမှု (န)	联系
အခြေခံ (န)	基础
ခိုင်မြဲ (နဝ)	巩固
မြေး (န)	孙子

သားစဥ်မြေးဆက် (ကဝ)   世世代代

ရှင်းပြချက်

၁။ 数字表示法：

个	ခု	十	ဆယ်	百	ရာ
千	ထောင်	万	သောင်း	十万	သိန်း
百万	သန်း	千万	ကုဋေ		
亿	သန်းပေါင်းတစ်ရာ၊ ဆယ်ကုဋေ				

十万以上、百万以内，逢十必须用"သိန်း"，不能用"သောင်း"表示。ဥပမာ-

十五万　　တစ်သိန်းငါးသောင်း

二十八万　နှစ်သိန်းရှစ်သောင်း

百万以上、千万以内，既可用"သန်း"，也可用"သိန်း"表示。ဥပမာ-

一百七十万　တစ်သန်းခုနစ်သိန်း

　　　　　　ဆယ်ခုနစ်သိန်း

千万以上，既可用"ကုဋေ"，也可用"သန်း"表示。ဥပမာ-

二千八百万　နှစ်ကုဋေရှစ်သန်း

　　　　　　နှစ်ဆယ်ရှစ်သန်း

三亿八千万　သုံးဆယ်ရှစ်ကုဋေ

　　　　　　သန်းပေါင်းသုံးရာရှစ်ဆယ်

十二亿　　　ကုဋေပေါင်းတစ်ရာ့နှစ်ဆယ်

　　　　　　သန်းပေါင်းတစ်ထောင့်နှစ်ရာ

၂။ ပြီးလျှင် 连词。用于动词之后，有两种不同的意义。一种表示

၃။ ။ ---ပုံ---ပုံ 分数表示法。分母在前，分子在后。ဥပမာ-
- သုံးပုံတစ်ပုံ
  三分之一
- ဆယ့်ငါးပုံနှစ်ပုံ
  十五分之二
- လေးပုံသုံးပုံ
  四分之三

၄။ ။ စသည်တို့ 习用形式。书面语体，用于名词或句子之后，表示"……等等"的意思，其后可用"မှာ၊ကို၊တွင်၊၌"等助词。口语体为"စတာတို့"。ဥပမာ-
- ပီကင်းတက္ကသိုလ်၊ ချင်းဂါးတက္ကသိုလ်စသည်တို့မှာ တရုတ်ပြည်တွင် သက်တမ်းရှည်ကြသောတက္ကသိုလ်များဖြစ်သည်။
  北大、清华等是中国历史悠久的大学。
- အဘိဓာန်၊ ဖတ်စာနှင့်ဗလာစာအုပ်စသည်တို့ကိုယူသွားရမည်။
  要带字典、课本和练习本等。
- ဆန်၊ နှမ်း၊ ပြောင်း၊ ဂျုံစသည်တို့ကိုစိုက်ပျိုးကြ၏။
  种植水稻、芝麻、玉米和小麦等。

၅။ ။ ရာ 连词。用于动词之后，连接两个或两个以上的分句，表示后面的分句内容是对第一分句的说明，或是第一分句内容的展开或结果。ဥပမာ-
- ထိုအဘိုးကြီးမှာသားနှစ်ယောက်ရှိရာ အကြီးကမောင်မြတ်၊ အငယ်ကာ မောင်ဘဖြစ်၏။

老人有两个儿子，老大叫貌妙，老二叫貌巴。

- ကျွန်တော်တို့လက်ခုပ်တီးကြရာ တစ်ခန်းလုံးသိမ့်သိမ့်တုန်သွားပေ သည်။ 我们热烈鼓掌，整个大厅掌声雷动。

- ဧရာဝတီမြစ်သည် မြန်မာနိုင်ငံ၏မြောက်ဘက်မှ တောင်ဘက်ဘင်္ဂလား ပင်လယ်အော်ထဲသို့ စီးဆင်းသွားရာ မြစ်ဝှမ်းတလျှောက်မှာမြေဩဇာ ကောင်း၏။
伊洛瓦底江从缅北流入南面的孟加拉湾，整个流域土质肥沃。

၆။ ။ တလျှောက် 名词后缀。表示"沿着……"、"……一带"的意思。ဥပမာ-

- ရာဇဝင်တလျှောက်မှာ
  历史上一直……
- ပင်လယ်ကမ်းရိုးတန်းတလျှောက်
  沿海一带……
- လမ်းတလျှောက်မှာ
  一路上……

၇။ ။ အပြင် 连词。用于名词之后，表示"除……之外，还有……"的意思。ဥပမာ-

- ဒီအစည်းအဝေးကိုဆရာများအပြင်ကျောင်းသားများလဲတက်ရမယ်။
  除了老师，学生也要参加这个会。
- ရေလမ်းအပြင်လေကြောင်းနှင့်လည်းသယ်ယူပို့ဆောင်နိုင်သည်။
  除了水运，也可以空运。
- ကျမအပြင်ဖေဖေရယ်မေမေရယ်အားလုံးသိပါတယ်။
  除了我，父母也都知道。

၈။ ။ မှအပ 连词。书面语体，用于名词之后，表示排除的意思，相当于汉语"除……之外"之意。口语体为"ကလွဲလို့"။ ဥပမာ-
- မောင်ဘသောင်းမှအပကျွန်တော်တို့အားလုံးစာမေးပွဲအောင်သည်။
除了貌巴东以外，我们考试都及格了。
- သူသည်ငရုတ်သီးမှအပအခြားဟင်းအားလုံးစားသည်။
除了辣椒，他什么菜都吃。
- မောင်ဘသောင်းကလွဲလို့ကျွန်တော်တို့ဘယ်သူမှမသွားခဲ့ဘူး။
除了貌巴东以外，我们谁也没去。

၉။ ။ သည်အပြင်၊သည့်ပြင် 连词。书面语体，用于动词之后，表示除了所指事物以外，还包括后面的内容，相当于汉语"除……之外，还有……"之意。口语体为"တဲ့အပြင်"။ ဥပမာ-
- မောင်မောင်သည်အရပ်မြင့်သည်အပြင်ပိန်လည်းပိန်၏။
貌貌又高又瘦。
- ဘေကျင်းမြို့ရောက်သည်အပြင်ရှန်ဟိုင်း၊ နန်ကင်းမြို့သို့လည်း ရောက်ခဲ့ဖူး၏။
除了北京，还到过上海和南京。
- ကျောင်းစာကြည့်တိုက်တွင်တရုတ်ဘာသာစာအုပ်များရှိသည်အပြင်နိုင်ငံခြားဘာသာစာအုပ်များလည်းရှိသည်။
学校图书馆里除了中文书，还有外文书。

၁၀။ ။ ကြောင့် 助词。用于名词、代词和动名词之后，表示原因。ဥပမာ-
- ဒီကုလားထိုင်ဟာကျွန်တော်ကြောင့်ပျက်သွားတာပါ။
这把椅子是被我弄坏的。

— သဘာဝပစ္စည်းများပေါများခြင်းကြောင့်ကြွယ်ဝသောနိုင်ငံတစ်နိုင်ငံဖြစ်သည်။

自然资源丰富，所以是一个富饶的国家。

— ခင်များကြောင့်ကျနော်ကျောင်းတက်နောက်ကျတာသိလား။

你知道吗？就是因为你，我才迟到的。

၁၁။ ဒါမှမဟုတ် 连词。口语体，用于两个名词或词组之间，表示"或者"、"不然的话"的意思。书面语体为"သို့မဟုတ်"。ဥပမာ-

— မနက်ဖြန်ညနေ ၃ နာရီစာသင်ခန်းထဲမှာ ဒါမှမဟုတ် ရုံးခန်းထဲမှာအစည်းအဝေးလုပ်မယ်။

明天下午三点在教室或办公室开会。

— ဒီနေ့ညကျနော်တို့ရုပ်ရှင် ဒါမှမဟုတ် ပြဇာတ်သွားကြည့်ကြမယ်။

今晚我们去看电影或话剧。

— ဧပြီလ သို့မဟုတ် မေလတွင်ပြေးခုန်ပစ်ပြိုင်ပွဲကျင်းပမည်။

四月份或五月份将举行田径比赛。

၁၂။ ကတည်းက 状语助词。用于名词或动词之后，表示"早在……时就……"的意思。ဥပမာ-

— ရှေးအထက်ကျော်ကာရီကတည်းက ဒီလိုဆက်ဆံလာခဲ့ကြတာဘဲ။

自古以来就这样交往着。

— ၁၉၄၉ ခုနှစ်ကတည်းက ပြောခဲ့သည်။

早在1949年就说过。

— ပီကင်းတက္ကသိုလ်ရောက်ကတည်းက နံပါတ် ၃၅ အဆောင်မှာနေပါတယ်။

从进北京大学时起，就住在35楼。

၁၃။ ။ အောင် 状语助词。用于动词和形容词之后，表示动作的程度或结果，相当于汉语"做到……的程度"的意思。ဥပမာ-

- မင်းတို့နားလည်အောင်ခပ်နေးနေးပြောပြမယ်။
  我说慢一点儿，好让你们听懂。
- သင်တို့ရောဂါအမြန်ပျောက်သွားအောင်၌ဆေးကိုစားလော့။
  为了你们早日康复，请服用此药！
- စီးပွားရေးပိုမိုဖွံ့ဖြိုးလာအောင်ကြိုးပမ်းကြရမည်။
  要努力发展经济。

***** ***** *****

လေ့ကျင့်ခန်း

၁။ ။ အောက်ပါမေးခွန်းများကိုဖြေပါ။
  ၁။ မြန်မာနိုင်ငံဘယ်မှာတည်ရှိပါသလဲ။
  ၂။ မြန်မာပြည်ဟာဘယ်နိုင်ငံတွေနဲ့ဆက်စပ်ထားသလဲ။
  ၃။ မြန်မာနိုင်ငံဘယ်လောက်ကျယ်ဝန်းသလဲ။ ပင်လယ်ကမ်းရိုးတန်းဘယ်လောက်ရှည်ပါသလဲ။
  ၄။ မြန်မာနိုင်ငံမှာ လူဦးရေဘယ်လောက်ရှိပါသလဲ။ စိုက်ပျိုးရေးနဲ့အသက်မွေးသူဘယ်လောက်ရှိပါသလဲ။
  ၅။ မြန်မာပြည်လယ်သမားတွေက ဘာတွေစိုက်ပျိုးကြသလဲ။ ဆန်စပါးအများဆုံးစိုက်တဲ့နေရာဟာ ဘယ်နေရာလဲ။
  ၆။ မြန်မာပြည်မှာ ဆန်စပါးနဲ့ကျွန်းသစ်အပြင် ဘာသာဘာဝပစ္စည်းတွေထွက်သေးသလဲ။
  ၇။ မြန်မာနိုင်ငံကနိုင်ငံခြားကိုရေနံတင်ပို့ရောင်းချသလား။ ဘာတွေတင်ပို့ရောင်းချသလဲ။
  ၈။ အခုကမ္ဘာပေါ်မှာ ဆန်စပါးအများဆုံးတင်ပို့ရောင်းချတဲ့နိုင်ငံဟာ ဘယ်

နိုင်ငံလဲ။

၉။ ပင်လယ်ကမ်းရိုးတန်းတလျှောက်မှာဘာကြောင့်မြို့ကြီးတွေများသလဲ။

၁၀။ ရောဝတီမြစ်ဝကျွန်းပေါ်ဒေသမှာ ဘာကြောင့်ဆန်စပါးအများအပြား စိုက်ပျိုးနိုင်သလဲ။

၁၁။ မြန်မာပြည်မှာရှိတဲ့တရုတ်လူမျိုးတွေကို ဗမာတွေကဘာဖြစ်လို့ ပေါက်ဖော်လို့ခေါ်ကြသလဲ။

၁၂။ တရုတ်မြန်မာချစ်ကြည်ရေးဟာဘယ်တုန်းကစခဲ့တာလဲ။

၁၃။ မြန်မာနိုင်ငံဟာဘယ်အချိန်မှာလွတ်လပ်ရေးရရှိပါသလဲ။

၁၄။ နှစ်နိုင်ငံချစ်ကြည်ရေးပိုမိုခိုင်မြဲအောင်ကျနော်တို့ဘယ်လိုလုပ်ကြရ မလဲ။

၁၅။ မြန်မာ့အကြောင်းပြောပြစမ်းပါ။

၂။ အောက်ပါစကားပြောများကိုတရုတ်ဘာသာသို့ပြန်ဆိုပါ။

玛敏，我想请教你一个问题。

别客气，尽管问吧。

为什么中缅友谊被称为"胞波友谊"呢？

"胞波"在缅文中是指同胞兄弟的意思。缅甸人称华人为"胞波"。

噢，就表示中国人民和缅甸人民亲如兄弟。真是太好了。

是啊。

听说缅甸盛产稻米和柚木。

是的，还盛产宝石。缅甸出产的红宝石是世界上最好的。

是吗？还产其他宝石吗？

当然了！翡翠和蓝宝石也是全世界有名的。

真想现在就去缅甸啊！

၃။ ။ အောက်ပါဂဏန်းတွေကိုတစ်ဦးကဖတ်ပြီးလျှင်တစ်ဦးကတရွတ်လိုအမြန်
ဆုံးပြန်ဆိုပါ။
တစ်သိန်းငါးသောင်း
ရှစ်သိန်းသုံးသောင်း
ကိုးသိန်း
တစ်သန်း
လေးသန်း
ကိုးသန်းခြောက်သိန်း
ငါးဆယ့်လေးသိန်း
တစ်သန်းငါးသိန်းခုနစ်သောင်း
နှစ်ဆယ့်သုံးသိန်းတစ်သောင်း
တစ်ကုဋေ
သန်းပေါင်းခုနစ်ဆယ်
နှစ်ကုဋေရှစ်သန်း
လေးဆယ့်ကိုးသန်း
ရှစ်ကုဋေရှစ်သန်း
သန်းပေါင်းတစ်ရာ
ကုဋေသုံးဆယ်
သန်းပေါင်းကိုးရာရှစ်ဆယ်
ခုနစ်ဆယ့်သုံးကုဋေ
သန်းပေါင်းတစ်ထောင်
ကုဋေပေါင်းတစ်ရာနှစ်ဆယ်
သန်းပေါင်းတစ်ထောင်ငါးရာ
ကုဋေပေါင်းငါးထောင်

၄။ ။ အောက်ပါဂဏန်းတွေကိုတစ်ဦးကဖတ်ပြီးလျှင်တစ်ဦးကမြန်မာလိုအမြန်ဆုံး
ပြန်ဆိုပါ။

25000	3800	470000	24500
800000	978030	35740	28790
18万	23万	50万	389万
3000万	4万5千	376万5百	十亿
十三亿	一亿四千万	六十亿	二千万

၅။ ။ အောက်ပါစကားလုံးထဲမှဆီလျော်သောစကားလုံးကိုရွေးချယ်ပြီးကွက်လပ်
ဖြည့်ပါ။

အောင်   အပြင်   သည်အပြင်   ကလွဲလို့
ကြောင့်   ရာ

၁။ သူသည်နာရီပြင်တတ်------စက်ဘီးလည်းပြင်တတ်သည်။

၂။ စိုက်ပျိုးမွေးမြူရေးလုပ်ငန်းကို ဘယ်လိုတိုးတက်ဖွံ့ဖြိုး------ဆောင်
ရွက်မယ်ဆိုတာကိုဆွေးနွေးရမယ်။

၃။ မြန်မာနိုင်ငံ------ယိုဒယားနိုင်ငံလည်းနိုင်ငံခြားသို့ဆန်စပါးအများ
ကြီးတင်ပို့ရောင်းချသည်။

၄။ မြန်မာလယ်သမားများသည်စပါး------နှမ်း၊ ပြောင်းနှင့်ဝါကိုလည်း
စိုက်ပျိုးကြသည်။

၅။ သောကြာနေ့ညနေတွင်ကျွန်တော်တို့ကျောင်းတက်ရ------အစည်း
အဝေးလည်းထိုင်ကြရသေးသည်။

၆။ တတိယနှစ်မှာကျွန်တော်တို့သည်အတန်းနှစ်တန်းခွဲ------အတန်း
တစ်ကလူပိုများသည်။

၇။ လူထုတိုက်ပွဲ------နယ်ချဲ့သမားတို့ကတရုတ်ပြည်ကထွက်ပြေးလိုက်
ရတယ်။

၈။ ဒီစာအုပ်ဟာသူ့------ပြဲသွားတယ်။

၉။ ကိုကြည်သာ------တခြားကျောင်းသားများက အားလုံးသွားချင်
တယ်။
၁၀။ စပါး------ဘာမှမစိုက်တော့ဘူး။

၆။ ။ အောက်ပါဝါကျများကိုမှန်အောင်ပြင်ပါ။
၁။ ကျနော်ပြောတာအတိုင်းလုပ်ပါ။ ကျနော်လုပ်တာအတိုင်းမလုပ်ပါနဲ့လို့
တချို့ကပြောတယ်။
၂။ အအေးမိတဲ့အခါမှာဆေးမစားယင်သုံးလေးနေ့ထဲမှာရောဂါမပျောက်ဖြစ်
တာပါ။
၃။ တစ်နှစ်ထဲမှာစာအုပ်ကိုပြီးအောင်မရေးတာပါ။
၄။ ဟင်းသီးဟင်းရွက်များကိုယ်တဲ့အပြင်ကျနော်ဘာမှမဝယ်ချင်တော့ဘူး။
၅။ ကျနော်ကိုဟာကိုမလာဘူးလို့ဒီစာကိုရေးလိုက်တယ်။
၆။ သူကြိုးကြိုးစားစားစာသင်ပေမဲ့စာမေးပွဲမအောင်တော့ဘူး။
၇။ ဟင်းသီးဟင်းရွက်အပြင်ကျမဘာမှမဝယ်လိုတော့ဘူး။
၈။ တစ်နှစ်တည်းဆိုယင်ဒီစာအုပ်ကိုရေးမကုန်ဘူး။
၉။ နွားရှူးရောဂါရတဲ့နွားကိုစားမိတဲ့လူတွေမှာလဲရောဂါရပြီးကျန်းမာရေးကို
ထိခိုက်ပါတယ်။
၁၀။ တရုတ်ပြည်၏စီးပွားရေးပြောင်းလဲမှုမှာအလွန်ကြီးမားကြောင်ကမ္ဘာ့
စီးပွားရေးနယ်ပယ်အတွင်းတရုတ်ပြည်ကိုလက်မခံ၍မရနိုင်တော့ပေ။

၇။ ။ အောက်ပါစကားလုံးများဖြင့်ဝါကျဖွဲ့ပါ။
---ပုံ---ပုံ   စသည်တို့   ရာ   ကတည်းက
အပြင်

၈။ ။ အောက်ပါဝါကျများကိုတရုတ်ဘာသာသို့ပြန်ဆိုပါ။
၁။ အမ်ဘီအေအစီအစဉ်ကို ရန်ကုန်စီးပွားရေးတက္ကသိုလ် စီမံခန့်ခွဲမှုဌာန

ကဖွင့်ပေးနေခဲ့တာ ၁၉၉၅ ခုနှစ်ကတည်းကပါ။

၂။ ယင်ကောင်သည် ရောဂါပိုးများကို အစာပေါ်သို့ သယ်ဆောင်သွားပါ သည်။ ထို့ကြောင့် ယင်ကောင်ကြောင့်လည်းရောဂါဖြစ်ပါသည်။

၃။ မင်းကြီးလည်း ငါ၏ပုံစံကိုယူ၍ သတ္တဝါတို့၏အကျိုးကိုဆောင်ပါလော့ ဟု ဆုံးမစကားပြောပြီးလျှင် အသက်ကုန်ရှာလေသည်။

၄။ ဤလမ်းမကြီးတစ်လျှောက်တွင် အဆောက်အအုံကြီးအများအပြား ဆောက်လုပ်ရန် စီစဉ်ထားပါသည်။

၅။ သူသည်ငယ်စဉ်ကစ၍ စာပေဗဟုသုတတို့ကို လေ့လာလိုက်စားခဲ့သည်။ အရွယ်ရောက်သော် ရွာသူကြီးသမီးနှင့်သင့်မြတ်လေသည်။

၆။ မိမိဆုံးဖြတ်ချက်အတိုင်း တစ်ပတ်လျှင် စာအုပ်တစ်အုပ်ကို ဖတ်လေ သည်။

၇။ ကျန်စစ်မင်းကြီးသည် မွန်မြန်မာစည်းလုံးရေးအပြင် သာသနာစည်ပင် ရေးအတွက်လည်း များစွာဆောင်ရွက်ခဲ့သည်။

၈။ ထိုဘုရားသည် အနုပညာလက်ရာမြောက်သော နံရံဆေးရေးပန်းချီများ ပန်းပုရုပ်လုံးများရှိခြင်းကြောင့် အလွန်ထင်ရှားကျော်ကြားသည်။

၉။ ကျန်စစ်မင်းကြီးလက်ထက်တွင် အိမ်နီးချင်းနိုင်ငံများနှင့်သင်တင့်အောင် ဆက်ဆံခဲ့သည်။ ထို့ကြောင့် ပြည်ပရန်ကင်းပြီး နိုင်ငံငြိမ်းချမ်းသာယာ ခဲ့၏။

၁၀။ ကျန်စစ်မင်းကြီးသည် နိုင်ငံစည်းရုံးမှုတည်တံ့ခိုင်မြဲရေးအတွက် မွန်မြန် မာစည်းလုံးရေးကို အောင်မြင်စွာဆောင်ရွက်နိုင်ခဲ့သည်။

၉။ ။ အောက်ပါဝါကျများကိုမြန်မာဘာသာသို့ပြန်ဆိုပါ။

(1) 你了解缅甸吗？缅甸是在亚洲还是在欧洲？与哪些国家接壤？

(2) 缅甸人口大约有五千五百万，80%生活在农村，20%生活在城市。

（3）缅甸大约五分之四的人信仰佛教。
（4）中国现有十三亿人口。占全世界人口的五分之一。
（5）中国幅员辽阔，有九百六十万平方公里。
（6）北京人口超过一千万，常住人口800万，外来人口200万。
（7）每年到中国旅游的人数超过两千万。
（8）除了日常用品，我有时也在超市里买衣服。
（9）缅甸是东南亚资源丰富的国家。
（10）从北大东校门步行到西校门，大约要走十五分钟。
（11）中国从缅甸除了进口玉石外，还进口柚木。
（12）有三分之二的同学都支持我的建议。
（13）众所周知，中缅两国是友好邻邦。
（14）每天晚上，他除了看电视，什么也不干。
（15）班主任老师除了关心我们的学习，也关心我们的生活。
（16）她还是个小姑娘时我就认识她了。
（17）缅甸的气候分为热季、雨季和凉季三季。
（18）据说他早在上中学时就开始对梵文感兴趣了。
（19）除了学习缅甸语，还学习缅甸文学、文化和历史。
（20）除了生病的同学，其他人都去开会了。

***** ***** *****

အဓိပ္ပတ်စာ

သိုးရေခြုံသောဝံပုလွေ

ဝံပုလွေတစ်ကောင်သည် တောင်ခြေစားကျက်တွင် သိုးတစ်အုပ်ကို တွေ့လေသည်။

ဝံပုလွေသည် သိုးများကို ဖမ်း၍စားလို၏။ ထို့ကြောင့် သိုးများကိုစားရန်ကြံစည်၏။ ဝံပု
လွေသည် မိမိကိုယ်ပေါ်တွင် သိုးရေကိုခြုံလွှမ်း၍ သိုးဟန်ဆောင်ကာ သိုးအုပ်ထဲသို့ဝင်
၏။ ထိုသို့ဖြင့် သိုးများကို နေ့စဉ်ဖမ်း၍စား၏။ သိုးကျောင်းသားသည် ဟန်ဆောင်ထား
သောဝံပုလွေကို သတိမမူမိသဖြင့် အဘယ်ကြောင့် သိုးများစွာပျောက်ဆုံးနေရသည်ကို
စဉ်းစား၍မရပဲရှိ၏။ သိုးကိုခိုးသူအား မိအောင်ဖမ်းမည်ဟု ဆုံးဖြတ်၏။ ခိုးသူမိလျှင်
လည်ပင်းကို ကြိုးကွင်းတပ်၍ သစ်ပင်၌ ဆွဲထားလိုက်မည်ဟု ကြုံးဝါး၏။

သိုးများမှာ တစ်ကောင်ပြီးတစ်ကောင်ပျောက်ဆုံးနေ၏။ သိုးကျောင်းသားသည်
သိုးအုပ်တွင်းသို့ဝင်၍ နေရောညပါ စောင့်ရှောက်၏။ တစ်နေ့သ၌ သိုးအုပ်ထဲတွင် သိုး
တစ်ကောင်သည် မြက်ကိုလည်းမစား အခြားသိုးများကဲ့သို့မရွှေ့ရှားသည်ကို အကဲခတ်
မိ၏။ ဤအကောင်သည် သိုးမဟုတ်၊ သိုးရေခြုံထားသော ဝံပုလွေသာ ဖြစ်ရမည်။ ရန်သူ
ကိုတွေ့ပြီ။ သိုးကျောင်းသားသည် ဝံပုလွေကို ကြိုးကွင်းပစ်၍ ဖမ်းလိုက်၏။ ထို့နောက်
သစ်ပင်တွင် တွဲလောင်းချည်ထားလိုက်၏။

ထိုအချိန်တွင် အခြားသိုးကျောင်းသားနှစ်ဦးသည် ရောက်ရှိလာ၏။ သစ်ပင်တွင်
တွဲလောင်းချည်ထားသော သိုးတစ်ကောင်ကို တွေ့မြင်ကြ၍ ဤသိုးကို အဘယ်ကြောင့်
ကြိုးဖြင့်ဆွဲချည်ထားပါသနည်းဟု မေးလေ၏။

သိုးကျောင်းသားက ဤအကောင်သည် သိုးမဟုတ်ပါ။ သိုးရေခြုံထားသော ဝံပု
လွေသာ ဖြစ်ပါသည်ဟု ပြန်ဖြေလေသည်။ ထိုအခါ သိုးကျောင်းသားနှစ်ဦးက မိတ်ဆွေ
ဟန်ဆောင်သူသည် ကြောက်စရာအကောင်းဆုံးရန်သူဖြစ်သည်ဟု မှတ်ချက်ချလိုက်
လေတသည်း။

သင်ခန်းစာ (၁၁)

ဖတ်စာ

သားတစ်ယောက်ကိုသာမြင်သည်

    ရွာဦးဘုန်းကြီးကျောင်းရေတွင်းတွင် မိန်းမကြီးသုံးယောက် ရေခပ်နေကြ၏။ အဘိုးအိုတစ်ယောက်သည် မနီးမဝေးရှိကျောက်တုံးကြီးပေါ်တွင်ထိုင်ကာ အပန်းဖြေနေ၏။ မိန်းမကြီးတစ်ယောက်က ကျွပ်သားသည်အလွန်အပြေးမြန်လှပါသည်။ သူ့ကိုနိုင်အောင် ဘယ်သူမှမပြေးနိုင်ပါဟုပြော၏။

    ဒုတိယမိန်းမကြီးကလည်း ကျွပ်သားကတော့ အသံအင်မတန်ကောင်းသည်။ သူ သီချင်းဆိုသံကို တော်တိုကြီးစေချင်စမ်းပါဘိဟု အားကျမခံကြားလိုက်လေ၏။

    တတိယမိန်းမကြီးကာဘာမျှမပြော။

    မိန်းမကြီးသုံးယောက်တို့သည် ရေခပ်ပြီးသောအခါ ရေအိုးများကိုရွက်၍ လက်တွင် ရေပုံးများဆွဲကာ ရွာသို့ပြန်လာကြ၏။ အဘိုးအိုလည်း မလှမ်းမကမ်းမှ လိုက်ပါလာ၏။ အတန်ငယ်သွားမိကြသောအခါ ရေပုံးဆွဲလာရသောလက်များလည်းနာကျင်၊ ရွက်လာရသောရေအိုးများကလည်းလေးလှသဖြင့် မိန်းမကြီးသုံးယောက်တို့သည် ရေပုံးရေအိုးများကိုချ၍ ခေတ္တနားကြလေ၏။

    ထိုအခိုက် ရွာဘက်မှ ကလေးသုံးယောက်သည် သူတို့ရှိရာသို့ လာကြလေသည်။ အနားသို့ရောက်သောအခါ တစ်ယောက်သောကလေးက သံခွေလိုမဲ့ယင်း ပြေးကစားနေလေသည်။ ဒုတိယကလေးက ဉဩသံကဲ့သို့သာယာသည်အသံနှင့် သီချင်းဆိုကာ တဖြေးဖြေးလျှောက်လာလေသည်။ ကျန်ကလေးကမူ မိန်းမကြီးများရှိရာသို့ ပြေးလာ၍ သူ့မိခင်ဖြစ်သူ တတိယမိန်းမကြီးထံမှ ရေပုံးနှင့်ရေအိုးကို ကောက်ယူထမ်းပိုးကာ ရွာဘက် သို့ သယ်ယူသွားလေသည်။

ပထမမိန်းမကြီးနှင့်ဒုတိယမိန်းမကြီးတို့က အဘိုးအိုဘက်လှည့်ကာ ကျုပ်တို့သားများမြင်လိုက်ပါစဟု မေးရာတွင် အဘိုးအိုက ရှင်မတို့သားဆိုသူများကား အဘယ်မှာနည်း။ ကျွန်ုပ်မူ သားတစ်ယောက်တည်းကိုသာ မြင်ပါသည်ဟု ပြန်ပြောလိုက်လေသည်။

***** ***** *****

စကားပြော

ကုလားအုတ်တရား

သဲကန္တာရခရီးတစ်ခုမှာ ကုန်သည်တစ်စုဟာ ကုလားအုတ်ပျောက်လို့ ရှာဖွေနေတဲ့ အခါ ခရီးသည်ပညာရှိတစ်ဦးကိုတွေ့တယ်။

ကုန်သည်ကြီး။ ။ ကျနော်တို့ကုလားအုတ်တစ်ကောင်ပျောက်သွားတယ်။ ခင်ဗျား တွေ့သလား။

ပညာရှိ။ ။ ခင်ဗျားတို့ရဲ့ကုလားအုတ်ဟာ ညာဘက်မျက်လုံးကန်းပြီး ဘယ်ဘက် ခြေထောက်ကျိုးနေသလား။

ကုန်သည်လတ်။ ။ ဟုတ်ကဲ့။ ညာဘက်မျက်လုံးကန်းပြီး ဘယ်ဘက်ခြေထောက် ကျိုးနေပါတယ်။

ပညာရှိ။ ။ ရှေ့သွားတစ်ချောင်းကျိုးနေသလား။

ကုန်သည်ငယ်။ ။ ဟုတ်ကဲ့၊ ရှေ့သွားတစ်ချောင်းကျိုးနေပါတယ်။
ပညာရှိ။ ။ ဂျိုးတစ်ဘက်၊ ပျားရည်တစ်ဘက် ဝန်တင်ထားတယ် မဟုတ်လား။
ကုန်သည်ကြီး။ ။ ဟုတ်ပါတယ်။ ဂျိုးတစ်ဘက်၊ ပျားရည်တစ်ဘက် ဝန်တင်ထားပါ တယ်။

(အဲဒီတော့ကုန်သည်တို့ဟာ သူ့ထက်ငါဦး အလျင်စလို ပညာရှိကိုမေးတယ်။)

ကုန်သည်အားလုံး။ ။ ကုလားအုတ်ကို ခင်ဗျားဘယ်မှာ တွေ့ခဲ့သလဲ။
ပညာရှိ။ ။ ကျွန်တော်မတွေ့ပါဘူး။
ကုန်သည်လတ်။ ။ (စိတ်ဆိုးဆိုးနဲ့) ခင်ဗျားဟာ ကျွန်တော်တို့ကုလားအုတ်ကို မြင် လို့သာ သူ့အကြောင်းကို အခုလောက်ပြောတယ်။ ကုလား အုတ်ပေါ်တင်ထားတဲ့ ငွေနဲ့ကျောက်မျက်ရတနာတွေကို ခင် ဗျားယူမှာပဲ။
ပညာရှိ။ ။ ငွေနဲ့ကျောက်မျက်ရတနာတွေကိုယူဖို့မဆိုထားနဲ့၊ ကုလားအုတ်ကို တောင် မတွေ့ရဘူး။

(ကုန်သည်တို့လည်းပညာရှိရဲ့စကားကိုမယုံလို့ သူ့ကိုတရားသူကြီးတစ်ဦးဆီ ခေါ် ဆောင်သွားတယ်။)

တရားသူကြီး။ ။ ကုလားအုတ်ကိုမတွေ့ခဲ့ဘဲနဲ့၊ ညာဘက်မျက်လုံးကန်းတာကို ခင် ဗျားဘယ်လိုလုပ်သိသလဲ။
ပညာရှိ။ ။ ဘယ်ဘက်ကမြက်တွေကိုသာ စားတာကိုတွေ့ရလို့ ညာဘက်မျက်လုံး ကန်းတာကိုသိပါတယ်။
တရားသူကြီး။ ။ ဘယ်ဘက်ခြေထောက်ကျိုးတာကို ဘယ်လိုလုပ်သိသလဲ။
ပညာရှိ။ ။ ဘယ်ဘက်ခြေတစ်ချောင်းရဲ့ခြေရာဟာ တခြားခြေရာတွေထက် တိမ် တာကိုတွေ့ရလို့ သိပါတယ်။
တရားသူကြီး။ ။ ရှေ့သွားတစ်ချောင်းကျိုးတာကိုကော၊ ခင်ဗျားဘယ်လိုလုပ်သိ သလဲ။
ပညာရှိ။ ။ ကုလားအုတ်စားတဲ့မြက်တွေရဲ့အလယ်မှာ မြက်နည်းနည်းကျန်နေတာ ကိုတွေ့ရလို့ သိပါတယ်။

ကုန်သည်ငယ်။ ။ (ဖြတ်ပြီး) ဂျုံတစ်ဘက်၊ ပျားရည်တစ်ဘက် ဝန်တင်ထားတာကို ခင်ဗျားဘယ်လိုလုပ်သိသလဲ။

ပညာရှိ။ ။ လမ်းတစ်ဘက်မှာ ဂျုံစေ့တွေကိုတွေ့ရလို့၊ ကျန်တစ်ဘက်မှာ ပျားတွေ ဝိုင်းအုံနေတာကို မြင်ရလို့သိပါတယ်။ အဲဒီအပြင် ကုလားအုတ်ခြေရာ ရဲ့အနီးမှာ လူခြေရာမတွေ့ရလို့ ပျောက်နေတဲ့ ကုလားအုတ်ပဲ သိပါတယ်။

တရားသူကြီး။ ။ ခင်ဗျားဟာပညာရှိပဲ။ ရိုးသားတယ်လို့လဲကျုပ်ယုံကြည်တယ်။ အို-ကုန်သည်တို့၊ ဒီပညာရှိကို တောင်းပန်ကြ။ ပျောက်တဲ့ ကုလားအုပ်ကိုလဲသွားရှာချေ။

***** ***** *****

စကားပုံ

သူခိုးစားရိုးကမ်း

သူခိုးနှင့်မိမိလင်ယောကျ်ား သတ်ပုတ်လုံးထွေးနေခိုက် လင်ယောကျ်ားက စားတောင်းရာတွင် မိမိလင်အားစားရိုးဘက်မှ ပေးရမည့်အစား စားအသွားဘက်မှပေး၍ သူခိုးအား နှစ်သက်လိုသော စိတ်ဓာတ်ဖြင့် စားရိုးကိုပေးမိသဖြင့် မိမိလင်ယောကျ်ားဆုံးရှုံး ခဲ့ရသည်။

အကြောင်းရှိလာသောအခါ ရန်သူအား အားပေးသူကို သူခိုးစားရိုးကမ်းသည်ဟု တင်စားကြသည်။

***** ***** *****

ဝေါဟာရ

ရွာဦး (န) 村头

ဘုန်းကြီးကျောင်း (န) 寺庙

သင်ခန်းစာ (၁၁)

ရေတွင်း (န)	水井
မိန်းမကြီး (န)	年龄较大的妇女
ရေခပ် (က)	打水
မနီးမဝေး (န)	不远处
ကျောက်တုံး (န)	石头、石块
အပန်းဖြေ (က)	休息
နိုင် (က)	胜利、赢
တော် (နစ)	你（女子对自己熟悉的平辈或长辈用）
အားကျမခံ (ကဝ)	不服气地、不甘示弱
ကြွား (က)	吹牛
ရွက် (က)	顶（在头上）
ရေပုံး (န)	水桶
ဆွဲ (က)	拉、提、拽
မလှမ်းမကမ်း (န)	不远处
အတန်ငယ် (ကဝ)	稍许、一些
လိုက်ပါ (က)	跟随
နာကျင် (က)	疼痛
အခိုက် (န)	时候
သံခွေ (န)	铁环
လှိမ့် (က)	滚动
ဥသြ (န)	杜鹃
ကောက်ယူ (က)	拾、捡
ထမ်းပိုး (က)	挑、扛
သယ်ယူ (က)	搬运
လှည့် (က)	转身、转过头去

ရှင်မ (န)	老大姐
ကုလားအုတ် (န)	骆驼
တရား (န)	道理
သဲကန္တာရ (န)	沙漠
ကုန်သည် (န)	商人
စု (မ)	群
ပျောက် (က)	丢失
ရှာဖွေ (က)	寻找
ညာ (န)	右
မျက်လုံး (န)	眼睛、眼球
ကန်း (က)	瞎
ဘယ် (န)	左
ခြေထောက် (န)	腿
ကျိုး (က)	断
လတ် (နဝ)	中间，中等的
ဂျုံ (န)	小麦
ပျားရည် (န)	蜂蜜
ဝန် (န)	包袱、重物
တင် (က)	运载、装载
သူ့ထက်ငါဦး (ကဝ)	争先恐后地
အလျင်စလို (ကဝ)	迫切地、急切地
ယုံ (က)	相信
တရားသူကြီး (န)	法官
ခေါ်ဆောင် (က)	带走、带来
မြက် (န)	草
ခြေရာ (န)	脚印

တိမ် (နဝ)	浅
ကျန် (က)	剩下
ဖြတ် (က)	插（话）、打断
စေ့ (န)	种子
ဝိုင်းအုံ (က)	包围
ရိုးသား (နဝ)	诚实
တောင်းပန် (က)	请求

***** ***** *****

ရှင်းပြချက်

၁။ ။ ကာ 连词。书面语体，用于两个动词或句子之间，表示并列关系。口语体为"ပြီး"。ဥပမာ-

- သူသည်ကုလားထိုင်ပေါ်ထိုင်ကာသတင်းစာဖတ်သည်။
  他坐在椅子上看报纸。
- ကလေးများသည်လွယ်အိတ်လွယ်ကာကျောင်းမှပြန်လာကြ၏။
  孩子们背着书包从学校回来。
- လက်ခုတ်တီးကာသူ့ကိုလှမ်း၍ခေါ်သည်။
  拍手叫他。

၂။ ။ စေချင် 助动词。表示希望别人或某事怎样，相当于汉语"想要让……"、"希望……"的意思。ဥပမာ-

- ခင်ဗျားကိုပါစေချင်ပါတယ်။
  希望你能参加。
- ဆရာ့စကားကိုနားထောင်စေချင်တယ်။
  希望你能听老师的话。

3. ‖ ပါဘိ 语气助词。口语体，用于动词和形容词之后，表示 "真……"、"实在……" 的意思。ဥပမာ-

– မိုးကလဲသဲပါဘိ။
雨可真大呀！

– မိဘ၏ကျေးဇူးကားကြီးမားလှပါဘိ။
父母的恩情真深啊！

– မင်းကလဲခက်ပါဘိကွာ။
你呀，真糟糕！

4. ‖ ကား 语气助词。书面语体，用于 "သည်၊မှာ၊ကို၊၌၊တွင်၊သော်၊နှင့်" 等助词之后，表示强调。ဥပမာ-

– ယနေ့ကားသူ့အတွက်ပျော်စရာကောင်းသောနေ့တစ်နေ့ဖြစ်သည်။
今天对他来说是个愉快的日子。

– အမေသည်အပြင်သို့ထွက်၏။ အိမ်မှာကားကျွန်တော်တစ်ယောက်တည်းကျန်၏။
母亲到外面去了，家里只剩下我一个人。

– ဆရာရောက်လာပြီ။ ကျွန်တော်တို့နှင့်ကားမတွေ့ရသေးချေ။
老师已经来了，但还没同我们见面呢！

5. ‖ သော 定语助词。书面语体，有时与表示 "一个" 的数量词连用，表示泛指 "某一个" 的意思。ဥပမာ-

– တစ်ခုသောတနင်္ဂနွေနေ့
有一个星期天……

- တစ်လုံးသောစားပွဲတွင်ထိုင်ကာ
    坐在一张桌子上……
- တစ်ယောက်သောသူသည်
    有一个人……

6။ ပါ။ 句尾助词。用于动词之后，表示询问的语气，但不需要回答。ဥပမာ-
- သောတရှင်အပေါင်းတို့ကျန်းမာကြပါစရှင်။
    听众们好！
- ဟုတ်မဟုတ်ပါ။
    是真的吗？
- သူကကျနော့်ကိုသတိရပါလေစ။
    不知他还记得我吗？

7။ တည်း 语气助词。用于数量词之后，表示限于某个范围，相当于汉语"仅仅"的意思。ဥပမာ-
- တစ်ရက်တည်းအနားယူတယ်။
    只休息一天。
- သုံးနာရီတည်းနဲ့ပြီးမှာမဟုတ်ဘူး။
    只用三小时是完成不了的。
- သူတစ်ယောက်တည်းသွားတယ်။
    他一个人去的。

8။ မှာဘဲ 句尾助词。用于动词之后，实际上是由一个表示未来的助词和一个表示肯定的句尾助词结合而成，表示"一定是……"、"肯定会……"的意思。ဥပမာ-

- သူယူသွားမှာဘဲ။
  他一定会拿走的。

- အမေသိသွားယင်နင့်ကိုဆူမှာဘဲ။
  妈妈知道的话，一定会说你的。

- အခွင့်ကောင်းရှိယင်သူသွားမှာဘဲ။
  有好机会的话，他一定会去的。

၉။ ---မဆိုထားနဲ့ 习用形式。口语体，常与"တောင်၊လဲ၊ပင်"等搭配，表示"别说……"的意思。书面语体为"မဆိုထားနှင့်၊မဆိုထားဘိ"။ ဥပမာ-

- ခင်ဗျားမဆိုထားနဲ့ကျနော်တောင်တတ်ပါတယ်။
  别说你，就连我也会。

- အင်္ဂလိပ်စကားမဆိုထားနဲ့ရုရှားစကားလဲပြောတတ်ပါတယ်။
  别说是英语，连俄语都会说。

- ကိုင်တွယ်ဘို့မဆိုထားဘိ မြင်ရုံနှင့်အံချင်သွားမိသည်။
  别说拾掇，看了都想吐。

၁၀။ ---မှမ---ဘဲနဲ့ 习用形式。用于否定句或反问句中，表示第一个先决条件都不具备，怎么能有第二个结果呢？ဥပမာ-

- အခန်းထဲမှာလူမှမရှိဘဲနဲ့ဘယ်ဆူညံမလဲ။
  房间里又没人，怎么会吵呢？

- သိမှမသိဘဲနဲ့ဘယ်လိုလုပ်ပြောတတ်မလဲ။
  我又不知道，怎么说得出来呢？

- သင်မှမသင်ဖူးဘဲနဲ့ဘယ်ပြောတတ်မလဲ။
  根本没学过，怎么会说呢？

၁၁။ ။ ဘယ်လိုလုပ် 副词性词组。表示"怎么……"、"用什么办法……"的意思。ဥပမာ-
- ဒီအကြောင်းမင်းဘယ်လိုလုပ်သိရသလဲ။
  你怎么知道这件事的？
- သူတို့ဒီလောက်တောင်ဆူညံနေတာကျနော်တို့ဘယ်လိုလုပ်စာဖတ်နိုင်မလဲ။
  他们这么吵，叫我们怎么能看书！
- ခင်ဗျားတို့ဆီမှာဒါကိုဘယ်လိုလုပ်စားကြသလဲ။
  你们那儿这东西怎么个吃法？

၁၂။ ။ ချေ့ 语气助词。用于句尾，表示祈使、命令的语气，方向朝远处，与"ခဲ့"正相反。ဥပမာ-
- စာသွားကျက်ချေ့။
  复习功课去！
- အဖေ့ကိုသွားခေါ်ချေ့။
  去把爸爸叫来！
- သူ့ကိုချမ်းချမ်းသာသာနေချေတော့ဆိုပြီးလွှတ်လိုက်တယ်။
  "好好过吧！"说着就把他放了。

*****   *****   *****

လေ့ကျင့်ခန်း

၁။ ။ အောက်ပါမေးခွန်းများကိုဖြေပါ။
   ၁။ ရွာထဲကမိန်းမကြီးတွေဟာဘယ်သွားပြီးရေခပ်ကြပါသလဲ။
   ၂။ အဘိုးကြီးတစ်ယောက်ကဘယ်မှာထိုင်နေသလဲ။ ဘာလုပ်နေသလဲ။
   ၃။ မိန်းမကြီးတွေကကိုယ့်သားကိုဘယ်လိုချီးမွမ်းလိုက်ကြသလဲ။

၄။ မိန်းမကြီးသုံးယောက်လမ်းမှာနားနေကြတာကိုယ့်သားအကြောင်းပြော ချင်သေးလို့လား။
၅။ ဘာဖြစ်လို့ကလေးနှစ်ယောက်ကကိုယ့်မိခင်ဆီလာပြီးမကူညီသလဲ။
၆။ ကျွန်ကလေးတစ်ယောက်ကမိခင်အတွက်ဘာလုပ်ပေးသလဲ။
၇။ မိန်းမကြီးတွေကအဖိုးကြီးကိုဘာမေးသလဲ။
၈။ အဖိုးကြီးကဘယ်လိုဖြေလိုက်သလဲ။
၉။ ဘာဖြစ်လို့အဖိုးကြီးကသားတစ်ယောက်ကိုသာမြင်တယ်လို့ပြောသလဲ။
၁၀။ ဘယ်မိန်းမကြီးကသားသမီးဆုံးမရာမှာအတော်ဆုံးလဲ။
၁၁။ ဘာဖြစ်လို့အတော်ဆုံးလို့ဆိုနိုင်သလဲ။
၁၂။ ကိုယ့်သားသမီးကိုလူတော်ဖြစ်လာအောင်ဘယ်လိုဆုံးမသင့်သလဲ။
၁၃။ ကုန်သည်တွေကဘာကြောင့်အစမှာပညာရှိရဲ့စကားကိုမယုံကြသလဲ။
၁၄။ တရားသူကြီးကပညာရှိကိုယုံပါသလား။
၁၅။ ဒီပြဇာတ်ရဲ့ဆိုလိုရင်းအဓိပ္ပါယ်ကဘာလဲ။

၂။ ။ ကုလားအုတ်တရားဆိုတဲ့ပြဇာတ်ကလေးကိုဇာတ်ခင်းလိုက်ပါ။

၃။ ။ အောက်ပါစကားလုံးများထဲမှဆီလျော်သောစကားလုံးဖြင့်ကွက်လပ်ဖြည့်ပါ။
ထက်   မဆိုထားနဲ့   ရုံသာမက   ဘဲနဲ့
ဘယ်လိုလုပ်

၁။ ၂၀ ရာစုနှစ်ရဲ့အစပိုင်းမှာ ရုပ်မြင်သံကြားစက်------၊ ရေဒီယိုတောင် များများမရှိဘူး။
၂။ နားမလည်------နားလည်တယ်လို့မပြောနဲ့၊ ရိုးသားရမယ်။
၃။ ရောက်ဘို့------တွေးတောင်မတွေးရဲဘူး။
၄။ ဆရာမသည်ကလေးတွေကိုစာပြ------သူတို့နှင့်အတူအလည်သွား သည်။
၅။ ကျွန်တော်တို့အတန်းမှာသူဟာအသက်အကြီးဆုံးဖြစ်တယ်။ သူ------

သင်ခန်းစာ (၁၁)

အသက်ကြီးသူမရှိပါဘူး။
၆။ ညီလေးကသင်ခန်းစာကိုကျက်-------စာလည်းရေးတယ်။
၇။ မောင်ကျော်ဝင်းက မောင်ဆန်း-------အရပ်မြင့်ပေမဲ့ ပြေးတာ သူ့
လောက်မမြန်ဘူး။
၈။ ကျမကြိုတင်ပြင်မထားဘဲနဲ့-------ဟောပြောနိုင်မလဲ။
၉။ နမလေးသည်ကျွန်တော့်-------၉ နှစ်ငယ်သည်။
၁၀။ နိုင်ငံခြားကို သွားဘို့-------တခြားပြည်နယ်ကိုတောင် မရောက်ဖူး
သေးဘူး။

၄။ ။ အောက်ပါဝါကျများကိုမှန်အောင်ပြင်ပါ။
၁။ ကျနော်အအေးမိတိုင်း ကိုယ်တိုင်ဆေးထိုးပေးပါတယ်။
၂။ ကျနော်တယ်လီဖုန်းဆက်တဲ့အခါမှာ သူကကျနော့်ကိုခေါ်လာတယ်။
၃။ ကျောင်းတက်လိုက်၊အစည်းအဝေးထိုင်လိုက်နဲ့ အားမရှိဘူး။
၄။ ကျနော်တို့ရုံထမှာနေတဲ့အခါမှာမနက် ၄ နာရီကစပြီး ၁၁ နာရီအထိ
ကောက်စိုက်ကြတယ်။ ကောက်စိုက်တော့ပဲထမင်းစားတယ်။
၅။ ကျနော်တို့နိုင်ငံဟာ မြန်မာနိုင်ငံအပြင် ကမ္ဘာ့ရှိ တခြားနိုင်ငံများလဲနဲ့
သင့်သင့်မြတ်မြတ်ရှိနေကြတယ်။
၆။ ဘတ်စ်ကားအပြင် တက္ကစီလဲစီးပြီး တရိစ္ဆာန်ရုံသွားတယ်။
၇။ ၁၀ မိနစ်ထဲနဲ့ သူရေနွေးထည်လေပြီးပြီရံသာမက အခန်းလဲသန့်ရှင်း
ရေးလုပ်ပြီးပြီ။
၈။ ဟိုသူနာပြုတွေက လူနာတွေအတွက် ရေနွေးသွားထည်လိုက်၊ ဆေး
ထိုးပေးဆေးစားပေးလိုက်၊ အလုပ်သိပ်များတယ်။
၉။ ကိုယ်ကမှားပြီးတောင်းပန်ရတယ်။
၁၀။ အလုပ်လုပ်သည်ဆိုပြီးကြိယာပုဒ်ရဲ့အဓိပ္ပါယ်ကဘာလဲ။

၅။ ။ အနက်အဓိပ္ပါယ်ချင်းတူညီသောစကားလုံးများကိုမျဉ်းကြောင်းဖြင့်ဆက်ပြပါ။

မိုင်ခရိုဝေ့ဗ်မီးဖို   微波炉
အင်တာဗျူ   因特网
ဒဗလျူတီအို   世界贸易组织
အင်တာနက်   访问
အီးမေးလ်   信息技术
အိုင်တီနည်းပညာ   欧盟
အာဆီယံအဖွဲ့   全球化
ဥရောပယူနီယံ   电子邮件
ဂလိုဘယ်လိုက်ဇေးရှင်း   VCD 影碟机
                         东盟

၆။ ။ အောက်ပါစကားလုံးများဖြင့်ဝါကျဖွဲ့ပါ။
---မဆိုထားနဲ့.   ဘယ်လိုလုပ်   ထက်   က   ပါဘိ

၇။ ။ အောက်ပါဝါကျများကိုတရုတ်ဘာသာသို့ပြန်ဆိုပါ။
၁။ ဒီဝါကျသဒ္ဒါအရမှန်ဘို့မဆိုထားနဲ့,ပြည့်ပြည့်စုံစုံတောင်မရှိသေးဘူး။
၂။ ဤကိစ္စနှင့်ပတ်သက်၍မည်သူ့ကိုမျှပြောမပြစေချင်ဘူး။
၃။ စိမ်းသည်အစကတည်းကသူလျှောက်မည့်လမ်းကိုသူရွေးပြီးသားဖြစ်၏။
၄။ ယခုတော့. ကွန်ပျူတာမှာ စာသင်ခန်းတစ်ခန်းအတွက် မပါမဖြစ်ပစ္စည်း, အခိကအကျဆုံးအထောက်အကူပစ္စည်းဖြစ်နေပြီ။
၅။ အခွန်ဌာနတွင် နှစ်တစ်ဝက်လောက် အချိန်ကုန်ခဲ့ပြီး အခွန်ဆောင်ရ သည်ဒုက္ခများနှင့်ကင်းဝေးကာ ကွန်ပျူတာရှိ မောက်စကလေးကို တစ် ချက်နှိပ်လိုက်ရုံဖြင့်, အခွန်ဆောင်ပြီးဖြစ်သည် အင်တာနက်မှ အခွန် ဆောင်ခြင်းအစီအစဉ်ကို ထိုင်းနိုင်ငံတွင် စတင်တော့မည်ဟု သိရသည်။
၆။ အယ်လ်ဒီအက်စ်ဆေးရုံကြီးဟာ အမေရိကန်ပြည်ထောင်စုရှိ နည်းပညာ

ပိုင်းဆိုင်ရာ အဆင့်အမြင့်ဆုံးဆေးရုံများထဲတွင် တစ်ခုအပါအဝင်ဖြစ်
သည်။

၇။ မြန်မာပြည်တွင်းရှိ ကျော်ကြားထင်ရှားသော နေရာဒေသများနှင့် စိတ်
ဝင်စားဖွယ်ကောင်းသော နေရာသစ်များအပြင် ပြည်ပခရီးသွားခြင်းများ
ကိုပါ အတတ်ဆုံးလေ့လာရှာဖွေတင်ပြသွားရန် ရည်ရွယ်ထားပါသည်။

၈။ ဘဝမှာကြေကွဲဝမ်းနည်းရမှုတွေ။ ဆုံးရှုံးရမှုတွေဆိုတာလည်းရှောင်လွှဲလို့
မရပါ။ ကလေးတွေကို ဆုံးရှုံးမှုတွေနဲ့ရင်ဆိုင်ရဲအောင်လည်း ပျိုးထောင်
ပေးရယ်။

၉။ ကျွန်တော့်အထက်ကလူကြီးဟာ အငြိမ်းစားယူတော့မှာဆိုတော့ ဘယ်
ကိစ္စကိုမှ ပြတ်ပြတ်သားသားအဆုံးအဖြတ်မပေးတော့ပါဘူး။ သူ့နဲ့အ
လုပ်လုပ်နေရတာ ကျွန်တော်စိတ်ပျက်မိတယ်။ အလုပ်ကိုလည်းပြီး
အောင်လုပ်ရမယ်။ သူကလည်းအဟန့်အတားဖြစ်နေတယ်။ ဘယ်လို
လုပ်ရပါမလဲ။

၁၀။ အာရှတိုက်ကိုဖြတ်၍ စင်္ကာပူမှ တရုတ်နိုင်ငံကူမင်းမှတစ်ဆင့် ဘော
ကျင်းအထိ တောက်လျှောက်ခရီးပေါက်မည့် မီးရထားလမ်းကြီးမှာ
ပြီးစီးရန် ၆ နှစ်ခန့်ကြာမည်ဟုဆို၏။

၈။ ။ အောက်ပါဝါကျများကိုမြန်မာဘာသာသို့ပြန်ဆိုပါ။

（1）真想让大家听听我女儿的歌声。

（2）他这么一说，我感到非常吃惊。

（3）这次他很用功，考试一定能通过。

（4）已经下班了，快点儿回家吧！

（5）希望你能在半个小时之内完成。

（6）不希望你同这样的人在一起。

（7）我到过东南亚许多国家，却没去过欧洲。

（8）这本书很有意思，我一天就看完了。

（9）因为是学生，可以免费参观展览会。

（10）因为这是用纸做的，所以不结实。

（11）没人告诉他，他怎么会知道这件事的呢？

（12）别说是同学的话了，他连老师和家长的话都不听。

（13）我小时候家里又没有钢琴，我怎么会弹呢？

（14）有一个星期天，因为工作太多，他只睡了两个小时。

（15）我们明天要去云南，希望你能跟我们一起去。

（16）我们家乡的风景比这本杂志里的照片更好看。

（17）别说这点儿困难，就是再大的困难我也不怕。

（18）你又不了解情况，怎么能帮助他们呢？

（19）今天有点儿不舒服，所以请了一天假。

（20）著名学者到北大演讲时，同学们争先恐后地向他提问。

*****   *****   *****

အပိုဖတ်စာ

မျက်မမြင်ပုဏ္ဏားခြောက်ယောက်အကြောင်း

ရှေးရှေးတုန်းက မျက်မမြင်ပုဏ္ဏားခြောက်ယောက်ရှိသတဲ့။ တစ်နေ့မှာမျက်မမြင် ပုဏ္ဏားခြောက်ယောက်တို့ဟာ ဆင်ရဲ့ပုံသဏ္ဍာန်ကိုသိချင်လို့ ဆင်တစ်ကောင်ကိုလက်နဲ့ စမ်းသပ်ကြသတဲ့။

ပထမပုဏ္ဏားဟာ ဆင်ရဲ့ကျယ်ပြန့်တဲ့နံဘေးကိုစမ်းသပ်မိတယ်။ ဒီတော့ သူက ဆင်ဟာ အုတ်နံရံကြီးနဲ့တူပါတယ်လို့ပြောသတဲ့။

ဒုတိယပုဏ္ဏားဟာ ဆင်ရဲ့အစွယ်ကိုစမ်းသပ်မိတယ်။ ဒီအရာဟာ ချောမွတ်တယ်။

လုံးလည်းလုံးတယ်။ ချွန်တဲ့အဖျားလည်းရှိတယ်။ ဒါကြောင့် ဆင်ဟာလှံနဲ့တူတယ်လို့ ပြောသတဲ့။

တတိယပုဏ္ဏားဟာ ရှည်လျားပျော့ပျောင်းတဲ့နှာမောင်းကို ကိုင်မိတယ်။ ဆင်ဆို တာ မြွေလိုပဲကိုးလို့အော်ပြောသတဲ့။

စတုတ္ထပုဏ္ဏားဟာ ဆင်ရဲ့ခြေထောက်ကိုစမ်းမိတယ်။ ဆင်ဟာ ကျွန်းတိုင်ကြီးနဲ့တူ တယ်လို့ပြောတယ်။

ပဉ္စမပုဏ္ဏားဟာ တဖျတ်ဖျတ်ခတ်နေတဲ့ ဆင်ရဲ့နားရွက်ကို စမ်းမိတယ်။ ဒါကြောင့် ဆင်ဟာ ကျွန်းတိုင်နဲ့မတူဘူး။ ယပ်တောင်နဲ့တူတယ်ဟေ့လို့ပြောတယ်။

ဆဋ္ဌမပုဏ္ဏားက ဆင်ရဲ့အမြီးကို ဆွဲမိတယ်။ မင်းတို့အားလုံးမှားကြပြီ။ ဆင်ဟာ ကြိုးတစ်ချောင်းနဲ့ခပ်ဆင်ဆင်ပဲလို့ပြောသတဲ့။

လူတို့ဟာ ကိုယ်သိမြင်သမျှကိုသာ အမှန်လို့ မထင်မှတ်သင့်ကြဘူး။ သေသေချာ ချာမစုံစမ်းပဲဆုံးဖြတ်ချက်ချယင် မှားတတ်တယ်။ ရယ်စရာလည်းဖြစ်တတ်တယ်။

သင်ခန်းစာ (၁၂)

ပတ်စာ

မြန်မာချစ်ကြည်ရေးအဖွဲ့အားဘောကျင်း၌ဂုဏ်ပြုညစာတည်ခင်း

ပြည်ထောင်စုမြန်မာနိုင်ငံတော်မှ နိုင်ငံခြားရေးဝန်ကြီးဌာန ဒုတိယဝန်ကြီး ခေါင်းဆောင်သော ချစ်ကြည်ရေးကိုယ်စားလှယ်အဖွဲ့ကို တရုတ်ပြည်သူ့သမ္မတနိုင်ငံ နိုင်ငံခြား ရေးဝန်ကြီးဌာနဝန်ကြီးက ဘောကျင်းမြို့တွင် ယမန်နေ့ညက ဂုဏ်ပြုညစာစားပွဲဖြင့် တည် ခင်းဧည့်ခံသည်။

ပူးပေါင်းဆောင်ရွက်

နှစ်နိုင်ငံအကြား အစဉ်အဆက်တည်ရှိနေသောချစ်ကြည်မှုနှင့်ပူးပေါင်းဆောင်ရွက် မှုကို တရုတ်အစိုးရနှင့်ပြည်သူပြည်သားများက တန်ဖိုးထားကြောင်းနှင့် အဆိုပါဆက်ဆံ ရေးကို တိုးတက်စေရေးအတွက် ဆက်လက်လုပ်ဆောင်သွားမည်ဖြစ်ကြောင်း တရုတ် နိုင်ငံခြားရေးဝန်ကြီးက ညစာစားပွဲမိန့်ခွန်းတွင် ထည့်သွင်းပြောကြားသွားသည်။ မြန်မာ ကိုယ်စားလှယ်အဖွဲ့ တရုတ်ပြည်သို့လာရောက်လည်ပတ်ခြင်းသည် ထိုကဲ့သို့သောဆက် ဆံရေးဖွံ့ဖြိုးတိုးတက်မှုကို အထောက်အကူပြုလိမ့်မည်ဟု ခံယူကြောင်း ၎င်းကပြောကြား သည်။

ဆွေမျိုးပေါက်ဖော်

မြန်မာကိုယ်စားလှယ်အဖွဲ့ခေါင်းဆောင်က ပြန်လည်ပြောကြားရာတွင် အမြော် အမြင်ကြီးမားသော မိမိတို့နှစ်နိုင်ငံခေါင်းဆောင်ကြီးများ၏ကျေးဇူးကြောင့် ဆွေမျိုးပေါက် ဖော်ပမာ ဆက်ဆံရေးအစဉ်အလာနှင့်အညီ ယခုအခါ မိမိတို့သည် မိတ်ဆွေများအဖြစ် အခိုင်အမာတည်ရှိနေကြကြောင်း၊ ထိုကဲ့သို့ဆက်ဆံမှုများ ဆက်လက်တည်တံ့ရေးနှင့်

သင်ခန်းစာ (၁၂)

ဖွံ့ဖြိုးတိုးတက်စေရေးအတွက် မြန်မာအစိုးရနှင့် ပြည်သူများက ကြိုးပမ်းသွားမည်ဖြစ်ကြောင်းဖြင့် ဆက်လက်ပြောကြားသည်။

အဆိုပါ ညစာစားပွဲသို့ ဒုတိယနိုင်ငံခြားရေးဝန်ကြီး၊ လက်ထောက်နိုင်ငံခြားရေးဝန်ကြီးနှင့် တရုတ်ပြည်သူ့သမ္မတနိုင်ငံဆိုင်ရာမြန်မာသံအမတ်ကြီးတို့လည်းတက်ရောက်ကြသည်။

ဗုဒ္ဓဟူးနေ့က ပီးကင်းသို့ဆိုက်ရောက်လာသော မြန်မာကိုယ်စားလှယ်အဖွဲ့သည် ယမန်နေ့က တရုတ်ခေါင်းဆောင်နှင့်တွေ့ဆုံကာ နှစ်နိုင်ငံဆိုင်ရာကိစ္စရပ်များကို ဆွေးနွေးခဲ့သည်။

***** ***** *****

စကားပြော

မြန်မာပြည်ကိုသွားခြင်း

က။ ကျောင်းသား
ခ။ ကိုကျော်

ကား ။ ဟလို၊ ဘယ်သူပါလဲခင်ဗျား။ သြော်–ကိုကျော်လား။ နေကောင်းရဲ့နော်။
ခ။ ။ နေကောင်းပါတယ်။ ခင်ဗျားမလာတာကြာပြီ။ ဘာအလုပ်များနေတာလဲ။

က။ ။ များဆိုဒီလိုပါ။ ခုတလော မြန်မာချစ်ကြည်ရေးအဖွဲ့က ဘောကျင်းရောက်နေ
ပြီမဟုတ်လား။
ခ။ ။ ဟုတ်တယ်။ အဲဒါနဲ့ဘာဆိုင်လို့လဲ။
က။ ။ ဆိုင်ပြီလားဗျာ။
ခ။ ။ ခင်ဗျားစကားပြန်သွားလုပ်နေလို့လား။
က။ ။ ဒါပေါ့။
ခ။ ။ ဩော်-ဒီလိုကိုး။ က-ဆိုစမ်းပါအုံး။
က။ ။ ခင်ဗျားလဲသိတဲ့အတိုင်းဘဲ။ တရုတ်မြန်မာနှစ်နိုင်ငံပြည်သူပြည်သားများ
ဟာ ဆွေမျိုးပေါက်ဖော်လိုချစ်ခင်ရင်းနှီးကြတယ်။
ခ။ ။ သိတာပေါ့။ ဒီချစ်ကြည်ရေးဟာ ရေးပဝေသဏီကတည်းက တည်ရှိလာတာ
မို့ သူမတူအောင်ခိုင်မာတယ်။
က။ ။ မှန်ပါတယ်။ နှစ်နိုင်ငံခေါင်းဆောင်များအပြန်အလှန်လည်ပတ်ကြည့်ရှုခြင်း
အားဖြင့် နှစ်နိုင်ငံပြည်သူများပိုမိုနားလည်မှုရှိလာကြလိမ့်မယ်။
ခ။ ။ နိုင်ငံတော်ထူထောင်ရေးမှာဘဲဖြစ်ဖြစ်၊ နိုင်ငံတကာ့ရေးရာမှာဘဲဖြစ်ဖြစ်၊ ပူး
ပေါင်းဆောင်ရွက်လာကြလို့လဲ ဒီချစ်ကြည်ရေးဟာ ပိုပြီးခိုင်မာတည်တံ့လာ
တယ်၊ ပိုပြီးတိုးတက်လာတယ်။
က။ ။ ဟုတ်ပါတယ်။ အခုကျနော်ဖုန်းဆက်နေရတဲ့အကြောင်းရင်းကတော့ ရဲ
ဘော်စိန်အကြောင်းကိုသိချင်လို့ပါ။
ခ။ ။ ဩော်-ဟုတ်သားဘဲ။ သူ့အကြောင်းကျနော်လဲပြောပြမလို့ဘဲ။
က။ ။ သူမြန်မာပြည်ကိုသွားပြီလို့ကြားတယ်။ ဟုတ်ရဲ့လား။
ခ။ ။ ဟုတ်ပါတယ်။ တရုတ်မြန်မာနှစ်နိုင်ငံပူးပေါင်းဆောင်ရွက်မှုသဘောတူစာ
ချုပ်အရ တရုတ်ချေးငွေနဲ့ဗမာပြည်မှာ သကြားစက်တစ်လုံး ဆောက်ပေး
မယ်။
က။ ။ ဒီတော့ သူကပါရှုအဖွဲ့နဲ့ လိုက်သွားတာပေါ့။ ဟုတ်လား။
ခ။ ။ ဟုတ်တယ်။ မသွားခင် သူကပြောသေးတယ်။ ကျနော်တို့ဗမာစာသင်တာမ
ကြသေးဘူး။ နံနံပါးဘဲ တတ်သေးတယ်။ အလုပ်ကောင်းကောင်း

သင်ခန်းစာ (၁၂)   201

ဆောင်ရွက်နိုင်မယ်မထင်ဘူးတဲ့။

က။ ။ ဟုတ်တာပေါ့။ ဒါပေမဲ့ဟိုရောက်တော့ အလုပ်လုပ်ယင်းနဲ့သင်နိုင်သေးတာ
ဘဲ။

ခ။ ။ သူလဲအဲဒီလိုပြောပါတယ်။ နောက်ပြီးတော့ သူ့အကြောင်းခင်ဗျားကိုပြော
ပြလိုက်ပါလို့လဲ မှာသွားသေးတယ်။

က။ ။ ဩော်–ကျေးဇူးဘဲ။ ကဲ–ပြောချင်တာကတော့ တပုဒ်ခေါင်းကြီးဘဲဗျို့။
ဒါပေမဲ့ ကျနော့်အနားမှာဖုန်းဆက်ချင်တဲ့လူတွေစောင့်နေလို့ သူတို့ကို
အားနာပါတယ်။ နောက်မှဆက်ပြောမယ်နော်။

ခ။ ။ ဒါဖြင့်၊ ဒီတနင်္ဂနွေနေ့အားယင် ကျနော့်ဆီလာခဲ့ပါ။ အားရပါးရစကားပြော
ရအောင်လေ။

က။ ။ ဟုတ်ခဲ့၊ လာခဲ့ပါမယ်။

*****   *****   *****

စကားပုံ

မီးလောင်ရာလေပင့်

မီးလောင်ရာမှာ လေကူပင့်တိုက်ခတ်ပေးသလို အခြေအနေကိုပိုဆိုးလာအောင်
ဝင်ပြီးပြောဆိုပြုမူတာကို ဖော်ပြတဲ့စကားပုံ။

*****   *****   *****

ဝေါဟာရ

 ဂုဏ်ပြုညစာစားပွဲ (န)   晚宴
 တည်ခင်း (က)   摆办、举办（宴会）
 တည်ခင်းညှို့ခံ (က)   款待、招待
 နိုင်ငံခြားရေး (န)   外交

ဝန်ကြီးဌာန (န)	部
ဝန်ကြီး (န)	部长
ဒုတိယဝန်ကြီး (န)	副部长
ကိုယ်စားလှယ် (န)	代表
ယမန်နေ့ (န)	昨天
အကြား (န)	中间
အစဉ်အဆက် (န)	代代、世代
တည်ရှိ (က)	存在
တန်ဖိုးထား (က)	珍视
အဆိုပါ (န)	上述的
မိန့်ခွန်း (န)	演讲、讲话
ထည့်သွင်း (က)	放入、加入
ပြောကြား (က)	说、讲
ဖွံ့ဖြိုး (က)	发展
အထောက်အကူပြု (စ)	有助于……
ပြန်လည် (ကဝ)	重新、反过来
ခံယူ (က)	认为、接受
အမြော်အမြင် (န)	远见、见识
အမြော်အမြင်ကြီးမား (စ)	有远见卓识的、高瞻远瞩的
အစဉ်အလာ (န)	传统、习惯
အခိုင်အမာ (ကဝ)	牢固地
လက်ထောက် (န)	助理、助手
သံအမတ်ကြီး (န)	大使
တက်ရောက် (က)	出席
ဆိုက်ရောက် (က)	抵达

ကိစ္စရပ် (န)	事务
ခုတလော (န)	最近
ဆိုင် (က)	相关
စကားပြန် (န)	翻译
ရှေးပဝေသဏီ (န)	从前、古时、远古时
ခိုင်မာ (နဝ)	牢固
အပြန်အလှန် (ကဝ)	相互
ပူးပေါင်း (က)	联合
ဆောင်ရွက် (က)	执行、干
ပူးပေါင်းဆောင်ရွက် (က)	合作
တည်တံ့ (က)	巩固
အကြောင်းရင်း (န)	原因
သဘောတူစာချုပ် (န)	协定、条约
ချေးငွေ (န)	贷款
သကြားစက် (န)	糖厂
ပါရဂူ (န)	专家
တပုံတခေါင်းကြီး (န)	一大堆
အားရပါးရ (ကဝ)	尽情地、尽兴地

***** ***** *****

ရှင်းပြချက်

၁။ ။ အား:宾语助词。用于名词、代词之后，表示句子中的间接宾语，常与直接宾语助词"ကို"在一个句子中出现，组成双宾语。多用于书面语体中，在口语中，"အား:"由"ကို"替代，而直接宾语助词"ကို"可省略。ဥပမာ-

- မြန်မာညည်သည်တော်များအား ဂုဏ်ပြုညစားပွဲဖြင့် တည်ခင်းညှော်
သည်။ 设宴款待缅甸贵宾。
- မောင်ဘသည်ဆရာအားစာအုပ်တစ်အုပ်ပေး၏။
貌巴给了老师一本书。
- မောင်ဘကသူ့အမေအားဆရာ့အကြောင်းကိုပြော၏။
貌巴向他妈妈讲老师的情况。
- ဆရာကကျောင်းသားကိုစာအုပ်ပေးလိုက်တယ်။
老师把书给了学生。
- ဆရာကကျောင်းသားများကိုဗမာစာသင်ပေးနေပါတယ်။
老师正在教学生缅文。

၂။ ---ကြောင်း： 结构助词。一般用在宾语成分后，表示报道或讲话的内容。也可与"ဖြင့်"连用，作句子中的状语，或是在句尾作句尾助词。ဥပမာ-

- ဤဆွေးနွေးပွဲကိုတရုတ်ပြည်ကကြိုဆိုကြောင်းကြားသိရသည်။
据悉中国对此次会谈表示欢迎。
- ဝန်ကြီးချုပ်သည်အာရှနိုင်ငံ (၇) နိုင်ငံသို့လှည့်လည်ရန် ထွက်ခွာသွားပြီဖြစ်ကြောင်းသိရှိရပါသည်။
据悉总理已前往亚洲七国访问。
- တရုတ်နှင့်မြန်မာတို့၏ စီးပွားရေးပူးပေါင်းဆောင်ရွက်မှုမှာ ကျေနပ်စရာကောင်းကြောင်းဖြင့် တရုတ်ခေါင်းဆောင်တစ်ဦးက ယနေ့ပြောသည်။
中国一位领导人今天说对中缅两国的经济合作感到满意。

၃။ ။ ပမာ 状语助词。书面语体，用于名词之后，表示"好像……"、"犹如……"的意思，在动词之后则用"သည်ပမာ"。口语体为"လို"。ဥပမာ-

- သူတို့နှင့်ဆွေမျိုးပေါက်ဖော်ပမာဆက်ဆံသည်။
 与他们像亲人一样交往。
- သူတို့သည်ညီရင်းအစ်ကိုပမာချစ်ခင်ကြသည်။
 他们亲如兄弟。
- အရှေ့ကနေဝန်းထွက်သည်ပမာထွန်းလင်းတောက်ပနေသည်။
 像东方升起的太阳一样灿烂夺目。

၄။ ။ နှင့်အညီ 连词。书面语体，用于名词、名词性词组和句子之后，表示"按照……"、"与……相一致"、"依照……"的意思。口语体为"နဲ့အညီ"。在动词之后则用"သည်နှင့်အညီ"，口语体为"တာနဲ့အညီ"。ဥပမာ-

- ဥပဒေနှင့်အညီဖြေရှင်းဆောင်ရွက်ရမည်။
 必须依法办事。
- ရာသီဥတုနှင့်အညီထွန်ယက်စိုက်ပျိုးကြရမည်။
 必须按季节耕种。
- စီးပွားရေးတိုးတက်ဖွံ့ဖြိုးလာသည်နှင့်အညီ ပြည်သူလူထု၏ နေထိုင်စားသောက်မှုအဆင့်အတန်းလည်းမြင့်လာပါသည်။
 随着经济的发展，人民的生活水平也提高了。

၅။ ။ ဆိုင်ရာ 有两个意思：

၁၊ 有关的：

- ဆိုင်ရာဌာန
 有关部门

- နှစ်နိုင်ငံဆိုင်ရာကိစ္စရပ်များ
  两国相关事宜

၂။ 驻：

- မြန်မာပြည်ဆိုင်ရာတရုတ်သံအမတ်ကြီး
  中国驻缅甸大使
- တရုတ်ပြည်ဆိုင်ရာမြန်မာသံရုံး
  缅甸驻中国大使馆

၆။ 复句分析。复句是由两个或两个以上的单句结合而成。
缅甸语句子的特点是谓语动词在最后出现，所以要熟悉句子的结构，找出句子的主要成分，再确定修饰的成分，将句子一层层地分析清楚。可以用紧缩的办法将复句的组成部分和分句的结构部分找出来。ဥပမာ-

- နှစ်နိုင်ငံအကြား အစဉ်အဆက်တည်ရှိနေသော ချစ်ကြည်မှုနှင့်ပူးပေါင်းဆောင်ရွက်မှုကို တရုတ်အစိုးရနှင့်ပြည်သူပြည်သားများကတန်ဖိုးထားကြောင်းနှင့် အဆိုပါဆက်ဆံရေးတိုးတက်စေရေးအတွက် ဆက်လက်လုပ်ဆောင်သွားမည်ဖြစ်ကြောင်း တရုတ်နိုင်ငံခြားရေးဝန်ကြီးက ညစာစားပွဲမိန့်ခွန်းတွင် ထည့်သွင်းပြောကြားသွားသည်။

全句的主语为：တရုတ်နိုင်ငံခြားရေးဝန်ကြီး
主要谓语动词为：ပြောကြား
宾语为两个并列句，用 နှင့် 连接。
第一分句的主语为：တရုတ်အစိုးရနှင့်ပြည်သူပြည်သားများက
主要谓语动词为：တန်ဖိုးထား
宾语为两个并列的动名词：ချစ်ကြည်မှုနှင့်ပူးပေါင်းဆောင်ရွက်မှု
其余部分为定语。
第二分句的主语省略。

主要谓语动词为：လုပ်ဆောင်
目的状语为：အဆိုပါဆက်ဆံရေးတိုးတက်စေရေးအတွက်
状语部分是一个动宾结构的词组。
整个句子的结构形式为：

<u>宾　　　　主　　　　谓</u>　　　}（宾）　主　　　谓。
<u>主（省略）　状　　　谓</u>

两个并列的分句作整个复句的宾语成分。

၇။ ။ ဆိုင်ပြီလားဗျ။ 习用形式。意为"这可是大有关系呐！"。表示强烈的肯定语气。

၈။ ။ ကိုး 语气助词。用于名词、代词、词组和句子之后，表示惊讶、恍然大悟的意思。动词之后则用"သကိုး"。ဥပမာ-
　　- ဩော်-ဒီလိုကိုး။
　　　噢，原来如此！
　　- ခင်ဗျားပြုစုတဲ့စာအုပ်ထွက်ပြီကိုး။
　　　原来你编写的书已经出版啦！
　　- မင်းလဲဒီမှာရှိနေသကိုး။
　　　原来你也在这里呀！

၉။ ။ မို့ 连词。用于名词、词组和句子之后，表示强调原因。ဥပမာ-
　　- ကျောင်းပိတ်ခါစမို့တချို့ကျောင်းသားအိမ်မပြန်သေးချေ။
　　　因为刚放假，一些学生还没有回家。
　　- နက်ဖြန်ကျနော်ရုံးတက်ရအုံးမှာမို့သွားတော့မယ်။
　　　因为明天我要上班，所以得走了。

- ဆရာရှင်းပြမှာမို့အခုမဖတ်တော့ဘူး။

因为老师会解释的，所以现在就不看了。

၁၀။ ။ သူမတူအောင် 习用形式。意为"非同寻常地"。ဥပမာ-

- ဒီမြို့ကလူတွေအင်မတန်စိတ်သဘောကောင်းကြပါတယ်ဗျာ၊ ရိုးသားတယ်၊ အလုပ်ကြိုးစားတယ်၊ သူမတူအောင်လဲရက်ရောကြပါတယ်။

这个城市的人心地善良、诚实、勤奋，也非常慷慨。

၁၁။ ။ ခြင်းအားဖြင့် 习用形式。用于动词之后，表示通过某一动作结果如何，相当于汉语"通过……"、"由于……而……"的意思。ဥပမာ-

- အပြန်အလှန်လည်ပတ်ကြည့်ရှုခြင်းအားဖြင့် နှစ်နိုင်ငံပြည်သူပြည်သားချင်း ပိုပြီးနားလည်လာလိမ့်မယ်။

通过互访，将增进两国人民之间的相互了解。

- ဤစာအုပ်ဖတ်ရခြင်းအားဖြင့် ဗဟုသုတအများကြီးရရှိပါသည်။

通过阅读这本书，获得了很多知识。

- အဲဒီကိစ္စနဲ့ပတ်သက်လို့ဆွေးနွေးခြင်းအားဖြင့် ပိုရှင်းသွားတယ်။

通过讨论，这个问题更加清楚了。

၁၂။ ။ ---ဖြစ်ဖြစ်---ဖြစ်ဖြစ် 连词。口语体，用于名词、词组或句子之后，表示"无论……还是……"的意思。书面语体为"---ဖြစ်စေ---ဖြစ်စေ"。ဥပမာ-

- ခဲတံနဲ့ဖြစ်ဖြစ်၊ ဖောင်တိန်နဲ့ဖြစ်ဖြစ် ရေးနိုင်ပါတယ်။

用铅笔、钢笔写都行。

- ဆင်းရဲတဲ့နိုင်ငံမှာပဲဖြစ်ဖြစ်၊ ချမ်းသာတဲ့နိုင်ငံမှာပဲဖြစ်ဖြစ်၊ သဘာဝပတ်ဝန်းကျင်ထိန်းသိမ်းဖို့က အရေးကြီးပါတယ်။

သင်ခန်းစာ (၁၂)

无论是穷国还是富国，保护环境都是十分重要的。

- သွားသည်ဖြစ်စေ၊ မသွားသည်ဖြစ်စေ အကြောင်းကိုမူ ပြန်လည်ပြော ကြားရပါသည်။

无论去不去，都应回个话。

- စာသင်ခန်းထဲမှာပဲဖြစ်ဖြစ်၊ စာကြည့်တိုက်မှာပဲဖြစ်ဖြစ် ဆေးလိပ်မ သောက်ရဘူး။

无论在教室还是在图书馆都不许抽烟。

၁၃။ ။ ဟုတ်သားဘဲ။ 对呀！表示恍然大悟时的习惯用语。

၁၄။ ။ ---မလို့ဘဲ။ 习用形式。用于动词之后，表示"正打算……"、"正准备……"的意思。ဥပမာ-

- ကျမအပြင်ထွက်မလို့ဘဲ။   我正准备出门。
- မေမေ့ဆီဖုန်းဆက်မလို့ဘဲ။   正打算给妈妈打电话。
- ဒီသတင်းကောင်းသူ့ကိုပြောပြမလို့ဘဲ။ 正准备告诉他这个好消息。

***** ***** *****

လေ့ကျင့်ခန်း

၁။ ။ အောက်ပါမေးခွန်းများကိုဖြေပါ။

၁၊ ပြီးခဲ့တဲ့နှစ် ဇူလိုင်လက မြန်မာကိုယ်စားလှယ်အဖွဲ့တစ်ဖွဲ့ဟာ တရုတ် ပြည်လာရောက်လည်ပတ်ခဲ့တယ်ဆို။

၂၊ ဒီကိုယ်စားလှယ်အဖွဲ့ဟာဘာအဖွဲ့လဲ။ ပညာရေးအဖွဲ့လား၊ သတင်းစာ ဆရာများအဖွဲ့လား။

၃၊ မြန်မာချစ်ကြည်ရေးကိုယ်စားလှယ်အဖွဲ့ကိုဘယ်သူခေါင်းဆောင်သလဲ။

၄။ မြန်မာကိုယ်စားလှယ်အဖွဲ့ကိုဘေကျင်းမြို့မှာဘယ်သူကဂုဏ်ပြုညစာ စားပွဲနဲ့ညည်ခဲ့သလဲ။

၅။ အဲဒီဂုဏ်ပြုညစာစားပွဲမှာတရုတ်နိုင်ငံခြားရေးဝန်ကြီးကဘာတွေပြောခဲ့သလဲ။

၆။ မြန်မာကိုယ်စားလှယ်အဖွဲ့ခေါင်းဆောင်ပြန်လည်ပြောကြားရာမှာ ဘာ တွေပြောခဲ့သလဲ။

၇။ ညစာစားပွဲကိုတရုတ်ဘက်ကတရုတ်နိုင်ငံခြားရေးဝန်ကြီးအပြင်ဘယ်သူ တွေပါသေးသလဲ။

၈။ မြန်မာဘက်ကကော။ ဘယ်သူတွေပါသေးသလဲ။

၉။ နှစ်နိုင်ငံဆိုင်ရာကိစ္စရပ်များနဲ့ပတ်သက်လို့ မြန်မာကိုယ်စားလှယ်အဖွဲ့က ဘယ်သူနဲ့တွေ့ဆုံဆွေးနွေးခဲ့သလဲ။

၁၀။ အဲဒီနှစ်မှာမြန်မာပြည်ကဘယ်ကိုယ်စားလှယ်အဖွဲ့က တရုတ်ပြည်ကို လာရောက်လည်ပတ်ခဲ့သေးသလဲ။

၁၁။ တရုတ်မြန်မာနှစ်နိုင်ငံတို့ဟာဘယ်လိုဆက်ဆံခဲ့ကြသလဲ။

၁၂။ တရုတ်မြန်မာနှစ်နိုင်ငံတို့ဟာဘယ်လိုပူးပေါင်းဆောင်ရွက်ခဲ့ကြသလဲ။

၁၃။ တရုတ်မြန်မာနှစ်နိုင်ငံအကြားတည်ရှိနေတဲ့ချစ်ကြည်မှုပိုမိုတိုးတက် လာစေဘို့ဘာတွေလုပ်ခဲ့ကြသလဲ။

၁၄။ နှစ်နိုင်ငံချစ်ကြည်ရေးအဖွဲ့အချင်းချင်းလည်ပတ်ကြည့်ရှုတာဘာအ ကျိုးရှိသလဲ။

၁၅။ ဆွေးမျိုးပေါက်ဖော်ဆိုတာဘာအဓိပ္ပါယ်လဲ။

၁၆။ ချစ်ကြည်ရေးကိုယ်စားလှယ်အဖွဲ့မှာအဖွဲ့ဝင်ဘယ်နှစ်ဦးပါသလဲ။

၁၇။ ကိုယ်စားလှယ်အဖွဲ့ကိုဘယ်လိုညည်ခဲ့သလဲ။

၁၈။ နှစ်နိုင်ငံဆွေးမျိုးပေါက်ဖော်ပမာဆက်ဆံမှုအပေါ် ကျနော်တို့က ဘယ် လိုသဘောထားသလဲ။

၁၉။ ကျနော်တို့နှစ်နိုင်ငံပြည်သူပြည်သားများ ချစ်ကြည်ရေးအစဉ်အလာရှိ တယ်လို့ပြောတယ်။ ခင်ဗျားသက်သေသာဓကပြနိုင်ပါသလား။

၂၀။ တရုတ်မြန်မာနှစ်နိုင်ငံချစ်ကြည်ရေး ပိုမိုတိုးတက်လာစေရေးအတွက်
ကျနော်တို့ဘာတွေလုပ်ခဲ့ကြပါသလဲ။

၂။ အောက်ပါစကားပြောများကိုမြန်မာဘာသာသို့ပြန်ဆိုပါ။
你学缅甸语几年了？
还不到一年呢！
这怎么可能呢？你说得这么流利。
我只会些简单的会话。

听说下个月缅甸教育代表团将访华。
是啊。我们班的觉敏同学要去做翻译呢。
是吗？他都能做翻译啦！
他是我们班功课最好的，又在缅甸留学了一年。
真羡慕他呀！

၃။ အနက်အဓိပ္ပါယ်ချင်းတူညီသောစကားလုံးများကိုမျဉ်းကြောင်းဖြင့်ဆက်ပါ။
အယ်ဒီတာချုပ်   计算机
အိုင်အမ်အက်ဖ   股票
ကွန်ပျူတာ   总编
စတော့ရှယ်ယာ   病毒
ဝိုင်ယာလက်စ်အင်တာနက်   啤酒
ရောင်စုံလေဆာပရင်တာ   国际货币基金组织
ဗိုင်းရပ်စ်   移动互联网
နျူကလီယားလက်နက်   护照
ဘီယာ   核武器
ပတ်စ်ပို့   彩色激光打印机

၄။ ။ အောက်ပါစကားလုံးများထဲမှဆီလျော်သောစကားလုံးဖြင့်ကွက်လပ်ဖြည့်ပါ။
ကြောင့်   ကြောင်း   ဆိုင်ရာ   နှင့်အညီ   အား   ပမာ

၁။ ၁၉၄၈ ခုနှစ်ဇန်နဝါရီလ ၄ ရက်နေ့တွင်မြန်မာနိုင်ငံသည်လုံးဝလွတ်လပ် သောနိုင်ငံဖြစ်------ကမ္ဘာသို့ကြေညာလိုက်သည်။

၂။ ပြည်သူလူထုတစ်ရပ်လုံး၏ လွတ်လပ်ရေးရလိုသော ပြင်းပြသည်ဆန္ဒ နှင့်ညီညွတ်မှုအင်အားတို့------ဗြိတိသျှအစိုးရသည် မြန်မာနိုင်ငံအား လုံးဝလွတ်လပ်ရေးပေးရလေတော့သည်။

၃။ ဒေါ်တင်သည်ဒေါ်ခင်------အထည်ပြသည်။

၄။ လွတ်မြောက်ရေးတပ်မတော်သားများသည် အမိနိုင်ငံတော်ကို ကိုယ်အ သက်------ကာကွယ်စောင့်ရှောက်ကြ၏။

၅။ ရာသီဥတု------မစိုက်ပျိုးလျှင် သီးထွက်ကောင်းလိမ့်မည်မဟုတ်။

၆။ မြန်မာပြည်------တရုတ်သံရုံး၌ အလုပ်လုပ်နေသူများထဲတွင် ကျွန် တော်တို့ဌာနမှ အောင်သွားသည်ကျောင်းသား ၄-၅-၆ ယောက်ပင်ရှိ သည်။

၇။ စာသင်ကြားပို့ချရေး------ကိစ္စရပ်များကို နက်ဖြန်ကျွန်တော်တို့တိုင် ပင်ဆွေးနွေးမည်။

၈။ ကျောင်းသားဦးရေတိုးလာသည်------စာသင်ကြားပြမည်ဆရာ များကိုလည်း ပိုမိုခန့်ထားရန်လိုပေသည်။

၉။ သူသည်အပြည်ပြည်------ကိစ္စရပ်များကို အလွန်စိတ်ဝင်စားသည်။

၁၀။ ဒီကုလားထိုင်ဟာ ကျနော်------ပျက်သွားတာပါ။

၅။ ။ အောက်ပါဝါကျများကိုမှန်အောင်ပြင်ပါ။

၁။ သူသည်ဆွေးနွေးပွဲတက်ရောက်သောည်သည်များနှင့် အသီးသီးကျေး ရွာမှလယ်သမားများအားလက်တွေ့ပြသကြ၏။

၂။ ရဲဘော်ဝမ်းသည်သူ့သားသမီးများကိုကလေးကစားစရာအားပေးသည်။

၃။ ဂုဏ်ပြုညစာစားပွဲအားဒုတိယနိုင်ငံခြားရေးဝန်ကြီးလည်းတက်ရောက်

သည်။

၄။ မေမြို့သည် တောင်အဆင့်ဆင့်ပေါ်တွင်တည်ထားကြောင့် တောင်လေ ခါးမြို့ဟူ၍လည်း တင်စားခေါ်လေ့ရှိသည်။

၅။ အမေသောကြောင့်ကျွန်တော်ကျောင်းတက်နောက်ကျသည်။

၆။ မောင်ဘသည်ဦးမြအားအဖေအရင်းသကဲ့သို့လေးစား၏။

၇။ ကျွန်တော်တို့မြို့မှာဒီသတင်းမျိုးဟာတောမီးသကဲ့သို့ပျံ့နှံ့လွယ်ပါတယ်။

၈။ ဒုနိုင်ငံခြားရေးဝန်ကြီးနှစ်ဦးတွေ့ဆုံဆွေးနွေးရာက နှစ်နိုင်ငံဆိုင်ရာကိစ္စ ရပ်များနဲ့ပတ်သက်လို့ အမြင်ချင်းဖလှယ်ခဲ့ကြတယ်။

၉။ နိုင်ငံတော်ချမှတ်ထားသောစည်းကမ်းများကြောင့်ကျင့်ကြသည်။

၁၀။ နက်ဖြန်ကျောင်းတက်စရာရှိမို့စောစောအိပ်ရာဝင်တယ်။

၆။ ။ အောက်ပါစကားလုံးများဖြင့်ဝါကျဖွဲ့ပါ။

ခြင်းအားဖြင့် ---ဖြစ်ဖြစ်---ဖြစ်ဖြစ် မို့ နဲ့အညီ ကို

၇။ ။ အောက်ပါဝါကျများကိုတရုတ်ဘာသာသို့ပြန်ဆိုပါ။

၁။ တနင်္ဂနွေနေ့၏ညနေပိုင်းဖြစ်သည်နှင့်အညီ ကျုံးရှန်းပန်းခြံတဝိုက်မှာ ခါ တိုင်းနေ့များထက်ပင် လူစည်ကားလျက်ရှိသည်။

၂။ ဒုနိုင်ငံခြားရေးဝန်ကြီးနှစ်ဦး ချစ်ကြည်ရင်းနှီးစွာတွေ့ဆုံဆွေးနွေးခြင်း အားဖြင့် နှစ်နိုင်ငံအကြားတည်ရှိနေသောချစ်ကြည်မှုနှင့်ပူးပေါင်းဆောင် ရွက်မှုအတွက် အများကြီးအထောက်အကူဖြစ်လိမ့်မည်ဟုကျွန်တော် ယုံကြည်ပါသည်။

၃။ ပြည်ထောင်စုမြန်မာနိုင်ငံတော်သမတကြီးနှင့်အဖွဲ့သည် ထိုင်းနိုင်ငံ၏ ခေါင်းဆောင်တစ်ဦးနှင့်အတူ စက်ရုံသို့သွားရောက်လေ့လာကြသည်။

၄။ ဂုဏ်ပြုနေ့လယ်စားပွဲပြီး လျှင်နိုင်ငံတော်သမတကြီးနှင့်အဖွဲ့သည် ထိုင်းနိုင်ငံနိုင်ငံခြားရေးဝန်ကြီးလိုက်ပါလျှက် မီကျောင်းကန်သို့ ထွက်ခွာ သွားကြသည်။

၅။ ကျားကြီးသည် တဲအတွင်း၌ အဖွားအိုမရှိကြောင်း သိသောအခါ အဖွားအိုဟန်ဆောင်လျက်သမီးတို့ရေ၊ အမေပြန်လာပြီ၊ တံခါးဖွင့်ကြပါဦးဟုပြောလိုက်သည်။

၆။ အနော်ရထာမင်းကြီးသည် ပုဂံသာမက ရောက်လေရာအရပ်တိုင်းတွင် ဘုရားများတည်ထားခဲ့၏။

၇။ အဲဒီအခါမှာ ဗိုလ်ချုပ်အောင်ဆန်းက ကျွန်တော်ဟာ ခင်ဗျားတို့အင်္ဂလိပ်လူမျိုးတွေကို မမုန်းပါဘူး။ ဒါပေမယ့် အင်္ဂလိပ်ဖြစ်ဖြစ်၊ ဂျပန်ဖြစ်ဖြစ်၊ ဘယ်နိုင်ငံခြားသားပဲဖြစ်ဖြစ်၊ ကျွန်တော်တို့တိုင်းပြည်ကို သခင်လုပ်ပြီး လာအုပ်ချုပ်နေတာကိုတော့ အလိုမရှိဘူးလို့ ယဉ်ယဉ်ကျေးကျေးပြန်ပြောလိုက်တယ်။

၈။ သူတစ်ပါး၏အပြောအဆို၊ အသုံးအနှုန်း၊ အမူအရာဟန်ပန်နှင့် စင်ပေါ်စင်အောက်ဆက်ဆံရေးဆိုင်ရာထူးခြားကောင်းမွန်သောအချက်ကလေးများကို မှတ်သားပါ။ အတုယူပါ။ သို့သော် ထပ်တူကား ကူးမချပါနှင့်။

၉။ နှစ်စဉ် သမီးမွေးနေ့ရောက်တိုင်း ပြီးခဲ့သည့်တစ်နှစ်တာအတွက် စာတစ်စောင် သမီးထံ ကျွန်တော်ရေးသည်။ သည်အထဲမှာ တစ်နှစ်အတွင်း ဖြစ်ပျက်ခဲ့သည့် သမီးနှင့်စပ်လျဉ်းသော ထူးထူးခြားခြားဖြစ်ရပ်လေးတွေ၊ အခက်အခဲတွေ၊ ပျော်စရာတွေ၊ ကျွန်တော့်ဘဝအတွက်အရေးကြီးသောကိစ္စတွေ၊ သမီးဘဝအတွက်အရေးကြီးသောကိစ္စတွေ၊ အရေးကြီးသောကမ္ဘာ့ဖြစ်ရပ်တွေ၊ အနာဂတ်နှင့်ပတ်သက်သည့်ကျွန် တော်မှန်းဆချက်တွေ၊ အထွေထွေသောကျွန်တော့်စိတ်ကူးတွေစသည်ဖြင့် စုံလင်စွာ ပါဝင်သည်။

၈။ ။ အောက်ပါဝါကျများကိုမြန်မာဘာသာသို့ပြန်ဆိုပါ။
（１）老师把学生当成自己的孩子。
（２）无论是书面语体还是口语体都应掌握。
（３）老师在讲解的过程中经常举例加以说明。

（4）通过这次考试，我们的外语水平有了很大的提高。

（5）昨天敏昂给他妈妈买了一件礼物。

（6）对呀！他父亲就是一位计算机工程师呀！

（7）原来你也认识他呀！

（8）随着中国教育事业的发展，大学生的人数在逐年增加。

（9）中国卫生部部长设午宴款待了缅甸卫生考察代表团。

（10）教育部副部长、外交部部长助理以及缅甸驻华大使也出席了宴会。

（11）由中国副总理率领的友好代表团一行五人今天抵达仰光。

（12）中国友好代表团将对缅甸进行为时一周的友好访问。

（13）随同副总理出访的有财政部部长、农业部副部长和外交部官员等。

（14）中国友好代表团在缅甸访问期间将与缅甸领导人就文化合作问题进行会谈。

（15）他们还将就共同关心的国际形势进行会谈。

（16）中国友好代表团在访问期间将参观缅甸大金塔、缅甸博物馆和古代宫殿。

（17）两国领导人还将讨论贷款问题。

（18）中国友好代表团还将考察缅甸农业和教育的发展情况。

（19）中国友好代表团将于十一月二十三日乘机离开仰光赴印度进行访问。

（20）代表团离开北京时，除中国领导人外，缅甸和印度驻华大使及夫人、使馆工作人员等也到机场送行。

အပိုဖတ်စာ

သူ့ထက်သာသူ

သူဌေးဦးထွန်းမင်းသည် နမြော်တွန့်တိုတတ်သူဖြစ်သည်။ အစေခံတစ်ယောက်ငှား လိုသည်ကိုပင် မြို့မှလူကိုမငှားဘဲ ကျေးလက်တောရွာမှ ရှာပြီးငှားသည်။ လခပေးသည် အခါ သက်သာရန်ဖြစ်သည်။

တစ်ညတွင် တောက်တိုမယ်ရခိုင်းရန် တောမှခေါ်လာသော လူရွယ်သည် မီးခြစ်ဆံ ကို တရှဲရှဲခြစ်နေသည်။

ဟေ့ကောင်- မီးခြစ်ဆံတွေကို ဘာလို့ဖြုန်းတီးနေရတာလဲ။ ငါစောင့်ကြည့်နေတာ ဆယ်ဆလောက်ကုန်သွားပြီထင်တယ်။

မီးခြစ်ဆံကျသွားလို့ရှာနေတာပါ။ ခုလိုမှရှာယင် အဒီကျသွားတဲ့မီးခြစ်ဆံက အ လကားဖြစ်သွားမယ် မဟုတ်လား။

တော်ပါကွာ။ မရှာနဲ့တော့။ နေပါစေ။

ဟင်းအင်-ဘဘကြီးကမနမြောပေမဲ့ ကျနော်ကနမြောတယ်ခင်ဗျား။ အလဟာသ မဖြစ်ရအောင် ရှာကိုရှာအုံးမယ်။ ရဲ---

မီးခြစ်သံက ဆက်လက်ပေါ်လာသည်။ ဦးထွန်းမင်း၏ရင်တွင် နင်၍သွားခဲ့သည်။

သင်ခန်းစာ (၁၃)

ဖတ်စာ

ကျန်းမာရေးမှူး

ကျွန်တော်တို့၏ ကျန်းမာရေးမှူး မန္တယ်ဝင်းသည် အများအကျိုးဆောင်လိုသူ တစ်ဦးဖြစ်သည်။ သူသည် သူနာပြုသင်တန်းကိုတက်ဖူးသည်။ ဆေးထိုးတတ်သည်။ အပ်စိုက်တတ်သည်။

တစ်နေ့သောညတွင် တစ်ခန်းတည်းနေကျောင်းသူ မခင်နု ဗိုက်နာသောအခါ မန္တယ်ဝင်းက ချက်ချင်းအိပ်ရာထ၍ စက်ဘီးဖြင့် ဆေးရုံပို့ပေးသည်။ မခင်နုအတွက် မှတ် ပုံတင်ပေးလိုက်၊ ဆေးယူပေးလိုက်နှင့် ထိုညတစ်ညလုံး ကောင်းကောင်းမအိပ်ရရှာပေ။ ဆရာဝန်မှာလိုက်သည့်အတိုင်းလည်း မခင်နုရောဂါမပျောက်မချင်း နေ့တိုင်းဆေးထိုးပေး သည်။ သူလိုလေသေးမရှိ ပြုစုစောင့်ရှောက်၍ မခင်နုသည် မြန်မြန်ကျန်းမာလာသည်။

ကျွန်တော်တို့ ခါတိုင်း ခြေပွန်းလက်ရှရှိလျှင်လည်း ဆေးရုံသွားပြရန်မလို။ မန္တယ် ဝင်းကပင် အရက်ပျံဖြင့် ဒဏ်ရာမှ ပိုးများသတ်ပေးခြင်း၊ သွေးတိတ်ဆေးလိမ်းပေးခြင်း တို့ဖြင့် အနာပျောက်ကင်းသွားသည်။

ကျောင်းသူကျောင်းသားများသည် မန္တယ်ဝင်းနှင့်ခင်ကြသည်။ သူ့စေတနာနှင့်မိ သားစုစိတ်ဓာတ်ကို ချီးကျူးရုံသာမက အတုလည်းယူကြပါသည်။

***** ***** *****

စကားပြော

ပြေးခုန်ပစ်ပြိုင်ပွဲ

က။ ကျောင်းသားမောင်တင်ဖေ

ခ။ ကျောင်းသူမခင်ဝင်း

ဂ။ အားကစားဆရာ

က။ ။ ဆရာ–တရုတ်ပြည်ရဲ့ပြေးခုန်ပစ်အဆင့်အတန်းဟာ ဘယ်လိုနေသလဲ။

ဂ။ ။ အာရှတိုက်နိုင်ငံများနဲ့စာယင် အဆင့်အတန်းမြင့်တယ်လို့ ဆိုနိုင်ပါတယ်။ အထူးသဖြင့် ၁၁ ကြိမ်မြောက်အာရှအားကစားပြိုင်ပွဲမှာ တရုတ်ပြည် က ရွှေတံဆိပ်အများဆုံးရခဲ့ပါတယ်။

က။ ။ ကမ္ဘာ့စံချိန်နဲ့ယှဉ်ကြည့်ရင်ကော၊ ဘယ်လိုနေသလဲ။

ဂ။ ။ ကမ္ဘာ့စံချိန်နဲ့ယှဉ်ကြည့်ရင် ပြေးခုန်ပစ်ဘက်မှာ အတော်နောက်ကျနေသေး တယ်။ ကမ္ဘာ့စံချိန်ကိုမီဘို့ အများကြီးကြိုးစားရအုံးမယ်။

က။ ။ ဘောပြိုင်ပွဲဘက်မှာကော။

ဂ။ ။ ဘောကန်တဲ့ဘက်မှာ အဆင့်အတန်းနိမ့်သေးတယ်။ အဲဒါကြောင့် ဘောလုံး ဝါသနာပါသူတိုက အားမလိုအားမရဖြစ်နေကြတယ်။ ဒါပေမဲ့ ဘော်လီဘော ဘတ်စကက်ဘောတော့ ကမ္ဘာ့အဆင့်အတန်းမီလာပြီ။ အထူးသဖြင့် အမျိုး သမီးဘော်လီဘောအသင်းဟာ ချန်ပီယံ ၅ ခါ တောင်ရခဲ့တယ်။ ဘား

ချမ်းပြိုင်ပွဲမှာလည်း ဗိုလ်စွဲခဲ့ပါတယ်။

ခ။ ။ ဟုတ်တာပေါ့။ ကျမဟာအမျိုးသမီးဘော်လီဘောအသင်းအတွက် အထူး ဂုဏ်ယူမိပါတယ်။

က။ ။ ဒါတင်မကသေးပါဘူး။ စားပွဲတင်တင်းနစ်၊ ကြက်တောင်စတဲ့ဘက်မှာလည်း တရုတ်ပြည်ဟာအင်မတန်ထူးချွန်ပါတယ်။

ဂ။ ။ မင်းတို့ပြောတာမှန်ပါတယ်။ ဒီပြင် ဒိုင်ဗင်ပြိုင်ပွဲမှာလည်း ရွှေတံဆိပ် ငွေတံ ဆိပ် တော်တော်များများ ရခဲ့ပါတယ်။ ရေကူးဘက်မှာလည်း တဖြေးဖြေး ကမ္ဘာ့စံချိန်ကို မီလာပါပြီ။

က။ ။ ၂၀၀၈ ခုနှစ်မှာ ၂၉ ကြိမ်မြောက် အိုလံပစ်အားကစားပြိုင်ပွဲကို ဘေကျင်း မြို့မှာ ကျင်းပမယ်။ ဘေကျင်းမြို့သူမြို့သားများသာမက တရုတ်တစ်ပြည် လုံးပြည်သူပြည်သားများကလည်း ဝမ်းမြောက်ဝမ်းသာဖြစ်ပြီး ဂုဏ်ယူမိပါ တယ်။

ခ။ ။ ဟုတ်တာပေါ့။ အဲဒီအချိန်မှာ ကျမတို့မြန်မာအားကစားအသင်းအတွက် စကားပြန်သွားလုပ်ပေးမယ်။

ဂ။ ။ တရုတ်အားကစားသမားများကလည်း ၂၀၀၈ ခုနှစ် အိုလံပစ်အားကစားပြိုင် ပွဲမှာ ရွှေတံဆိပ်များများရဘို့ ကြိုးကြိုးစားစားလေ့ကျင့်နေကြတာ တွေ့ရ တယ်။

က။ ။ အဲဒီအချိန်ကျရင် ကျနော်ကပြိုင်ပွဲသွားကြည့်မယ်။

ခ။ ။ သွားကြည့်မှာပေါ့။ တရုတ်အားကစားသမားများကို ကောင်းကောင်းအား ပေးမယ်။

***** ***** *****

စကားပုံ

တန်ဆေးလွန်ဘေး

အစားအသောက်၊ အနေအထိုင်၊ အသွားအလာတို့သည် လွန်ကဲစွာ စားသောက်

နေထိုင်သွားလာလွန်းလျှင် ဘေးဉပဒ်ဖြစ်သကဲ့သို့ ထိုက်တန်ရုံမျှ စားသောက်နေထိုင်
သွားလျှင် ဆေးသဖွယ် ဖြစ်သည်ကို ဆိုလိုသည်။

သင့်ရုံတန်ရုံစားလျှင် ဆေးဖြစ်သည်။ အလွန်အကျွံစားလျှင် ဘေးဖြစ်သည်။ ထို
နည်းတူ အရာရာ၌ မယုတ်မလွန်ပြုလျှင် အကျိုးရှိ၍ အလွန်အကျွံပြုလျှင် အန္တရာယ်
ရှိသည်။

*****   *****   *****

ဝေါဟာရ

မြန်မာ	中文
အများ (နစ)	大家
တဖြေးဖြေး (ကဝ)	渐渐地、慢慢地
တတ် (ကထ)	会、能够
အပ် (န)	针
အပ်စိုက် (က)	针灸
ချက်ချင်း (ကဝ)	立刻、马上
လိုလေသေးမရှိ (ကဝ)	无微不至地
ခြေပွန်းလက်ရ (န)	碰伤
အရက်ပျံ (န)	酒精
ပိုး (န)	细菌、病菌
သတ် (က)	杀死
ပိုးသတ် (က)	消毒
သွေးတိတ်ဆေး (န)	止血药
လိမ်း (က)	涂、搽、抹
အနာ (န)	伤、创伤
ပျောက်ကင်း (က)	痊愈
မိသားစုစိတ်ဓာတ် (န)	团结友爱精神、亲情

ချီးကျူး (က)	赞扬
အတုယူ (က)	学习
ပြေးခုန်ပစ်ပြိုင်ပွဲ (န)	田径比赛
စာ (က)	比较
အထူးသဖြင့် (ကြ)	特别
ကြိမ်မြောက် (မ)	第……次
ရွှေတံဆိပ် (န)	金牌
စံချိန် (န)	记录、标准
ယှဉ် (က)	对比
အတော် (ကြ)	比较、相当
နောက်ကျ (က)	落后
မီ (က)	赶上、够得着
နိမ့် (နဝ)	低
အားမလိုအားမရ (ကြ)	不尽兴、不过瘾地
ချန်ပီယံ (န၊လိပ် champion)	冠军
ဘားဂျမ်း (န)	体操
ဗိုလ်စွဲ (က)	夺冠
စားပွဲတင်တင်းနစ်(န၊မြန်+လိပ် စားပွဲတင်+tennis)	
	乒乓球
ကြက်တောင် (န)	羽毛球
ထူးချွန် (နဝ)	优秀、出色
ဒိုင်ဗင် (န၊လိပ် diving)	跳水
အိုလံပစ် (န၊လိပ် Olympic)	奥林匹克
အိုလံပစ်အားကစားပြိုင်ပွဲ (န)	奥运会

ရှင်းပြချက်

၁။ ။ လို 助动词。用于动词之后，表示"愿意……"、"要……"、"想……"的意思。ဥပမာ-

— အများအကျိုးဆောင်လိုသူ
愿意为大家服务的人

— ဆိုလိုတာကဒီလိုပါ။
（我的）意思是这样的。

— ဒီစာအုပ်မျိုးဖတ်လိုစိတ်မရှိတော့ပါဘူး။
再也不想看这种书了。

၂။ ။ တတ် 助动词。用于动词之后，表示下列几种不同的意思：

၁၊ 表示会做某事。ဥပမာ-

— သူဗမာစကားပြောတတ်တယ်။
他会说缅甸语。

— ကျမဗမာစာဝိုင်းအောင်မရေးတတ်ဘူး။
缅文我写不圆。

— ဒုက္ခကိုရင်ဆိုင်တတ်မှလူ့ဘဝ၌နေတတ်သည်။
只有能够面对困难，才能自立于世。

၂၊ 表示一种经常发生的现象，相当于汉语"往往"的意思。ဥပမာ-

— ဘာဘဲလုပ်လုပ်ကွက်ကွက်ကလေးကိုသာကြည့်လုပ်ယင်မှားတတ်တယ်။
无论做什么，目光短浅就容易犯错误。

— သူတစ်ပါးကိုမကောင်းကြံလျှင်၊ ကိုယ်မကောင်းကျိုးပေးတတ်သည်။
害人往往会害己。

— ဤကားလုပ်ခါစတွင်တွေ့ရတတ်သောအခက်အခဲဖြစ်သည်။
这是刚开始时常常会遇到的困难。

၃။ ။ ---လိုက်---လိုက် 习用形式。用于动词之后，常与状语助词 "နဲ့" 连用，表示一会儿做这，一会儿做那。ဥပမာ-
- အစည်းအဝေးလုပ်နေချိန်မှာဝင်လိုက်ထွက်လိုက်မလုပ်နဲ့။
  开会时不要进进出出的。
- ကလေးတွေကအော်လိုက်ဟစ်လိုက်နဲ့ဆော့နေကြတယ်။
  孩子们又喊又叫，闹个不停。
- လူငယ်တွေကလိုက်ဆိုလိုက်နဲ့သင်္ကြန်နေ့မှာနဲ့ပျော်နေကြတယ်။
  年轻人载歌载舞，欢度泼水节。

၄။ ။ မ---မချင်း 习用形式。中间加动词，构成副词性词组，表示动作在特定的条件下一直不停止，相当于汉语 "在未……之前"、"不……就不……" 的意思。ဥပမာ-
- အလုပ်မပြီးမချင်းဆက်လုပ်မယ်။   直到把工作干完为止。
- ခင်ဗျားလာမခေါ်မချင်းစောင့်နေမယ်။ 我将一直等到你来叫我。
- အသက်မသေမချင်းတိုက်ပွဲဝင်သွားမယ်။ 生命不息，战斗不止。

၅။ ။ ရုံသာမက 连词。用在动词、形容词之后，表示 "不仅……还……" 的意思。ဥပမာ-
- ရုပ်ရှင်ကြည့်ရုံသာမကပြဇာတ်ကိုလည်းကြည့်သည်။
  不仅看了电影，还看了话剧。
- ပြောရုံသာမကလက်တွေ့လည်းလုပ်သည်။
  不仅说了，而且还实际去做了。
- ကျွန်တော်သည်သူ့ကိုသိရုံသာမကအလွန်လည်းရင်းနှီးသည်။
  我不仅认识他，还跟他很要好。

၆။ ဦး၊အုန်း 谓语助词。用于动词之后,表示"再"、"还要"的意思。ဥပမာ-

- နက်ဖြန်ကျောင်းတက်ရဦးမလား။
  明天还要上课吗?
- ဒီသင်ခန်းစာအကြောင်းအရာနဲ့ပတ်သက်လို့ဆရာထပ်ရှင်းပြအုန်းမယ်။
  关于这一课的课文内容,老师还要讲解的。
- နက်ဖြန်ကျနော်မြို့ထဲသွားအုန်းမယ်။
  明天我还要进城。

***** ***** *****

လေ့ကျင့်ခန်း

၁။ အောက်ပါမေးခွန်းများကိုဖြေပါ။
   ၁။ မန္တယ်ဝင်းဆိုသူဟာဘယ်သူလဲ။ သူကတကယ့်ဆရာဝန်မလား။
   ၂။ မန္တယ်ဝင်းဟာတခြားကျောင်းသားတွေကိုဘယ်လိုပြုစုစောင့်ရှောက်သလဲ။
   ၃။ မန္တယ်ဝင်းဟာဘာကြောင့်တခြားကျောင်းသားတွေကိုလိုလေသေးမရှိပြုစုစောင့်ရှောက်သလဲ။
   ၄။ ဘယ်သူသင်ပေးလို့မန္တယ်ဝင်းကဆေးထိုးတတ်တာလဲ။
   ၅။ မန္တယ်ဝင်းဆီကဘာတွေများအတူယူသင်သလဲ။
   ၆။ ခါတိုင်းခြေပွန်းလက်ရှရှိယင်ဘယ်လိုလုပ်ကြလေ့ရှိသလဲ။ ဆေးထိုးဖို့လိုသလား။
   ၇။ ဆေးမထိုးခင်သူနာပြဆရာမကဘာလုပ်ပေးရသလဲ။
   ၈။ ဆေးများကိုကိုယ်စားချင်တိုင်းစားလို့ရသလား။ ဘယ်လိုလုပ်မှမှန်သလဲ။
   ၉။ ဆောင်းရာသီမှာအအေးမိတတ်တယ်။ အအေးမမိအောင်ဘယ်လိုလုပ်

ရပါသလဲ။

၁၀။ ကျောင်းသားတွေဆေးရုံတက်ယင်ဆေးဖိုးဝါးခပေးရသလား။

၁၁။ ခင်ဗျားတို့တန်းမှာကျန်းမာရေးမှူရှိပါလား။

၁၂။ အအေးမိ၊ ဝမ်းသွားတဲ့အခါဆရာဝန်သွားပြသလား။

၁၃။ အအေးမိခြင်းဟာလူအများဆုံးဖြစ်တတ်တဲ့ရောဂါလား။

၁၄။ နှာရည်ယိုချောင်းဆိုးသူနှင့်အတူနီးကပ်စွာနေယင်ဘယ်လိုဖြစ်တတ် သလဲ။

၁၅။ အအေးမိယင်ဘယ်လိုလုပ်သင့်သလဲ။

၂။ ။ အောက်ပါစကားပြောများကိုမြန်မာဘာသာသို့ပြန်ဆိုပါ။

玛敏，你去哪儿啊？
我有点儿不舒服，去药店买药。
怎么了？去医院看过了吗？
没去医院。只是感冒、咳嗽，吃点儿药就会好的。
感冒的话可要多休息、多喝开水。要我陪你去吗？
不必了。谢谢你。

觉昂，你怎么了？
骑自行车摔了一跤。
哎呀，手都流血了！
没关系的。
快回宿舍，我帮你用酒精消毒，再擦点儿止血药。
谢谢你。

၃။ ။ အမှန်ကိုရွေးချယ်ပါ။

၁။ (အိတ်၊ အိပ်)ကိုမြစ်ဆိပ်မှသယ်ယူခဲ့ပါ။

(အိတ်၊ အိပ်)ပျော်ဟန်ဆောင်သူကိုနိူးရခက်ပါသည်။

၂။ ဘုရားပွဲတော်သည်ကြက်(ပျံ၊ ပြန်)မကျစည်ကား၏။

မေမေသည်မန္တလေးမြို့မှ(ပျံ၊ ပြန်)လာသည်။

၃။ ပန်းဆယ်မျိုးဆိုသည်မှာ အနုပညာလုပ်ငန်းဆယ်မျိုးကိုဆို(ချင်၊ လို)သည်။

၄။ ပြည်သူလူတုကိုဆေးပညာ(ဖြင့်၊ ကို)ကူညီစောင့်ရှောက်မည်။

၅။ ဆရာဝန်ညွှန်ကြား(နှင့်အညီ၊ သည်အတိုင်း)ဂရုတစိုက် နေထိုင်စားသောက်သည်။

၆။ ကျွန်တော်တို့ရွာတွင် ဆေးပေးခန်းတစ်(ခု၊ လုံး)ရှိသည်။ ကျေးရွာတွင် ဆေးပေးခန်းထားခြင်း(က၊ ၏)အဓိကရည်ရွယ်ချက်မှာ ကျေးရွာသားတို့ကို ရောဂါများကာကွယ်ပေး(ရန်၊ သည်)ဖြစ်သည်။ သို့သော် လိုလျှင် ဆေးဝါးလည်းကုသပေးပါသည်။ ဆေးပေးခန်းတွင် သူနာပြု ဆရာမကလေးတစ်ဦးရှိသည်။ မကျန်းမမာသူများ(ဖြစ်သည်၊ နှင့်)ခြေ ပွန်းလက်ရှဏ်ရာရသူများသည် ဆေးပေးခန်းသို့ လာရောက်ကုသကြ ပါသည်။ ဆရာမကလေးသည် အမြဲပင် သပ်သပ်ရပ်ရပ်ဝတ်ဆင်ထား သည်။ သူမျက်နာကလည်းအမြဲပင်(ချို၊ ချိုး)နေသည်။ ဆေးပေးခန်း သို့ ရောက်လာသောလူနာများကို ဆရာမကလေးသည် အစဉ်အတိုင်း ခေါ်သောအခါ ဆေးခန်းထဲသို့ တစ်ဦး(စီ၊ တိုင်း)ဝင်ရပါသည်။ ဆရာမ ကလေးက လူနာကို စိတ်ရှည်စွာ မေးပြီးမှ ဆေးပေးလေ့ရှိပါသည်။ အ ရေးကြီးသောလူနာများကို ဆရာမကလေးသည် အချိန်(မဆို၊ မရွေး) ကုသပေးသည်။ ထို့ကြောင့် ရွာသူရွာသားတို့သည် ဆေးပေးခန်းနှင့် ဆရာမကလေးကို များစွာအားထားကြပါသည်။

၄။ ။ အနက်အဓိပ္ပါယ်ချင်းတူသောစကားလုံးကိုမျဉ်းကြောင်းဖြင့်ဆက်ပါ။

နည်းပြဆရာ　　　　　教练
ရှုံးထွက်ပြိုင်နည်း　　　　水球
ဒိုင်လူကြီး　　　　　　禁区
ဂိုးသမား　　　　　　中锋
ရှေ့တန်းအလယ်လူ　　门将
ပင်နယ်လ်တီဧရိယာ　　淘汰赛
ဆီမီးဖိုင်နယ်ပွဲ　　　　　马拉松
ဂျူဒို　　　　　　　　柔道
မာရသွန်ပြေးပွဲ　　　　半决赛
ဝါတာပိုလို　　　　　　裁判

၅။ ။ အောက်ပါဝါကျများရှိကွက်လပ်များတွင်ဆီလျော်သောစကားလုံးကိုဖြည့်ပါ။

၁။ တရုတ်မြန်မာနှစ်နိုင်ငံတို့ဟာလွတ်လပ်ရေးရရှိ------အချင်းချင်းကူ
ညီခဲ့ကြတယ်။

၂။ လွန်ခဲ့တဲ့အနှစ်နှစ်ထောင်ကျော်------တရုတ်မြန်မာနှစ်နိုင်ငံတို့ဟာ
ရင်းရင်းနှီးနှီးဆက်ဆံလာခဲ့ပါတယ်။

၃။ ဒီဗီရိုဟာကြွက်------ပျက်စီးသွားတယ်။

၄။ သူ------ကျွန်တော်တို့ပြိုင်ပွဲမှာရှုံးသွားတယ်။

၅။ နယ်ချဲ့သမား------ကျွန်တော်တို့နိုင်ငံရဲ့စီးပွားရေး ခေတ်နောက်ကျ
တယ်။

၆။ တတိယနှစ်မှာ ကျွန်တော်တို့ဟာအတန်းနှစ်တန်းခွဲ------အတန်းတစ်
က လူပိုများတယ်။

၇။ ဤနှစ်တွင် ကျွန်တော်တို့တရုတ်စာပေသင်ရ------မြန်မာစာပေကို
လည်းသင်ရသည်။

၈။ ကျန်းမာရေး------၎င်း၊ ချစ်ကြည်ရေး------၎င်း၊ ခွက်မှောက်

ကြပါစို့။

၉။ ကလေးများအတွက်------၊ လူကြီးများအတွက်------၊ အားလုံး အကျိုးရှိပါသည်။

၁၀။ သူတို့သည်ဆိုရှယ်လစ်ထူထောင်ရေး------နှင့်၊ ဆိုရှယ်လစ်တော် လှန်ရေး------နှင့်၊ တက်ကြွစွာပါဝင်ခဲ့ကြသည်။

၆။ ။ အောက်ပါစကားလုံးများဖြင့်ဝါကျတစ်ခုစီဖွဲ့ပါ။

ရုံသာမက   လိုက်---လိုက်---   မ---မချင်း   တတ်စီ

၇။ ။ အောက်ပါဝါကျများကိုတရုတ်ဘာသာသို့ပြန်ဆိုပါ။

၁။ ယင်မှတစ်ဆင့် ရောဂါကူးစက်တတ်သည်။ မသန့်သောလက်မှတစ်ဆင့် ရောဂါလဲ ကူးစက်တတ်သည်။

၂။ အစာမစားမီ လက်ဆေးခြင်းမှာ ကျန်းမာရေးအတွက် ကောင်းသော အလေ့အကျင့်တစ်ခုဖြစ်သည်။

၃။ ဝမ်းလျှောရောဂါဖြစ်သည့်အခါ မကြာခဏဝမ်းသွားခြင်း၊ ဗိုက်နာခြင်း၊ တစ်ခါတစ်ရံဖျားခြင်းစသောဝေဒနာများကို ခံစားရတတ်ပါသည်။

၄။ ရောဂါပိုးပါသော မသန့်ရှင်းသည့် ရေနှင့်အစာများကို စားသုံးလျှင် ညစ်ပတ်သောလက်ကို ပါးစပ်ထဲထည့်လျှင် ဝမ်းလျှောရောဂါဖြစ်တတ် သည်။

၅။ ခြင်းလုံးကစားခြင်းသည် မြန်မာအမျိုးသားတို့၏ကိုယ်ပိုင်အားကစား နည်းတစ်ခုဖြစ်ပါသည်။

၆။ ဂျပန်တို့သည် မြန်မာနိုင်ငံသို့ ရောက်လာသောအခါ စစ်မှန်သောလွတ် လပ်ရေးကို မပေးရုံသာမက မြန်မာပြည်သူလူထုကိုလည်း ညှင်းပန်းကြ သေး၏။

၇။ ပထမနှစ်မှာ စီးပွားရေးစီမံခန့်ခွဲမှုဆိုင်ရာဘာသာရပ် ၁၂ ဘာသာကို

မယူမနေရဘာသာအဖြစ် သင်ယူရတယ်။

၈။ လက်တွေ့လေ့လာရမယ့်အချိန်မှာ ကုမ္ပဏီတွေ၊ အစိုးရဌာနဆိုင်ရာလုပ် ငန်းဌာနတွေကို အဖွဲ့ကလေးတွေခွဲပြီး လက်တွေ့ကွင်းဆင်းလေ့လာကြ ရတယ်။

၉။ သင်တန်းမှာ နိုင်ငံခြားသားညီပါမေကွတွေ ပုံမှန်လာရောက်ဆွေးနွေး သင်ပေးတယ်။

၁၀။ ပုံနှိပ်စက်ကို မြန်မာနိုင်ငံသို့ ခရစ်ယာန်သာသနာပြုများ ယူဆောင်လာ ခြင်းဖြစ်သည်။ သာသနာပြုများသည် မြန်မာနိုင်ငံတွင် ခရစ်ယာန် သာသနာပြန့်ပွားအောင် ပြုလိုကြသည်။ သူတို့ဘာသာတရားကို လူ တိုင်းဖတ်စေလိုသည်။ လူတိုင်းဖတ်နိုင်ရန် ပုံနှိပ်စက်ဖြင့် ပုံနှိပ်ပေးဖို့ လိုသည်။ ဟောပြောလျှင် နားထောင်သူတစ်စုသာကြားနိုင်သည်။ စာပုံနှိပ်၍ ဝေလျှင် လူတိုင်းလက်ထဲသို့ရောက်ပေမည်။ ထို့ကြောင့် မြန်မာစာကိုလေ့လာကြသည်။ တတ်မြောက်သောအခါ သူတို့နိုင်ငံသို့ ပြန်၍ မြန်မာစာလုံးများသွန်းလုပ်ကြသည်။ ထို့နောက် ပုံနှိပ်စက်နှင့် မြန်မာခဲစာလုံးများကို မြန်မာနိုင်ငံသို့ ယူဆောင်လာကြသည်။ သို့ဖြင့် မြန်မာနိုင်ငံတွင် ပုံနှိပ်အတတ်ပညာပြန့်ပွားလာသည်။

၈။ ။ အောက်ပါဝါကျများကိုမြန်မာဘာသာသို့ပြန်ဆိုပါ။

（１）为自己的祖国和民族感到非常骄傲。
（２）新年联欢会上，同学们又唱又跳，开心极了。
（３）我们俩是同时到达的。
（４）感冒时不需要吃药打针，三五天就会好的。
（５）为什么打针之前一定要用酒精消毒呢？
（６）在我生病期间，老师和同学无微不至地关心和照顾我。
（７）只用一年的时间是无法完成这项工作的。

（8）愿意去参观的人请在这里登记。

（9）有人说"照我说的做，不要照我做的做"。你知道这是什么意思吗？

（10）我们不仅要学习缅甸语，还要学习英语。

（11）有些父母规定孩子不做完作业，不许出去玩儿。

（12）他为了让父母和老师满意，拼命地学习。

（13）我们不仅要好好学习，还应该乐于助人。

（14）不仅可以给他打电话，还可以发邮件。

（15）国家的经济发展了，人民的生活水平才能提高。

（16）我国的跳水、乒乓球和羽毛球等项目的水平是世界一流的。

（17）在 2000 年悉尼奥运会上，中国运动员取得了很好的成绩。

（18）2008 年奥林匹克运动会将在北京举行。

（19）在我国举办奥运会是我们多年的愿望。

（20）2008 年奥运会上，我们不仅要创造最好的成绩，而且也要将奥运会办成最好的运动会。

*****　　　*****　　　*****

အပိုဖတ်စာ

အအေးမိခြင်း

အအေးမိခြင်းသည် ရောဂါပိုးတစ်မျိုးကြောင့်ဖြစ်သည်။ ရောဂါပိုးသည် ရှူရှိုက်သောလေနှင့်အတူ လူကိုယ်တွင်းသို့ဝင်၍ အသက်ရှူလမ်းကြောင်းတွင် အနာရောဂါဖြစ်သည်။ လူအများဆုံးဖြစ်တတ်သောရောဂါလည်းဖြစ်သည်။ အိပ်ရေးပျက်သောအခါ အအေးမိပြီးလျှင် ဖျားတတ်၏။ ကစားခုန်စားပြီးချိန်၌ဖြစ်စေ၊ ပူအိုက်သောအခါ၌ဖြစ်စေ၊

မိမိကိုယ်ပေါ်က အဝတ်အက္ချိုကို ချွတ်၍ အအေးအလွန်ခံလျှင် အအေးမိ၍ ဖျားတတ်၏။ စိုစွတ်သောအဝတ်ကို ကြာရှည်စွာဝတ်လျှင်လည်း အအေးမိတတ်သည်။ အအေးမိသူ သည် ကိုယ်လက်မအီမသာဖြစ်တတ်၏။ ကိုက်ခဲတတ်သည်။ နှာရည်ယို၍ ချောင်းဆိုး တတ်၏။

နှာချေသည်အခါ လက်ကိုင်ပုဝါဖြင့် နှာခေါင်းကိုပိတ်၍ ချေရသည်။ ချောင်းဆိုး သည်အခါလည်း လက်ကိုင်ပုဝါဖြင့်ပါးစပ်ကို ပိတ်၍ ချောင်းဆိုးရသည်။ ထိုသို့မပြုပါက အခြားသူတစ်ဦးသို့ လေမှတစ်ဆင့်ကူးစက်တတ်သည်။ နှာရည်ယိုချောင်းဆိုးသူနှင့်အတူ နီးကပ်စွာနေလျှင် ရောဂါရလွယ်၏။ ထိုသူအသုံးပြုပြီးသောပုဝါကို သုံးမိလျှင်လည်း ရော ဂါကူးစက်သည်။ အအေးမိ၍ဖျားနေသည်အခါ အိမ်တွင်းအနားယူရသည်။ လက်ဆတ် သောသစ်သီးရယ်၊ သန့်စင်သောသောက်ရေတို့ကို မကြာခဏသောက်ရသည်။ ဆားရည် နှင့် အလုတ်ကျင်းရသည်။

အအေးမိခြင်း၊ ဖျားနာခြင်းကင်းအောင် အထက်ဖော်ပြပါ အလေ့အထများကို အမြဲရရှိပြု၍ လေ့ကျင့်ရာသည်။

သင်ခန်းစာ (၁၄)

ပတ်စာ

စည်းလုံးခြင်းအကျိုး

ရှေးသရောအခါ အဘိုးအိုတစ်ယောက်ရှိ၏။ ထိုအဘိုးအိုသည် မိမိကွယ်လွန်သည်အခါ သားတို့စိတ်ဝမ်းမကွဲကြစေရန်နှင့် စည်းစည်းလုံးလုံးရှိကြစေရန် သားတို့ကို ခေါ်၍ဆုံးမ၏။

အဘိုးအိုသည် သားတို့အား ထင်းစည်းတစ်စည်းကို ပေးအပ်ကာ တစ်ယောက်ပြီးတစ်ယောက်ချိုးစေ၏။ သားတို့ခွန်အားစိုက်၍ တစ်ယောက်တစ်လှည့်ချိုးကြပါသော်လည်း ထင်းစည်းကား ကျိုးမသွား။

ထိုအခါ အဘိုးအိုက ထင်းစည်းကို ဖြေစေ၍ တစ်ယောက်တစ်ချောင်းစီ ချိုးစေ၏။ ထင်းချောင်းများလည်း အလွယ်တကူကျိုးကုန်၏။

အဘိုးအိုက ချစ်သားတို့ မြင်ကြပြီလော။ ထင်းစည်းကို အစည်းလိုက် ချိုးသော်မကျိုး။ ထို့ကဲ့သို့ပင် ချစ်သားတို့သည် စည်းစည်းလုံးလုံးရှိကြသော် သူတပါးမနိုင်စက်။ ထင်းစည်းပြေသကဲ့သို့ တစ်ကွဲတစ်ပြားစီနေကြပါမူကား သင်တို့ကို သူတပါးက အလွယ်တကူ နှိပ်စက်သည်ဟု ဆုံးမ၏။

သားတို့က ကောင်းပါပြီ ဖခင်၊ သားမောင်တို့ လိမ္မာကြပါမည်ဟု ကတိပြုကြလေသတည်း။

***** ***** *****

စကားပြော

စာမေးပွဲ

က။ မောင်ကျော်စိုး

ခ။ ကျောင်းသား

က။ ။ (စာအံလျက်)တရံရောအခါညီအစ်ကို---

ခ။ ။ မောင်ကျော်စိုး၊ ခင်ဗျားဘာရွတ်နေတုန်း။

က။ ။ သင်ခန်းစာအလွတ်ပြန်ကျက်နေတယ်လေ။ ခင်ဗျားကော၊ ဘယ်နှယ့်လဲ။ အားလုံးရပြီထင်တယ်။

ခ။ ။ ဘယ်ဟုတ်မလဲ။ တချို့ဝေါဟာရတွေ မှတ်ကိုမမှတ်မိနိုင်ဘူး။ စိတ်ညစ်စရာ ကြီးဘဲ။ ခေါင်းတောင်အုံတုံတုံဖြစ်နေပြီ။ စာမေးပွဲကနက်ဖြန်စတော့မှာ။

က။ ။ စိတ်ညစ်မနေစမ်းပါနဲ့ဗျာ။ စာမေးပွဲဆိုတာ သာမန်ဗဟုသုတနဲ့မြန်မာစာ အရည်အချင်း ဘယ်လောက်ရှိသလဲသိရအောင်လုပ်တာဘဲ။ စစ်ရောက် မှမြားချွန်ဆိုယင်တော့ အလကားဘဲ။ ခေါင်းအေးအေးထားပါ။ စိတ်မပူ ပါနဲ့။

ခ။ ။ ကျနော်စိတ်မချဘူးဗျာ။

က။ ။ စိတ်မချစရာမရှိပါဘူး။ ခင်ဗျားခါတိုင်းမှာ တော်သားဘဲ။ ဒီအချိန်မျိုးမှာ အခိကဟာတွေဘဲ ပြန်ကျက်ထားယင်ပြီးတာဘဲ။ အမှတ်ကောင်းကောင်း ရမှာဘဲ။

ခ။ ။ ဟာ-ခင်ဗျားပြောတာမဟုတ်သေးပါဘူး။ ကျနော်တို့စာမေးပွဲဖြေနေရတာ အမှတ်ကောင်းရဘို့မဟုတ်ဘူး။

က။ ။ ဒါတော့ဟုတ်စာပေါ့။ ဒါပေမဲ့ ကြိုးကြိုးစားစားသင်ပြီး အမှတ်ကောင် ကောင်းမရယင် ဘယ်ကျေနပ်လိမ့်မလဲ။

ခ။ ။ အမှတ်ကောင်းရရမရှအရေးမကြီးဘူး။ သင်ခဲ့တာတွေပိုင်မပိုင်ဆိုတာက အရေးကြီးတယ်။

က။ ။ ကျနော်တစ်ယောက်တည်းစာကျက်နေတော့ ပိုင်ပြီလို့အောက်မေ့နေတာ ဘဲ။ တကယ်ကျတော့ ပိုင်မပိုင် ဘယ်သိပါ့မလဲ။

ခ။ ။ ဒါဖြင့် ကျနော်တို့တစ်ယောက်ကမေးတစ်ယောက်ကဖြေလုပ်ကြရအောင်။

က။ ။ ကောင်းသားဘဲ။ တစ်ယောက်တည်းစာကျက်တာထက်ကောင်းတယ်။ ဒါပြီးယင် ဘက်မင်တန်အတူတူသွားကစားကြရအောင်။

***** ***** *****

စကားပုံ

စစ်ရောက်မှပြားချွန်

တစ်ဖက်ရန်သူက စစ်တိုက်လာသောအချိန်တွင် မိမိတို့ဖက်မှာ အဆင်သင့်မဖြစ်ပဲ ပစ်ရန်မြား ချွန်နေရလျှင် တစ်ဖက်သတ်ဖို၍ အတိုက်ခံရသဖြင့် စစ်ပွဲကိုအရှုံးပေးရန်သာ ရှိသည်။

ထို့ကြောင့် အရာရာတွင် ကြိုတင်ပြင်ဆင်မှုရှိအပ်သည်။ ကြိုတင်ပြင်ဆင်မှု မရှိသူ သည် အောင်မြင်မှုနည်းပါး၍ ဆုံးရှုံးမှုကိုသာ ရရှိသည်။ ကြိုတင်ပြင်ဆင်စေလို၍ ဤ စကားပုံဖြင့် တင်စားခိုင်းနိုင်းကြသည်။

သင်ခန်းစာ (၁၄)

ဝေါဟာရ

ကွယ်လွန် (က)	去世
စည်းစည်းလုံးလုံး (ကဝ)	团结地
ထင်းစည်း (န)	柴捆
စည်း (မ)	捆、束、把
ပေးအပ် (က)	交给
ခွန်အားစိုက် (က)	使劲
ချိုး (က)	折断
ဖြေ (က)	解开
နှိပ်စက် (က)	欺负
ပြေ (က)	散、松
တကွဲတပြား (ကဝ)	四分五裂地
သားမောင် (န)	小孩儿
ကတိပြု (က)	保证
စာအံ (က)	念、朗读文章
တရောအခါ (န)	从前
ရွတ် (က)	念、读、朗诵
အလွတ်ပြန်ကျက် (က)	背诵
စိတ်ညစ် (က)	心烦
အုံတုံတုံ (က)	头晕脑胀
သာမန် (နဝ)	平常、普通、一般
စစ် (န)	战争
မြား (န)	箭
ချွန် (က)	削尖、磨尖
အလကား (န)	没用、白费
ခေါင်းအေးအေးထား (က)	冷静

အမှတ် (န)   分数
ပိုင် (က)   掌握
အောက်မေ့ (က)   以为、想
တကယ် (ကြ)   真实地、实在
ဘက်မင်တန် (န၊လိပ် badminton)   羽毛球

***** ***** *****

ရှင်း ပြ ချက်

၁။ ။ စေရန် 习用词组。书面语体，是助动词"စေ"与状语助词"ရန်"的连用形式。用于动词之后，表示动作的目的是使另一动作或事物发生，相当于汉语"为了使……"的意思。口语体为"စေဘို့"။ ဥပမာ-

- ပညာရေးလုပ်ငန်းကို တိုးတက်ဖွံ့ဖြိုးစေရန် တက္ကသိုလ်ကျောင်းအများ အပြားတည်ထောင်ခဲ့သည်။
  为了发展教育事业，建立了许多大学。
- သူတို့လာနိုင်စေရန်ကားနှင့်သွားကြမည်။
  为了使他们能来，我们准备用车去接。
- သူ့ဝမ်းသာစေရန်ဤသတင်းကောင်းကိုမြန်မြန်ပြောပြချင်ပါသည်။
  为了使他高兴，我想把这个好消息尽快告诉他。

၂။ ။ ---ပြီး--- 两个相同的数量词之间加"ပြီး"，表示"一个接一个"的意思。ဥပမာ-

- စာအုပ်တစ်အုပ်ပြီးတစ်အုပ်ထုတ်ပြနေသည်။
  正把书一本一本地拿出来给大家看。
- တစ်ယောက်ပြီးတစ်ယောက်ပြောပါ။

一个一个地讲吧。
- မော်တော်ကားသည်တစ်စီးပြီးတစ်စီးမောင်းလာသည်။
汽车一辆接一辆地开来。

၃။ ။ ကုန် 助动词。表示许多人、事物均发出动作或"均变得……"的意思。ဥပမာ–
- သွားကုန်ပြီ။
全都走了。
- သစ်ကိုင်းတွေခြောက်သွေ့ကုန်ပြီ။
树枝全都干了。
- ချောင်းဟာရေတစ်စက်မှမကျန်တော့ခန်းကုန်တယ်။
河流干得连一滴水都没了。

၄။ ။ တစ်ယောက်တစ်လှည့်ချိုးကြပါသော်လည်းထင်းစည်းကားကျိုးမသွား။ 每人轮流来折柴捆,却无法将它折断。

၅။ ။ လော 疑问句句尾助词。书面语体,用于名词或动词之后,相当于汉语"吗"、"呢"的意思。口语体为"လား"。ဥပမာ–
- သူဆရာဝန်လော။
他是医生吗?
- သူကျောင်းသားလောဆရာလော။
他是学生还是老师?
- အားလုံးရေးပြီးကြပြီလော။
大家写完了吗?
- သလော=သလား
- မည်လော=မလား

၆။ ။ အ----လိုက် 习用形式。中间加上量词，构成副词，表示"成……地"、"整……地"的意思。ဥပမာ-

- အစည်းလိုက်
  成捆地
- အစုလိုက်
  成群地
- အကောင်လိုက်
  整只地

၇။ ။ သော် 连词。书面语体，与"လျှင်"同，表示假设和条件。口语体为"ရင်"。ဥပမာ-

- မိုးမရွာသော်ကျွန်ုပ်လာခဲ့မည်။
  如果不下雨，我一定来。
- သင်တို့ကြိုးစားခဲ့သော်မအောင်ဘဲမနေနိုင်။
  你们努力的话，不会不成功。
- တစ်ယောက်အားနှင့်ယူသော်မရ၊ တစ်ထောင်အားနှင့်ယူသော်ရ၏။
  人多力量大。

၈။ ။ စီ 状语助词。一般用在量词之后，表示"分别……"、"各自……"的意思。ဥပမာ-

- တစ်ယောက်စီပြောပါ။
  一个一个地说吧。
- ညီအစ်ကိုမောင်နှမတို့ဟာတစ်ယောက်တစ်နေရာစီခရီးထွက်တယ်။
  兄弟姐妹各去一个地方旅行。
- ကလေးတစ်ယောက်ကိုသကြားလုံး(၃)လုံးစီဝေတယ်။
  分给每个小孩三块糖。

သင်ခန်းစာ (၁၄)

၉။ ။ သတည်း၊ 语气助词。用于动词之后，表示强调的语气，一般用在文章段落的结尾或全文的结尾，有时也用在特定的句子，如口号、题词之中。ဥပမာ-

- ပြည်သူ့အာဇာနည်များထာဝစဉ်တည်မြဲစေသတည်း။
人民英雄永垂不朽！

- နောက်ဆုံးတွင်အောင်မြင်မှုရရှိလိုက်ပါသတည်း။
最后，终于取得了胜利。

- ပြမှားချေသော်ဒုက္ခတွေ့ကြုံရတတ်သတည်း။
做错了，就会遇到麻烦。

၁၀။ ။ ကို 语气助词。用于两个相同动词之间，表示强调或坚决，相当于汉语"根本"、"偏"、"就是"的意思。ဥပမာ-

- မေးကိုမေးမယ်။
偏要问问。

- မှတ်ကိုမမှတ်မိနိုင်ဘူး။
根本记不住。

- သွားကိုသွားမယ်။
(我) 偏去！

- ယုံကိုမယုံဘူး။
根本不信。

- ပြောကိုမပြောချင်တော့ဘူး။
再也不想说它了。

၁၁။ ။ ကြီး၊ 语气助词。用于名词、代词或副词之后，表示一种加重、夸大的语气，有时带有厌恶、不耐烦、鄙视的感情色彩。ဥပမာ-

- စိတ်ညစ်စရာကြီး။

  真烦人！

- ဒါကြီးမကြိုက်ဘူး။

  这个东西我可不喜欢。

- ညကြီးသန်းခေါင်ဘာလုပ်မလို့လဲ။

  深更半夜的，干什么去呀？

- တနင်္ဂနွေနေ့ကြီးလာမခေါ်နဲ့။

  大礼拜天的，你别来叫我！

၁၂။ ။ ---မ--- 习用形式。两个重叠形式的动词或形容词之间加否定副词，表示"无论……还是不……"、"不管怎么样……"的意思。ဥပမာ-

- သွားသွားမသွားသွားခင်ဗျားသဘောပေါ့။

  去不去随你的便！

- အမှတ်ကောင်းရရမရရအရေးမကြီးဘူး။

  能不能得到好分数并不重要。

- ငါပြောပြောမပြောပြောသူနဲ့မဆိုင်ဘူး။

  我讲还是不讲，与他无关！

- ကောင်းကောင်းမကောင်းကောင်းမင်းအရေးမဟုတ်ဘူး။

  好与不好跟你没关系。

၁၃။ ။ တကယ်ကျတော့ 事实上……

၁၄။ ။ ----မနေစမ်းပါနဲ့။ 习用形式。用于动词之后，表示劝告，相当于汉语"不要再……了"的意思。ဥပမာ-

- ပြောမနေစမ်းပါနဲ့။   别说了。

- သွားမနေစမ်းပါနဲ့။   别去了。
- လုပ်မနေစမ်းပါနဲ့။   别做了。

၁၅။ ။ **သားဘဲ** 语气助词。用于动词、形容词或动名词之后，表示完全肯定的语气，相当于汉语"啊、呀"的意思。ဥပမာ–

- ကောင်းသားဘဲ။
好啊！
- သူရေးတာမှန်သားဘဲ။
他写的对呀！
- သတ္တိရှိတယ်ဆိုပေမဲ့ရင်တော့အခုန်သားဘဲ။
虽说胆子大，心跳得可厉害啦！

***** ***** *****

လေ့ကျင့်ခန်း

၁။ ။ အောက်ပါမေးခွန်းများကိုဖြေပါ။

၁။ အဘိုးအိုကဘာဖြစ်လို့သားများကိုခေါ်ပြီးဆုံးမရသလဲ။
၂။ အဘိုးအိုကဘယ်လိုနည်းနဲ့သားတို့ကိုဆုံးမသလဲ။
၃။ ထင်းစည်းကိုသားအားလုံးတပြိုင်နက်ချိုးခိုင်းတာလား။
၄။ ထင်းချောင်းတွေကျိုးသွားစေဘို့ဘယ်လိုလုပ်ရမလဲ။
၅။ ထင်းကိုအစည်းလိုက်ချိုးတော့ကျိုးမသွားတာဟာဘာသဘောကိုပြသလဲ။
၆။ ညီအစ်ကိုတွေတကွဲတပြားစီနေယင်ဘယ်လိုဖြစ်သွားတတ်သလဲ။
၇။ အဘိုးအိုရဲ့ဆုံးမစကားကိုကြားရတော့သားတို့ကဘယ်လိုကတိပြုကြသလဲ။
၈။ တရုတ်ဆိုရိုးစကားရှိတယ်။ သွေးစည်းညီညွတ်မှုဟာအင်အားဘဲဆိုတာ

ဘာကိုဆိုလိုတာလဲ။
၉။ စည်းစည်းလုံးလုံးညီညီညွတ်ညွတ်ရှိယင်ဘာအကျိုးရှိပါသလဲ။
၁၀။ စည်းလုံးညီညွတ်မှုရှိလို့အောင်မြင်မှုရရှိတဲ့အကြောင်းဒါမှမဟုတ်စည်းလုံးညီညွတ်မှုမရှိလို့မအောင်မြင်တဲ့အကြောင်းပြောပြပါ။
၁၁။ ခင်ဗျားတို့အတန်းကကျောင်းသူကျောင်းသားများစည်းလုံးညီညွတ်မှုရှိပါသလား။
၁၂။ သူငယ်ချင်းအချင်းချင်းရန်ဖြစ်တဲ့အခါမှာဘယ်လိုလုပ်ရမလဲ။
၁၃။ ကျောင်းနေဖက်တွေ တကွဲတပြားစီနေယင် ဘယ်လိုဖြစ်သွားတတ် သလဲ။
၁၄။ တစ်အိပ်ခန်းထဲနေကျောင်းနေဖက်တွေ စည်းလုံးညီညွတ်မှုရှိအောင် ဘယ်လိုလုပ်ရမလဲ။
၁၅။ စည်းလုံးညီညွတ်မှုအရေးကြီးကြောင်းဖော်ပြတဲ့တခြားပုံပြင်လေးကို ကြားဖူးရဲ့လား။

၂။ အောက်ပါစကားပြောများကိုမြန်မာဘာသာသို့ပြန်ဆိုပါ။
下星期就要考试了，你复习好了吗？
还没有呢。急死人了。
别着急，一定能通过的。
通过当然没问题，可我想得高分。
那你可要加油了。

老师说分数并不重要。
是啊。学到知识才是最重要的。
那为什么老师还希望我们考高分呢？
分数也能说明你是否掌握了知识啊。
这样说来，分数还是重要啊。

၃။ ။ အောက်ပါက်မပါကြိယာများကိုက်ပါကြိယာအဖြစ်ရေးပြပါ။

နိုး---   ကျိုး---
ကျက်---   ကျ---
ကွဲ---   ပျက်---
လွတ်---   ပေါက်---
ပြေ---   ပွင့်---

၄။ ။ ဆီလျော်သောမျိုးပြစကားလုံးဖြင့်ကွက်လပ်ဖြည့်ပါ။

ယင်တစ်---   အကျီတစ်---
ထမင်းတစ်---   ပါမောက္ခတစ်---
ဟင်းချိုတစ်--- ဆေးလိပ်တစ်---
စာလုံးတစ်---   ဆပ်ပြာတစ်---
ရုံးခန်းတစ်--- စာအုပ်တစ်---
သစ်ပင်တစ်---   ခရမ်းချဉ်သီးတစ်---

၅။ ။ အောက်ပါလုံးချင်းစကားလုံး (ပုဒ်ရင်းတစ်ခု)နှင့် အနက်အဓိပ္ပါယ်ချင်းတူ ညီသော၊ သို့မဟုတ်နီးစပ်သောနှစ်လုံးတွဲပေါင်းစပ်စကားလုံးကိုရေးပြပါ။
ပုံစံ။ တွေ့---တွေ့ကြုံ

ကွယ်---   ကြွယ်---
ဆိုက်---   ပေါ---
တည်---   ကယ်---
ကောင်း--- ရာ---
ထူး---   တောင်း---
ရှေး---   စ---

၆။ ။ အောက်ပါပေးထားသောစကားလုံးများထဲမှဆီလျော်သောစကားလုံးကို ရွေးချယ်ပြီးကွက်လပ်အသီးသီးခွဲဖြည့်ပါ။ ပြီးလျှင်တရုတ်ဘာသာသို့ပြန် ဆိုပါ။

စေရန်   မ———ဘဲ   ရုံသာမက   ကတည်းက   စေ

၁။ တီထွင်မှုပြုလုပ်ရာတွင် တခါတရံသုံးလေးရက်ဆက်၍——————အိပ် ————————လုပ်ကိုင်လေ့ရှိပြီး တခါတရံစားရန်ကိုပင် မေ့နေတတ် သည်။

၂။ သူသည် မိမိယုံကြည်ချက်အတိုင်း တရုတ်အမျိုးသားတို့အား နိုင်ငံ ရေးနိုးကြားမှုရှိ——————စည်းရုံးသိမ်းသွင်းသည်။

၃။ ပြည်သူပြည်သားများ တန်းတူအခွင့်အရေးရ——————အတွက် အနှစ် ၂၀ ခန့်ဆောင်ရွက်ခဲ့သည်။

၄။ ကုလသမဂ္ဂဖွဲ့စည်းရခြင်း၏အဓိကရည်ရွယ်ချက်မှာ စစ်ကိုတားဆီးရန်၊ ငြိမ်းချမ်းရေးတည်တံ့နိုင်မြဲ——————၊နိုင်ငံအချင်းချင်းပူးပေါင်းဆောင် ရွက်နိုင်ရန်နှင့် နားလည်မှု၊ ချစ်ခင်ရင်းနှီးမှုတိုးပွား——————သည်တို့ ဖြစ်သည်။

၅။ သို့သော် သူသည်စိတ်အား——————ငယ်——————စာကိုကြိုးစားကျက် မှတ်ခဲ့သည်။

၆။ ဖမ်းဆီးရမိသော သုံ့ပန်းများကို——————သတ်——————မိမိလက် အောက်တွင်အမှုထမ်းစေသည်။

၇။ စက်ရုံတွင် အလုပ်ချိန်လျှော့ချပေးခဲ့——————လုပ်ခကိုလည်း တိုးမြှင့် ပေးခဲ့သည်။

၈။ ထိုဝတ္တုရှည်ကြီးသည် ဖိလစ်ပိုင်လူမျိုးတို့၏မျိုးချစ်စိတ်ကို လှုံ့ဆော် ပေးခဲ့——————အုပ်ချုပ်သူစပိန်တို့၏ မတရားမှုများကို ထင်ရှားစွာဖော် ပြထား၏။

၉။ အစ——————မလုပ်နဲ့လို့ကျနော်ပြောပြီးသားဘဲ။

၁၀။ အမိနိုင်ငံတော်အတွက် အကျိုးဆောင်နိုင်မဲ့လူဖြစ်လာ——————ချင်

ပါတယ်။

၇။ ။ အောက်ပါစကားလုံးများဖြင့်ဝါကျဖွဲ့ပြပါ။
ကို   စီ   ---မ---   စေရန်   ---ပြီး---

၈။ ။ အောက်ပါဝါကျများကိုတရုတ်ဘာသာသို့ပြန်ဆိုပါ။
၁။ ကျောင်းတက်တဲ့အချိန်မှာ စာသင်ခန်းထဲမှာရော စာသင်ဆောင်ပတ် ဝန်းကျင်မှာပါ အော်ကြီးဟစ်ကျယ်မပြုရဘူး။
၂။ မြန်မာလူမျိုးတို့ဟာ ယောကျ်ားရောမိန်းမပါ လုံချည်ဝတ်လေ့ရှိတယ်။ ဘောင်းဘီဝတ်တဲ့လူကနည်းတယ်။
၃။ အချိန်ကို အမြတ်တနိုးထားတတ်တဲ့လူဆိုယင် ရည်မှန်းချက်ပန်းတိုင် ကို ရောက်နိုင်တာပေါ့။
၄။ ရေန်ဆီကိုထမင်းဟင်းချက်ရာ၌ရွင်း၊ မီးထွန်းရာ၌ရွင်း၊ လျှပ်စစ်ဓာတ် အားထုတ်ယူရာ၌ရွင်း၊ အသုံးပြုကြသည်။
၅။ ဤသို့သောစိတ်မျိုးသာရှိကြမည်ဆိုလျှင် မည်သည့်အလုပ်မျိုးပင်ဖြစ် စေ လုပ်ကိုင်နိုင်ကြမည်မှာ အမှန်ပင်။
၆။ စာကောင်းပေကောင်းများ ပေါ်ထွက်စေရန် ရည်ရွယ်ချက်ဖြင့် အား ပေးခြင်းဖြစ်သည်။
၇။ အချိန်နှင့်ဒီရေသည် ဆင်းရဲချမ်းသာမရွေး မျက်နှာမလိုက် ၄င်းတို့ ပြုလုပ်မြဲအတိုင်း သွားနေသည်။
၈။ ရွှေသွေးဂျာနယ်ကိုအပျင်းလည်းပြေ၊ ဗဟုသုတလည်းရစေရန် ရည် ရွယ်၍ ထုတ်ဝေသည်။ မြန်မာ၊ အင်္ဂလိပ်နှစ်ဘာသာဖြင့် အပတ်စဉ် ထုတ်ဝေသည်။ ဇာတ်လမ်းပါသော ရောင်စုံကာတွန်းများဖြစ်သည်။
၉။ စာပေမိာန်အဖွဲ့၌ အခြားရည်ရွယ်ချက်နှင့်လုပ်ငန်းများရှိသေးသည်။ စာဖတ်သူတိုးပွားစေလိုသည်။ စာကောင်းပေကောင်းပေါ်ထွက်စေချင် သည်။ ယဉ်ကျေးမှုထိန်းသိမ်းလိုသည်။

၁၀၊ ကမ္ဘာအဝှမ်းရှိ နိုင်ငံအသီးသီးကလည်း မိမိတို့နိုင်ငံရှိ တောတွင်း တိရစ္ဆာန်များ မျိုးသုဉ်းမသွားစေရန် စီစဉ်ဆောင်ရွက်လျက်ရှိသည်။ မြန်မာနိုင်ငံတွင်လည်း သားကောင်နှင့်ကျေးငှက်များ ပစ်ခတ်ခြင်းမ ပြုရသော ဘေးမဲ့တောများကိုသတ်မှတ်၍ တောရိုင်းတိရစ္ဆာန်များ ကိုကာကွယ်ပေးထားလေသည်။

၉။ ။ အောက်ပါဝါကျများကိုမြန်မာဘာသာသို့ပြန်ဆိုပါ။
(1) 说不说由我，信不信由你。
(2) 你说的对呀！
(3) 我听到了一个会让你高兴的消息。
(4) 为了不让妈妈担心，我们很早就回家了。
(5) 快考试了，要一课一课地复习。
(6) 新年时给家里每个人买了一件礼物。
(7) 书要一页一页地仔细地看，不然你就不知道书里写的是什么。
(8) 你别让我去问他了，他怎么会告诉我呢。
(9) 他怎么会不知道呢！
(10) 不懂比装懂要好。不懂可以去问，问了就懂了。而装懂的人却不会去问别人。所以装懂的人不会进步。
(11) 关于这件事，我再也不想提了。
(12) 不管我去不去他家，我一定把你的信交给他。
(13) 为了拓宽学生的知识面，老师用了很多办法。
(14) 刚到十二点，教学楼里的学生就全走光了。
(15) 你吃过烤全羊吗？
(16) 约好十二点见面的，到现在还没来，真烦人！

（17）长大以后对看故事书再也没兴趣了。
（18）我和不和他一起出去，关你什么事！
（19）事实上，我哪儿也不想去。
（20）老师经常教导学生要团结友爱。

***** ***** *****

အဘိဖတ်စာ

မာနရှင်၏အရှုံး

ရှေးအခါက ရွာတစ်ရွာတွင် ထင်းခုတ်သမားတစ်ဦးရှိလေသည်။ ထင်းခုတ်သမားသည် တောသို့ နေ့စဉ်သွား၍ ထင်းခွေသည်။ နံနက်တိုင်း မြို့သို့တက်၍ ထင်းရောင်းလေသည်။

တစ်နေ့သောအခါ ထင်းခုတ်သမားသည် ထိုးထိုးထောင်ထောင်နှင့် ထင်းစည်းကြီးတစ်စည်းကို ထမ်း၍ မြို့ဈေးသို့သွားလေသည်။ ဈေးသို့ရောက်သောအခါ ဈေးအတွင်းရှိလမ်းကျဉ်းကလေးတွင် လူများပိတ်ဆို့နေသဖြင့် နည်းနည်းလောက်လမ်းဖယ်ပေးကြပါခင်ဗျား။ နည်းနည်းလောက်လမ်းဖယ်ပေးကြပါခင်ဗျားဟု အော်ကာ ဈေးအတွင်းသို့ ဝင်သွားလေသည်။

ထင်းခုတ်သမား၏အော်သံကြောင့် လူများကလမ်းဖယ်ပေးကြ၏။ သို့သော် ချမ်းသာကြွယ်ဝသောမာနရှင်လူဝကြီးမှာ ထင်းရောင်းသမားဆင်းရဲသား၏စကားကို ဂရုစိုက်စရာမလိုဟု လမ်းမဖယ်ပဲ လမ်းလယ်တွင်ရပ်နေ၏။ ထင်းခုတ်သမားသည် မည်သို့မျှ ရှောင်ကွင်း၍မရပဲ မိမိ၏ထင်းချောင်းများနှင့် လူချမ်းသာမာနရှင်လူဝကြီး၏ အဖိုးတန် အကျီ¤ကို ချိတ်မိရာ အကျီ¤စုတ်ပြဲသွားလေသည်။

မိမိအကျီ¤စုတ်ပြဲသွားသည်ကိုတွေ့ရသောအခါ မာနရှင်လူဝကြီးသည် များစွာစိတ်ဆိုး၏။ ထို့ကြောင့် ထင်းရောင်းသမားကိုဖမ်းဆီးကာ မြို့ဝန်ထံ ဆွဲခေါ်သွားလေသည်။ မြို့ဝန်ထံရောက်သောအခါ မာနရှင်လူဝကြီးက ဤထင်းရောင်းသမားသည် ကျွန်ုပ်၏အဖိုးတန်အကျီ¤ကို စုတ်ပြဲအောင် ပြုလုပ်သဖြင့် ထိုက်သင့်သောအပြစ်ပေးပါဟု တိုင်

ကြားလေသည်။

မြို့ဝန်သည် ထင်းရောင်းသမားအား မည်သည့်အတွက်ကြောင့် ဤပုဂ္ဂိုလ်ကြီး၏ တန်ဖိုးကြီးလှသော အကျီုစုတ်ပြုအောင်လုပ်သနည်းဟု မေးလေ၏။ ထင်းရောင်းသမား သည် မြို့ဝန်ရှေ့တွင် ကျိုကျို့ထိုင်ကာ ဘာမျှပြန်မပြောဘဲ နေလေသည်။ မြို့ဝန်သည် ထင်းရောင်းသမားအား မေးခွန်းပေါင်းများစွာမေးသော်လည်း စကားတစ်ခွန်းမျှ ပြန်မ ပြော၍ ဒေါသထွက်လာ၏။ ထိုကြောင့် မြို့ဝန်သည် မာနရှင်လူဝကြီးအား သင်သည် စကားမပြောတတ်သူကို အဘယ်ကြောင့် ငါ့ထံ ခေါ်လာရသနည်းဟု ပြစ်တင်ပြောဆို လေသည်။ မာနရှင်လူဝကြီးက မြို့ဝန်မင်း ထင်းရောင်းသမားသည် စကားပြောတတ်ပါ သည်။ သူ့စကားပြောသည်ကို ကျွန်တော်နားနှင့် ဆတ်ဆတ်ကြားခဲ့ရပါသည်ဟု ပြော၏။

ဤတွင် မြို့ဝန်က သည်လူစကားပြောသည်ကို သင်နားနှင့် ဆတ်ဆတ်ကြားရ သည်ဆိုလျှင် သည်လူမည်သည့်စကားများပြောသည်ကို သင်ကြားခဲ့သနည်းဟု မေးလေ ၏။ ထိုအခါ မာနရှင်လူဝကြီးက ထင်းရောင်းသမားပြောသည်စကားအတိုင်း နည်းနည်း လောက်လမ်းဖယ်ပေးကြပါခင်ဗျာ။ နည်းနည်းလောက်လမ်းဖယ်ပေးကြပါခင်ဗျာဟု လူအ များရှေ့စျေးလယ်ခေါင်မှာ ပြောခဲ့သည်ကို ကြားရပါသည်ဟု ပြန်ပြောလေသည်။

မာနရှင်လူဝကြီး၏စကားကိုကြားလျှင် သည်အတိုင်းမှန်လျှင် ထင်းရောင်းသမား က နည်းနည်းလောက်လမ်းဖယ်ပေးကြပါခင်ဗျာဟု တောင်းပန်ပါလျက် သင်လမ်းဖယ် မပေးပဲနေသောကြောင့် အကျီုမှာ ထင်းကိုင်းနှင့်ငြိ၍ စုတ်ပြဲသွားရခြင်းဖြစ်သည်။ ထင်း ရောင်းသမား၌ အပြစ်မရှိဟု မြို့ဝန်က ဆုံးဖြတ်လိုက်လေသတည်း။

သင်ခန်းစာ (၁၅)

ပတ်စာ

မစူးစမ်းမဆင်ခြင်သောယုန်သူငယ်

ယုန်ငယ်တစ်ကောင်သည် ထန်းပင်တစ်ပင်အောက်ရှိ ထန်းရွက်ခြောက်ကြားတွင် ဝပ်နေစဉ် အကယ်၍မြေပြိုသော် ငါသည်အဘယ်သို့သွား၍နေရပါအံ့နည်းဟု တွေးတော နေ၏။ ထိုအခိုက်၌ ထန်းပင်အနီးရှိ ဥသျှစ်ပင်မှ ဥသျှစ်သီးမှည့်တစ်လုံးသည် ထန်းရွက် ပေါ်သို့ကြွေကျ၏။

ထိုအသံကိုယုန်ငယ်ကြားလျှင် မြေပြိုနေပြီဟု နောက်သို့ပြန်မကြည့်ဘဲ ကြောက် လန့်တကြားထ၍ပြေး၏။

ထိုယုန်ပြေးသည်ကို အခြားယုန်ငယ်တစ်ကောင်မြင်သော် အဘယ်ကြောင့်ပြေးသ နည်းဟု မေး၏။ ဤအရပ်၌မြေပြိုခဲ့ပြီ၊ အသင်လည်းပြေးလော့ဟု အပန်းတကြီးဆို၍ ဆက်လက်ပြေး၏။ မေးသောယုန်လည်း ပထမယုန်နောက်သို့ ပြေးလိုက်၏။

ထိုယုန်နှစ်ကောင်ပြေးသည်ကို တတိယယုန်မြင်သော် မေး၍အပြေးလိုက်ပြန်၏။ သို့ဖြင့် ယုန်အပေါင်းတို့ပြေးကြသည်မှာ အုတ်အုတ်ကျက်ကျက်ဖြစ်လာ၏။

ပြေးကြသောယုန်တို့ကို သမင်သည် မြင်သောအခါ၌လည်း မေး၍ ပြေးပြန်၏။ ဝက်၊ စိုင်၊ ကျွဲ၊ နွား၊ ကြံ့၊ ကျား၊ ဆင်တို့သည်လည်း မြင်၍မေး၍ပြေးကြပြန်၏။ ထိုသို့ ကြောက်လန့်တကြားပြေးကြသောတိရစ္ဆာန်အပေါင်းတို့ကို ကေသရာဇာခြင်္သေ့မင်းသည် မြင်၍မေးမြန်း၏။ မြေပြိုသည်ဟု ဆိုကြသော် ခြင်္သေ့မင်းသည် ဤသို့စဉ်းစား၏။ မြေပြို သည်မဟုတ်တန်ရာ။ ကြောက်မက်ဘွယ်အသံတစ်ခုခုကြားသည်ဖြစ်မည်။ ထိုသတ္တဝါ တို့ကို ငါမတားမြစ်သော် သေကြတော့မည်။ ငါတားမြစ်အံ့ဟုကြံ၏။

ထိုသတ္တဝါအပေါင်းတို့ရှေ့မှနေ၍ ခြင်္သေ့မင်းသည် သုံးကြိမ်ဟောက်လိုက်၏။ ထို

အခါ တိရစ္ဆာန်တို့သည် ကြောက်၍ရပ်တန့်သွားကြ၏။ ခြင်္သေ့မင်း ထိုသားကောင်အုပ်အ တွင်းသို့ဝင်၍ မြေပြိုသည်ကို အဘယ်သူမြင်သနည်းဟု မေးမြန်းသော ဆင်တို့သိကြ သည်ဟုဆို၏။

ဆင်တို့ကိုမေးပြန်သော်ကျား၊ ကျားကိုမေးပြန်သော်ကြံ့၊ ကြံ့ကိုမေးပြန်သော်နွား စသည်ဖြင့် အဆင့်ဆင့်ပြောကြရာ နောက်ဆုံးတွင် မြေပြိုသည်ဟုပြောသောယုန်ကို တွေ့လေသည်။ ထိုအခါ ယုန်ငယ်က ဥသျှစ်ပင်အနီးရှိ ထန်းရွက်ကြီးတွင် ဝပ်နေစဉ် မြေပြိုသော အဘယ်သို့သွားနေရပါအံ့နည်းဟု တွေးတောနေပါသည်။ ထိုအခါ၌ မြေပြို သံကိုကြားသဖြင့် ပြေးခဲ့ပါသည်ဟုဆို၏။

ခြင်္သေ့မင်းလည်းယုန်ငယ်ဝပ်နေခဲ့သောနေရာကို အပြခိုင်း၏။

ခြင်္သေ့မင်းသည်သွား၍ကြည့်ရာ ဥသျှစ်ပင်ရင်းအနီးထန်းရွက်အောက်၌ ယုန်ငယ် အိပ်သောနေရာကိုလည်းကောင်း၊ ထန်းရွက်ထက်သို့ ကြွေကျသောဥသျှစ်မှည့်ကိုလည်း ကောင်းတွေ့၏။

ထိုအခါ ခြင်္သေ့မင်းသည်အကြောင်းမှန်ကိုသိ၍ မစူးစမ်းမဆင်ခြင်ဘဲ မပြုလုပ်ရာ သည်ကို တိရစ္ဆာန်အပေါင်းတို့အား လက်တွေ့ပြ၍ဆုံးမလေသည်။

***** ***** *****

စကားပြော

ပစ္စည်းဝယ်ခြင်း

က။ မဝေ
ခ။ မနွယ်
ဂ။ စျေးရောင်းသူ
ဃ။ စျေးရောင်းသူ

က။ ။ မနွယ်၊ ဘယ်သွားမလို့လဲ။

ခ။ ။ စျေးသွားမလို့။ နက်ဖြန်အိမ်မှာညည်သည်များကိုဖိတ်ကျွေးမယ်။ မဝေကော၊ ဘယ်သွားမလို့လဲ။

က။ ။ ကျမလဲစျေးသွားမလို့။ အတူတူသွားကြရအောင်။

ခ။ ။ သခွါးသီးနဲ့ခရမ်းချဉ်သီးဘယ်ဈေးလဲရှင်။

ဂ။ ။ သခွါးသီးကသုံးလုံးတစ်ကျပ်၊ ခရမ်းချဉ်သီးကတော့တစ်ဆယ်သား ၂ ကျပ်ပါ။ ဘယ်လောက်ယူမလဲရှင်။

ခ။ ။ သခွါးသီးသုံးလုံးနဲ့ခရမ်းချဉ်သီး ၂၀ သားပေးပါ။ အားလုံးဘယ်လောက်ကျသလဲ။

ဂ။ ။ ဟုတ်ကဲ့။ သခွါးသီးကတစ်ကျပ်၊ ခရမ်းချဉ်သီးကလေးကျပ်၊ အားလုံးပေါင်း ၅ ကျပ်။ တခြားဘာယူအုန်းမလဲအစ်မ။

ခ။ ။ တော်ပြီ။ မယူတော့ဘူး။ ရော့၊ နှစ်ဆယ်တန်ဘဲရှိတယ်။

ဂ။ ။ ဒါကအမ်းငွေပါရှင်။ ကျေးဇူးတင်ပါတယ်။ နောင်လဲလာဝယ်ပါအုန်းရှင်။

က။ ။ မနွယ်သားငါးပုစွန်မဝယ်ဘူးလား။

ခ။ ။ ဝယ်မယ်။ ဟိုဘက်သွားကြည့်ကြစို့။

ဃ။ ။ အမကြီးတို့ရယ်၊ ငါးအရှင်လတ်လတ်ရှိတယ်။ ယူမလား။

ခ။ ။ စျေးဘယ်လောက်လဲ။

ဃ။ ။ တစ်ဆယ်သား ၃၀၀ ပါ။ ဘယ်နှစ်ကောင်ယူမလဲ။

ခ။ ။ ပုစွန်ထုပ်ကော။ ဘယ်ဈေးလဲ။

ဃ။ ။ ပလပ်စတစ်အိတ်နဲ့ထုပ်ပြီးသားတစ်ထုပ် ၂၈၀ ။

ခ။ ။ ဈေးကြီးလှချေလားရှင်။ နည်းနည်းလျှော့ပါအုန်း။

သ။ ။ ဈေးမကြီးပါဘူး။ အမသယ်ဈေးနဲ့ယူမလဲခင်ဗျား။

ခ။ ။ တစ်ထုပ်ကို ၂၅၀ ဘဲထား။

သ။ ။ ဟာ- ၂၅၀ ဆိုအရင်းတောင်မရသေးဘူးခင်ဗျား။ အဲဒီပုစွန်ထုပ်ကိုကြည့်ပါအုန်း၊ အကောင်းစားဘဲ။ ဒီလိုလုပ်ပါများ။ ၂၆၀၊ ဘယ်နှယ်လဲ။

ခ။ ။ ကောင်းပါပြီ၊ တစ်ထုပ်ပေးပါ။ မဝေကဘာမှမဝယ်သေးပါလား။

က။ ။ ကျမကဟင်းသီးဟင်းရွက်ဘဲဝယ်မယ်။ ကစွန်းရွက် ၃ စည်းရယ်၊ ချဉ်ပေါင်ရွက် ၂ စည်းရယ်၊ နောက်ပြီးအချိုမှုန့်လဲဝယ်ရအုန်းမယ်။ ဟိုဘက်သွားဝယ်ကြရအောင်။

ခ။ ။ ကောင်းပါပြီ၊ သွားစို့။

***** ***** *****

စကားပုံ

မြွေပွေးခါးပိုက်ပိုက်

အဆိပ်အတောက်ပြင်းထန်သော မြွေပွေးကို ရိုက်သတ်၍ ခါးပိုက်တွင် ထည့်ပြီး ဆောင်ယူလာသောအခါ ရိုက်သတ်ထားသော မြွေပွေးသည် မြွေမဖြစ်၍ ထိုမြွေပွေးအသေမှပင် အကောင်ငယ်များပေါက်ဖွား၍ ခါးပိုက်တွင်းမှ လူကိုကိုက်သဖြင့် ထိုလူသည် သေကြေပျက်စီးသွားသည်။

ထို့ကြောင့် အန္တရာယ်ရှိသောပုဂ္ဂိုလ်အား မမြှောက်စားသင့်ကြောင်းသတိပြုအပ်ပေသည်။

***** ***** *****

ဝေါဟာရ

စူးစမ်း (က) 调查、打听

သင်ခန်းစာ (၁၅)

မြန်မာ	အဓိပ္ပာယ်
ဆင်ခြင် (ကြ)	思考、考虑
သူငယ် (န)	小孩、幼小的动物
ထန်းပင် (န)	棕榈树
ထန်းရွက် (န)	棕榈叶
စဉ် (ပ)	当……的时候
မြေပြို (ကြ)	地陷
တွေးတော (ကြ)	思考、思索
ဥသျှစ်ပင် (န)	孟加拉苹果树
ဥသျှစ်သီး (န)	孟加拉苹果
မှည့် (နဝ)	成熟的
ကြွေ (ကြ)	凋落
ကြောက်လန့်တကြား (ကဝ)	惊慌失措地
အသင် (နစ)	你
အပန်းတကြီး (ကဝ)	劳累不堪地
အုတ်အုတ်ကျက်ကျက် (ကဝ)	乱哄哄地
သမင် (န)	鹿
စိုင် (န)	野牛
ကြံ့ (န)	犀牛
ကေသရာဇာ (န၊ပါဠိ)	兽王、狮王
ခြင်္သေ့ (န)	狮子
မေးမြန်း (ကြ)	询问
တားမြစ် (ကြ)	阻止
ဟောက် (ကြ)	吼
ရပ်တန့် (ကြ)	停止
သားကောင် (န)	野兽
အုပ် (မ)	群

လက်တွေ့ (ကဝ)	实践地、结合实际地
(န)	经验、实践
ဖိတ်ကျွေး (က)	请客
တော် (က)	够了
အမ်းငွေ (န)	找的钱
သား (န)	肉
ပုစွန် (န)	虾
အရှင်လတ်လတ် (နဝ)	鲜活的
ပုစွန်ထုပ် (န)	大对虾、大海虾
လျော့ (က)	减少
အရင်း (န)	本钱
ချဉ်ပေါင်ရွက် (န)	洋麻（味酸、叶可炒食或做酸汤）
အချိုမှုန့် (န)	味精

***** ***** *****

ရှင်းပြချက်

၁။ အကယ်၍---သော် 假设句句型。表示"如果……的话"的意思。口语体为"တကယ်လို့---ရင်"。ဥပမာ-

- အကယ်၍မြေပြိုသော်မခက်ပေလော။
  如果地陷的话不就麻烦了吗?
- အကယ်၍သူလာသော်အကြောင်းစုံပြောပြမည်။
  要是他来的话就全告诉他。
- အကယ်၍မိုးမိသော်အအေးမိသွားမည်။
  如果淋雨的话就会感冒。

သင်ခန်းစာ (၁၅)

၂။ အံ့နည်း၊ 疑问句的句尾助词。书面语体，用于将来时的句子或条件句中，表示疑问或反问。口语体为"မလဲ"，它比"မည်နည်း"的语气更强。ဥပမာ-

- ကျွန်တော်တို့အဘယ်သို့လုပ်ရအံ့နည်း။
 我们该怎么办呢？
- အဘယ်သို့သွား၍နေရအံ့နည်း။
 到哪儿去住呢？
- အဘယ်သူကအဖြေပေးနိုင်အံ့နည်း။
 谁能解答呢？

၃။ လော့ 语气助词。书面语体，用于句尾，表示要求、号召、呼吁的语气。ဥပမာ-

- ပြည်သူ့အတွက်ချီတက်ကြလော့။
 为了人民，前进！
- တိုင်းရင်းသားလူမျိုးများအချင်းချင်းသွေးစည်းညီညွတ်ကြလော့။
 各族人民团结起来！
- သင်တို့သည်ဤအိမ်မှယခုချက်ချင်းထွက်သွားလော့။
 你们马上从这个家里滚出去！

၄။ သော် 状语助词。书面语体，表示"当……的时候"的意思。口语体为"တော့"。ဥပမာ-

- ထိုယုန်ပြေးသည်ကိုအခြားယုန်ယယ်တစ်ကောင်မြင်သော်အဘယ်ကြောင့်ပြေးသနည်းဟုမေး၏။
 当另一只兔子看到那只兔子在奔跑时，就问："你为什么跑呀？"
- မြေပြိုသည်ကိုအဘယ်သူမြင်သနည်းဟုမေးသော်ဆင်သိကြသည်ဟုဆို

၏။

当问到是谁看到地陷了的时候，大家就说大象知道。

- ကျောင်းပြန်ရောက်သော ၇ နာရီပင်ထိုးနေပြီ။

回到学校已是七点了。

၅။ သို့ဖြင့် 连词。书面语体，与"သို့နှင့်"相同，用于复句中最后一个分句的句首，表示"于是……"、"就这样……"的意思。口语体为"ဒီလိုနဲ့"。 ဥပမာ-

- ကျွန်တော်တို့နေ့စဉ်မြန်မာစာဖတ်၏၊ ရေး၏။ သို့ဖြင့် တစ်နေ့ထက် တစ်နေ့တိုးတက်လာ၏။

我们每天念缅文、写缅文。就这样，一天天进步了。

- ကျွန်တော်တို့သည်တစ်ခန်းထဲတွင်အတူနေခဲ့ရသည်။ သို့ဖြင့် တစ်ဦးနှင့် တစ်ဦးသိကျွမ်းလာကြ၏။

我们曾同住一个房间，于是就彼此熟悉起来。

- သူ့ကိုငွေ ၅၀ လျော်ပေးလိုက်ရသည်။ သို့ဖြင့်ပင်ပြဿနာပြေလည် အောင် ဖြေရှင်းသွားပါသည်။

赔了他50块钱，这才算了结了此事。

၆။ တန်ရာ 助动词。用于动词之后，表示说话人对事物进行推断或猜测，比一般猜测的语气要更加肯定一些。相当于汉语"很可能……"、"该……"的意思。 ဥပမာ-

- ဖြစ်တန်ရာ၏။

很可能是这样的。

- သူသည်ဤကဲ့သို့ပြောတန်ရာ၏။

他很可能这样说。

- အကယ်၍သူအဖေသည် လွတ်လပ်ရေးတိုက်ပွဲတွင်မကျဆုံးလျှင် ယခုအ

ချိန်တွင်နိုင်ငံတော်၏ခေါင်းဆောင်ကြီးတစ်ဦးဖြစ်တန်ရာ၏။
如果他父亲没有在独立战争中牺牲的话，现在应该是一位国家领导人了。

၇။ ။ အံ့ 谓语助词。与"မည်"相同。口语体为"မယ်"。

အံ့နည်း = မည်နည်း = မလဲ
အဘယ်သို့ = ဘယ်လို
= ဘယ်ကို
သနည်း = သလဲ

၈။ ။ ခိုင်း 助动词。用于动词之后，表示"让"、"叫"别人干的意思。ဥပမာ-

– သူ့ကိုဖောင်တိန်နဲ့ရေးခိုင်းပါ။
让他用钢笔写吧。

– အမေကသားကိုကျောင်းသွားခိုင်း၏။
母亲让孩子去上学。

– သူ့ကိုမဝယ်ခိုင်းနဲ့၊ မင်းကိုယ်တိုင်သွားဝယ်ပါ။
你别叫他买，你自己去买吧。

၉။ ။ ရာ 助动词。书面语体，用于动词之后，表示"应该"的意思。ဥပမာ-

– မဆင်ခြင်ဘဲမပြုလုပ်ရာ။
做事不该不考虑。

– ဇွဲရှိလျှင်အောင်မြင်ရာ၏။
有毅力就会成功。

– လာမည်ဘေးအဝေးကရှောင်ရာ၏။

应防患于未然。

၁၀။ ။ တစ်ဆယ်သား：十缅两

缅甸度量衡中，一般物品的重量单位有：斤（ပိဿာ）、两（ကျပ်သား）；

တစ်ပိဿာ（一缅斤，相当于 3.27 市斤或 3.65 磅）= 100 ကျပ်သား（100 缅两）。

逢整数时常简称"---သား："。ဥပမာ-

- နှစ်ဆယ်သား

二十缅两

- ငါးဆယ်သား

半缅斤（50 缅两）

如果不是整数，则用"ကျပ်သား："。ဥပမာ-

- ၁၅ ကျပ်သား

15 缅两

- ၇၅ ကျပ်သား

75 缅两

၁၁။ ။ ပြီးသား：习用形式。用于动词之后，修饰名词，表示"完成了的"、"好了的"、"过了的"的意思。有时被修饰的名词可省略。ဥပမာ-

- ဖွံ့ဖြိုးပြီးသားနိုင်ငံ

发达国家

- ချုပ်ပြီးသားအကျႌ　成衣

- ဆရာကသူ့အကြောင်းကိုသိပြီးသားပါ။

老师已了解他的情况。

လေ့ကျင့်ခန်း

၁။ အောက်ပါမေးခွန်းများကိုဖြေပါ။
　၁။ ယုန်ငယ်တစ်ကောင်ကဘယ်နေရာမှာဝပ်နေတာလဲ။
　၂။ သူကဘာတွေများတွေးနေသလဲ။
　၃။ သူလျှောက်တွေးနေတဲ့အခါဘာအသံကြားရသလဲ။
　၄။ ဥသျှစ်သီးကြွေကျသံကိုဘာအသံအောက်မေ့ပြီးထွက်ပြေးသလဲ။
　၅။ တခြားယုန်ကလေးကသူပြေးနေတာမြင်တော့မအံ့သြကြဘူးလား။
　၆။ တခြားယုန်ကလေးတွေကမေးတော့အဲဒီယုန်ငယ်ကဘယ်လိုဖြေလိုက်သလဲ။
　၇။ ဝက်တို့၊ ကျွဲတို့ဘာဖြစ်လို့ယုန်ငယ်နောက်ကိုလိုက်ပြေးကြသလဲ။
　၈။ မြေပြိုတယ်ဆိုတာဘာအဓိပ္ပါယ်လဲ။
　၉။ မြေပြိုပြီလို့ကြားတော့ခြင်္သေ့မင်းကဘယ်လိုစဉ်းစားသလဲ။
　၁၀။ ဘာဖြစ်လို့ခြင်္သေ့မင်းကမြေပြိုသည်မဟုတ်တန်ရာလို့ထင်သလဲ။
　၁၁။ ခြင်္သေ့မင်းကသားရဲတိရစ္ဆာန်တွေကိုဘယ်လိုဟန့်တားလိုက်သလဲ။
　၁၂။ ခြင်္သေ့မင်းဟောက်သံကြားရတော့ပြေးနေတဲ့တိရစ္ဆာန်တွေကဘာဖြစ်လို့ရပ်လိုက်ရသလဲ။
　၁၃။ ခြင်္သေ့မင်းကဘာဖြစ်လို့ဟောက်ရသလဲ။
　၁၄။ ခြင်္သေ့မင်းကယုန်ငယ်ကိုဘာလုပ်ခိုင်းသလဲ။
　၁၅။ ခြင်္သေ့မင်းကတိရစ္ဆာန်များကိုဘယ်လိုဆုံးမလိုက်သလဲ။
　၁၆။ ဒီပုံပြင်ကလေးကဘာကိုဖော်ပြသလဲ။
　၁၇။ တကယ်လို့ခြင်္သေ့မင်းကမဟောက်လိုက်ယင်ဘယ်လိုဖြစ်သွားမလဲ။
　၁၈။ တိရစ္ဆာန်တွေဟာဘာဖြစ်လို့အကြောင်းမှန်ကိုသိအောင်မစူးစမ်းမဆင်ခြင်ဘဲလိုက်ပြေးကြသလဲ။
　၁၉။ စူးစမ်းဆင်ခြင်ခြင်းရဲ့အရေးကြီးပုံကိုပြောပြစမ်းပါ။
　၂၀။ လိုက်ပြေးကြတဲ့တိရစ္ဆာန်တွေရဲ့အမှားမျိုးမမှားရအောင် ကျနော်တို့ဘယ်လိုလုပ်ကြရမလဲ။

၂။ အောက်ပါစကားပြောများကိုမြန်မာဘာသာသို့ပြန်ဆိုပါ။

虾米怎么卖？

二十块钱一斤。

太贵了，便宜一点儿吧。

你要多少？多买可以便宜一点儿。

我要一斤。

对不起，不能便宜了。

您买个西瓜吗？五毛钱一斤。

熟不熟啊？

您放心，保熟保甜。我帮您挑一个？

好吧。来个大点儿的。

十一斤半，总共五块七毛五，您就给五块五吧。

谢谢。

၃။ အောက်ပါလုံးချင်းစကားလုံး(ပုဒ်ရင်းတစ်ခု)နှင့်အနက်အဓိပ္ပါယ်ချင်းတူညီသော၊ သို့မဟုတ် နီးစပ်သောနှစ်လုံးတွဲပေါင်းစပ်စကားလုံးကိုရေးပြပါ။

ကြောက်–––	တွေး–––
သေ–––	ဆက်–––
ရပ်–––	လုပ်–––
ြ–––	ပို–––
ပြော–––	ကြည်–––

၄။ အောက်ပါစကားလုံးများဖြင့်ကွက်လပ်အသီးသီး၌ဆီလျော်အောင်ဖြည့်ပါ။

ရာ   သို့   သည်အတိုင်း   မှ   သဖြင့်

သော်   ကြောင့်   အတိုင်း   ၍

သင်ခန်းစာ (၁၅)

၁။ ဗာစကိုဒဂါးမား (Vasco da Gama) သည် အာဖရိကတိုက် အရှေ့ဘက် ဆိပ်ကမ်း-------ရောက်ရှိသွားခဲ့သည်။ ထိုဆိပ်ကမ်းမြို့တွင် အိန္ဒိယ ကုန်သည်များနှင့်တွေ့သည်။

၂။ ဗာစကိုဒဂါးမားက ကုန်သည်များထံ-------အကူအညီတောင်း-------အရပ်ရေကြောင်းပြတစ်ဦးကို ထည့်လိုက်သည်။

၃။ အဆွေဆင်မင်း မသွားလေနှင့်။ ထိုအရပ်သည် အဆွေဆင်မင်း၏ အရပ်ဒေသမဟုတ်။ စစ်ထိုးခဲ့-------သင်သာ စစ်ရှုံးလိမ့်မည်ဟု တားမြစ်သည်။

၄။ ခြေသည်သည် ဆင်ကိုသနား-------ခွင့်ပေးလိုက်ပါသည်။

၅။ ဆင်သည် ဖားငယ်အကြံပေး-------မိမိနေရာဒေသသို့ပြန်၍အဆင်သင့်ပြုလုပ်စီမံထားလေသည်။

၆။ မိမိကိုယ်တိုင် မွန်မင်းသမီး ခင်ဦးကို မိဘုရားမြှောက်ခဲ့၏။ ထိုပြင် နန်းတက်ပွဲကို မွန်ထီးနန်းခလေ့ထုံးစံ-------ကျင်းပခဲ့သည်။

၇။ ထိုဘုရားသည် အနုပညာလက်ရာမြောက်သော နံရံဆေးရေးပန်းချီများ ပန်းပုရုပ်လုံးများရှိခြင်း-------အလွန်ထင်ရှားကျော်ကြားသည်။

၈။ ခြေသည်မင်းသည် တိရစ္ဆာန်အပေါင်းတို့ကို လက်တွေ့ပြ-------ဆုံးမသည်။

၉။ တံခါးပေါက်မှ ဝင်လာသောကျားကြီးကို မြင်သောအခါ ညီအစ်မသုံးယောက်သည် ကြောက်လန့်လျက် တဲနောက်ဖေးပေါက်မှ ထွက်ပြေးပြီးလျှင် သစ်ပင်ပေါ်-------တက်၍ပုန်းနေကြလေသည်။

၁၀။ ထိုအသီးသည် မှည့်၍ကြွေလေ-------မြစ်အတွင်းသို့ကျ၍ မျောပါးသွားလေသည်။

၅။ ။ အောက်ပါဝါကျများကိုပြီးပြည့်စုံအောင်ရေးပါ။
အကယ်၍စာမေးပွဲကျသွားသော်-------
အကယ်၍သူဌေးကြီးဖြစ်သွားသော်-------

အကယ်၍နိုင်ငံခြားသို့သွားခွင့်ရှိသော်------

၆။ ။ အောက်ပါစကားလုံးများဖြင့်ဝါကျတစ်ခုစီဖွဲ့ပြပါ။
အကယ်၍---သော်--- တန်ရာ သိုဖြင့် ရာ လော့

၇။ ။ အောက်ပါဝါကျများကိုတရုတ်ဘာသာသို့ပြန်ဆိုပါ။
၁။ ကိုလံဘတ်သည် စပိန်နိုင်ငံအတွက် နယ်မြေသစ်ကို ရှာဖွေခဲ့ရာ အမေရိကတိုက်ကို တွေ့ရှိခဲ့သည်။
၂။ တရုတ်ပြည်သစ်မထူထောင်မီ မော်တော်ကားစက်ရုံ၊ လေယာဉ်ပျံစက်ရုံစသည့်စက်ရုံများတည်ဆောက်နိုင်မည်ဟု၍ မတွေးဝံ့ခဲ့ပေ။
၃။ မြန်မာချစ်ကြည်ရေးကိုယ်စားလှည်အဖွဲ့ခေါင်းဆောင်ဖြစ်သောနိုင်ငံခြားရေးဝန်ကြီးက တရုတ်ခေါင်းဆောင်များအား ညစာစားပွဲဖြင့် တည်ခင်းညှည်းခံပါသည်။
၄။ သားသမီးတွေ တက္ကသိုလ်ဝင်စာမေးပွဲအောင်တဲ့သတင်းကို ကြားရတော့ မိဘဆွေမျိုးတွေက ဝမ်းမသာဘဲနေနိုင်ပါ့မလား။
၅။ လီယိုနာဒိုဒါဗင်ချီသည် ငယ်စဉ်ကပင် ဂီတ၊ ပုံဆွဲနှင့်ရုပ်လုံးထုခြင်း စသော ပညာရပ်များတွင်ဝါသနာပါသည်။ လီယိုနာဒို၏ ဖခင်သည် သားဖြစ်သူဆွဲသော ပုံများကို ပုံဆွဲပညာရှင်တစ်ဦးအား ပြသရာ လီယိုနာဒို၏ လက်ရာများကို ချီးမွမ်းအံ့ဩလေသည်။ သူ၏လက်ရာများသည် ကောင်းမွန်သဖြင့် အသက် ၂၀ တွင် ပုံဆွဲပညာသည်များအသင်းသို့ဝင်ခွင့်ရရှိသည်။
၆။ လီယိုနာဒိုသည် အခြားအနုပညာသည်များကဲ့သို့ ရေးခတ်ပညာရပ်များကို အတုယူရေးဆွဲခြင်းမရှိချေ။ မည်သည့်နည်းစနစ်ကိုမျှလည်း မယူချေ။ လီယိုနာဒိုသည် သဘာဝ၏သဘောတရားများကို မိမိကိုယ်တိုင် စေ့စပ်သေချာစွာလေ့လာပြီးမှ ရေးဆွဲလေသည်။
၇။ မီတာ ၁၀၀ ပြေးပွဲတစ်ခုတွင် ယှဉ်ပြိုင်သူ ၈ ဦးပါဝင်သည်။ တာလွတ်

မည်နေရာတွင် တန်းစီနေကြသည်။ ၎င်းပုဂ္ဂိုလ် ၈ ဦးသည် ကိုယ် အဂီမသန်စွမ်းသူ သို့မဟုတ် စိတ်ပိုင်းဆိုင်ရာ ချို့ယွင်းသူများချည်း ဖြစ်၏။

၈။ တာလွတ်ဒိုင်က သေနတ်ဖောက်လိုက်သည်အခါ အားလုံးပင်စ၍ပြေး ကြသည်။ အားလုံးပင် သူ့ထက်ငါဦး ပန်းတိုင်အရင်ရောက်အောင် အားပါးတရပြေးကြခြင်းဖြစ်၏။

၉။ ပွဲကြည့်စင်များပေါ်မှ ပရိသတ်အားလုံးထရပ်မိကြသည်။ ထို့နောက် လက်ခုပ်သြဘာပေးလိုက်ကြသည်။ အသံများမှာ ဆယ်မိနစ်မျှကြာ လေသည်။

၁၀။ ကိုယ့်ကလေးတွေ သူတို့ကိုယ်သူတို့ အထင်ကြီးလာအောင် အတတ် နိုင်ဆုံးလုပ်ပေးပါ။ သူတို့ဘဝအောင်မြင်ဖို့အတွက် ဒါဟာ အရေး အကြီးဆုံးပဲ။

၈။ ။ အောက်ပါဝါကျများကိုမြန်မာဘာသာသို့ပြန်ဆိုပါ။

（1）这件事已经告诉过他了。
（2）他们为什么要这么惊慌地跑起来呢？
（3）别让别人替你做作业。
（4）假如迷路了，你该怎么办？
（5）你要是能用英语演讲该多好呀！
（6）如果还没懂，请你下课后来问吧。
（7）这篇文章别提多难翻译了。
（8）不应该不调查研究就下结论。
（9）应该在认真调查研究之后再下结论。
（10）他每天坚持锻炼，于是身体就一天天好起来了。
（11）当妈妈问是谁把花瓶打碎了的时候，谁也不说话。
（12）我该拿你们怎么办呢？

（13）星期六星期天许多家长都让孩子上各种补习班。

（14）如果他有机会上大学的话，他应该会是个好学生的。

（15）要是你同意让我去办这事，我一定把它办好。

（16）妈妈买了四十缅两的猪肉和半缅斤的大虾。

（17）这个词我们已经学过了，你怎么没记住呢？

（18）假如老师不来的话，我们该怎么办呢？

（19）我们一起参加了学校的合唱团，于是就彼此熟悉起来。

（20）你应该把买东西时找的钱还给妈妈。

*****   *****   *****

အပိုဖတ်စာ

ပြတင်းပေါက်

တစ်ခါက ဆေးရုံကြီးတစ်ရုံရှိ လူနာခန်းကျဉ်းလေးတစ်ခုထဲမှာ လူနှစ်ယောက်ရှိကြသည်။ နှစ်ယောက်လုံးပင် ရောဂါသည်းသောလူနာများဖြစ်သည်။ အခန်းလေးက ကျဉ်းပြီး အပြင်လောကကိုကြည့်စရာပြတင်းပေါက်တစ်ခုသာပါသည်။

လူနာနှစ်ယောက်အနက် တစ်ယောက်က နေ့လယ်ပိုင်းတွင် သူ့အဆုတ်ထဲက အရည်တွေပိုက်နှင့်စုပ်ထုတ်ရတာကိုအကြောင်းပြု၍ တစ်နာရီခန့် ထိုင်ခွင့်ရသည်။ သူခုတင်က ပြတင်းပေါက်အနီးမှာ ရှိနေသည်။ တစ်ဖက်ခုတင်ရှိလူနာကတော့ တစ်ချိန်လုံးပက်လက်လှန်ကာ စန့်စန့်ကြီးလဲနေရသည်။

နေ့လယ်ခင်းတိုင်း ပြတင်းပေါက်အနီးရှိလူနာက ခုတင်မှာ ခေါင်းအုံးတွေဘာတွေ ဆင့်ကာ ကျောမှီ၍ ထိုင်ခွင့်ရသည်အချိန် အပြင်ဘက်ဆီ၌ သူလှမ်းမြင်ရသည်အရာတွေကို အနီးရှိလူအား ပြောပြလေရှိသည်။

သင်ခန်းစာ (၁၅)

ပြတင်းပေါက်က လှမ်းကြည့်လျှင် အပြင်မှာပန်းခြံကြီးတစ်ခု မြင်ရသည်ဟု ဆိုသည်။ အဲသည်ထဲမှာ ရေကန်ကြီးတစ်ကန်ရှိသည်။ ရေကန်မှာ ဘဲတွေ ငန်းတွေ ရေကူးနေသည်။ ကလေးများက သူတို့ကို ပေါင်မုန့်တွေပစ်ကျွေးကြသည်။ ကလေးအချို့က လှေကလေးတွေ မျှောနေသည်။ ချစ်သူစုံတွဲတွေ သစ်ပင်ကြီးများအောက် လက်ချင်းတွဲပြီး လမ်းလျှောက်နေကြသည်။ ပန်းတွေက ဝေဝေဆာဆာပွင့်နေသည်။ မြက်ခင်းစိမ်းစိမ်းက ကျယ်ပြန့်လှသည်။ အဲသည်မှာ ဘောလုံးပျော်(ဆော့ဖ်ဘော) ကစားနေကြသူတွေလည်းမြင်ရသည်။ ဟိုအဝေးဆီဌ့မူ သစ်ပင်တွေ ထိပ်ဖျားမှ ထိုးထွက်နေသည် တိုက်တာအိမ်ရာများ။ ထို့နောက်ဌ့ ပြာလဲ့သောမိုးကောင်းကင်။

ပက်လက်လှန်နေရသောသူသည် တစ်ဖက်လူပြောပြသမျှကိုနားစွင့်ကာ ကိုယ်တိုင်ကြည့်ရသလောက် အရသာတွေ့လျက်ရှိသည်။

သည်လိုနေရင်း သာယာသောနေ့လယ်ခင်းတစ်ခုမှာ သူ့ခေါင်းထဲအတွေးတစ်ခုဝင်လာသည်။ တစ်ဖက်လူကတော့ ပြတင်းပေါက်နားမှာနေပြီး အပြင်လောကရှုခင်းအစုံကို စိတ်တိုင်းကျ ကြည့်ခွင့်ရနေသည်။ မိမိကိုတော့ ဘာကြောင့်အဲသည်နားထားမပေးသလဲ ဟူသောအတွေးဖြစ်သည်။

သည်လို တွေးမိခြင်းအတွက်လည်း သူရှက်တော့ရှက်မိသည်။ သို့သော် သည်အတွေးကို ဖျောက်နေသည်ကြားကပင် နေရာချင်းလဲချင်စိတ်ကပြင်းပြလာသည်။ ဘယ်နည်းနဲ့ဖြစ်ဖြစ် လဲရမှဖြစ်မယ်ဆိုတာမျိုးအထိ သူတွေးမိလာသည်။

တစ်ညမှာတော့ သူမျက်နာကြက်ကိုငေးကြည့်နေစဉ် တစ်ဖက်လူ ရုတ်တရက်နှီးလာကာ ချောင်းဆိုးသည်။ ချောင်းဆိုးရင်း သီးလာသည်။ သူနာပြုဆရာမကို အရေးပေါ်ခေါ်သည်အချက်ပေးခလုတ်ကို နှိပ်ရန် လက်က စမ်းတဝါးဝါးလိုက်ရှာသည်။

သို့သော် သူမလုပ်ရှား။ တစ်ဖက်လူ အသက်ရှူသံရပ်သွားသည်အထိ ငြိမ်ရှိပင် စောင့်ကြည့်နေသည်။

နောက်နေ့မနက်မှာ သူနာပြုဆရာမက တစ်ဖက်လူသေဆုံးနေကြောင်းတွေ့ရှိကာ အလောင်းကို တိတ်ဆိတ်စွာပင် သယ်ယူသွားသည်။

ထိုအချိန်တွင် သူ့အား ပြတင်းပေါက်အနီးရှိခုတင်သို့ ပြောင်းပေးနိုင်မလားဟုမေး

သည်။

သို့နှင့် ပြောင်းပေးကြသည်။ သက်သောင့်သက်သာအရှိဆုံးဖြစ်အောင် နေရာချ ပေးသည်။ သပ်သပ်ရပ်ရပ် ပြင်ဆင်ထားသိုပေးသည်။ သူနာပြုတွေထွက်သွားသည်နှင့် တပြိုင်နက် တံတောင်တစ်ဖက်ပေါ်တွင် အားပြုကာ သူကြီးစား၍ထသည်။ နာကျင် မှုဝေဒနာကို မှိတ်ကျိတ်ခံကာ သူ့ကိုယ်သူ ခဲယဉ်းပင်ပန်းစွာ ထူမပြီး ပြတင်းပေါက်မှ အပြင်သို့လှမ်းကြည့်သည်။ အပြင်၌ နံရံတိုင်းတစ်ခုသာ သူမြင်ရလေသည်။

ဝေါဟာရများ

ဝေါဟာရ-		သင်ခန်းစာ
ကတိပြု (က)	保证	⑭
ကားမှတ်တိုင် (န)	汽车站	①
ကီလိုမီတာ (န)	千米、公里	⑦
ကုလားအုတ် (န)	骆驼	⑪
ကုသိုလ်ကောင်းမှု (န)	善事	⑤
ကေသရာဇာ (န)	兽王	⑮
ကော် (န)	胶水	②
ကိုးကွယ် (က)	信仰	⑤
ကက်တလောက် (န)	目录	②
ကောက်ယူ (က)	拾、捡	⑪
ကိုက် (က)	叨	⑨
ကောင်တာ (န)	柜台	②
ကောင်းမွန် (နဝ)	优秀的	⑤
ကိုင် (က)	拿着	⑨
ကိစ္စရပ် (န)	事务	⑫
ကန် (က)	踢	⑥
ကန်တော့ (က)	磕头	⑤
ကန်း (က)	瞎	⑪
ကုန် (ကထ)	都	⑭

ကုန် (က)	完结	⑥
ကုန်သည် (န)	商人	⑪
ကပ် (က)	贴	②
ကမ္ဘာ (န)	世界	③
ကမ္ဘာအေးစေတီတော် (န)	世界和平塔	⑦
ကယ်ဆယ် (က)	救、挽救、拯救	⑧
ကိုယ်ကာယ (န)	身体	⑥
ကိုယ်စားလှယ် (န)	代表	⑫
ကိုယ်တွေ့ (န)	实践	⑦
ကိုယ်ပူ (က)	发烧	⑧
ကိုယ်ပူချိန် (န)	体温	⑧
ကိုယ်ပူတိုင်း (က)	量体温	⑧
ကိုယ်လက်သုတ်သင် (က)	(雅) 解手、上厕所	①
ကျားမမရွေး (စု)	不分男女	⑤
ကျီးကန်း (န)	乌鸦	⑨
ကျူးကျော်ဝင်ရောက် (က)	入侵	⑩
ကျူးလွန် (က)	侵犯、冒犯	⑤
ကျေညာ (က)	宣传、公告	④
ကျေးဇူးပြု (က)	劳驾	⑨
ကျော်ကြား (နဝ)	著名的	⑦
ကျိုး (က)	断	⑪
ကျောက်စိမ်း (န)	玉、翡翠	⑩
ကျောက်တုံး (န)	石头、石块	⑪
ကျောက်မျက်ရတနာ (န)	珍宝、珠宝	⑩
ကျင့်သားရ (က)	习惯于	④
ကျောင်းလခ (န)	学费	③

ကြိုတင် (ကဝ)	预先、提前	①
ကြိုးပမ်းအားထုတ် (က)	努力	③
ကြံ့ (န)	犀牛	⑮
ကြက်ခြေ (န)	十字、叉号儿	⑧
ကြက်ခြေနီ (န)	红十字	⑧
ကြက်တောင် (န)	羽毛球	⑬
ကြက်ပေါင်စေး (န)	橡胶	⑩
ကြောက်မက် (က)	恐惧、惊恐万分	⑧
ကြောက်လန့်တကြား (ကဝ)	惊慌失措地	⑮
ကြည်ညို (က)	崇拜、信奉	⑦
ကြိမ်မြောက် (မ)	第……次	⑬
ကြယ်သီး (န)	纽扣	⑧
ကွဲပြား (က)	不同、差异	④
ကွင်းထိုးဖိနပ် (န)	拖鞋	⑤
ကွန်မြူနစ် (နဝ)	共产主义的	③
ကွယ်လွန် (က)	去世	⑭
ကျွန်းပင် (န)	柚木（树）	⑩
ကျွန်းသစ် (န)	柚木（木材）	⑩
ကြွရောက် (က)	光临	③
ကြွား (က)	吹牛	⑪
ကြွေ (က)	凋落	⑮
ကြွေခွက် (န)	搪瓷杯	②
ကြွယ်ဝ (နဝ)	富裕、富足	⑩
ခုတလော (န)	最近	⑫
ခဲမပုပ် (န)	铅、石墨	⑩
ခေါ်ဆောင် (က)	带走、带来	⑪

ခံယူ (က)	认为、接受	⑫
ခုံဖိနပ် (န)	木屐	⑤
ခင်မင် (ၐ၀)	亲、亲密	⑩
ခေါင်း (န)	邮票	②
ခေါင်းကိုက် (က)	头疼	⑧
ခေါင်းငုံ့ (က)	低头	⑨
ခေါင်းပေါင်း (န)	包头巾、缅甸礼帽	⑤
ခေါင်းလျှော် (က)	洗头	⑤
ခေါင်းအေးအေးထား (က)	冷静	⑭
ခိုင်မာ (ၐ၀)	牢固	⑫
ခိုင်မြဲ (ၐ၀)	巩固	⑩
ခဏ (န)	暂时、一会儿	⑧
ခုတ်မောင်း (က)	开动、运转	⑦
ခန့် (ပ)	大约	②
ခန့်ညား (ၐ၀)	宏伟	②
ခန့်မှန်းခြေ (န)	估计	④
ခပ် (က)	舀	⑤
ချီ (က)	叼、咬、叮	⑨
ချီးကျူး (က)	赞扬	⑬
ချီးမြှင့် (က)	赞扬	⑧
ချေးငွေ (န)	贷款	⑫
ချိုး (က)	折断	⑭
ချက်ချင်း (ကၐ)	立刻、马上	⑬
ချောင်းဆိုး (က)	咳嗽	⑧
ချစ်ကြည်ရေး (န)	友谊	⑩
ချဉ်ပေါင်ရွက် (န)	洋麻	⑮

ချန်ပီယံ (န)	冠军	⑬
ချိန်း (က)	约定、相约	①
ချပ် (မ)	张、片	②
ခြေရာ (န)	脚印	⑪
ခြေပွန်းလက်ရှ (န)	碰伤	⑬
ခြိုးခြံ (က)	节俭	⑥
ခြုံ (က)	概括	④
ခြသေ့ (န)	狮子	⑮
ခွဲ (က)	分开、分成	②
ခွင့်လွှတ် (က)	答应、应允；原谅	⑥
ခွန်အားစိုက် (က)	使劲	⑭
ချွေတာ (က)	节约	⑥
ချွေးနှီးစာ (န)	血汗钱	⑥
ချွန် (က)	削尖、磨尖	⑭
ဂုန်လျှော် (န)	黄麻	⑩
ဂုဏ်ပြု (က)	给予……荣誉、祝贺	⑧
ဂုဏ်ပြည့်ညစာစားပွဲ (န)	晚宴	⑫
ဂုဏ်ယူ (က)	感到荣幸、感到自豪	⑥
ဂျုံပင် (န)	小麦	④
ငရုတ်သီး (န)	辣椒	⑤
ငလျင် (န)	地震	⑧
ငါးပိ (န)	鱼虾酱	⑤
စကားပြန် (န)	翻译	⑫
စကိတ်စီး (က)	溜冰	④
စခန်း (န)	基地	⑦
စတုရန်း (န)	平方	②

စတင် (က)	开始	③
စာ (က)	比较	⑬
စာတိုက် (န)	邮局	②
စာတွေ့ (န)	书本知识	⑦
စာပို့လွှာ (န)	明信片	②
စာပုံး (န)	邮筒	②
စာဖတ်ခန်း (န)	阅览室	②
စာရေး (န)	职员	②
စာရေးစက္ကူ (န)	信纸	②
စာရေးမ (န)	女职员	②
စာအံ (က)	念、朗读文章	⑭
စာအိတ် (န)	信封	②
စားပွဲတင်တင်းနစ် (န)	乒乓球	⑬
စီးဆင်း (က)	流动、流淌	⑩
စု (က)	集合	①
စု (က)	收集	⑥
စု (မ)	群	⑪
စူးစမ်း (က)	调查、打听	⑮
စေ့ (န)	种子	⑪
စေတနာ့ဝန်ထမ်း (န)	志愿者	⑧
စေတီ (န)	塔	⑤
စိုစွတ် (နဝ)	潮湿、湿润	④
စံချိန် (န)	记录、标准	⑬
စံပြ (န)	模范、榜样	⑧
စက်ကရိယာ (န)	机器	②
စိုက်ပျိုးရေး (န)	农业	⑩

စကြံန် (န)	走廊	⑦
စင်စင် (ကြိ၀)	完全地、清楚地	①
စင်တီဂရိတ် (န)	摄氏	④
စောင် (မ)	封、张、篇	②
စိုင် (န)	野牛	⑮
စစ် (န)	战争	⑭
စစ်မြေပြင် (န)	战场	⑧
စဉ် (ပ)	当……的时候	⑮
စည်း (မ)	捆、把	⑭
စည်းစည်းလုံးလုံး (ကြိ၀)	团结地	⑭
စိတ်ချ (ကြိ)	放心	①
စိတ်ညစ် (ကြိ)	心烦	⑭
စိတ်ဓာတ် (န)	精神、情绪	⑧
စိတ်ပူ (ကြိ)	担心	⑥
စပ်ဆို (ကြိ)	作诗、作曲	⑦
စွန်း (န)	边缘、顶点	⑩
စွမ်းရည် (န)	能力	⑧
စွယ်တော်မြတ် (န)	佛牙	⑦
ဆီးနှင်း (န)	雪	④
ဆီးနှင်းကျ (ကြိ)	下雪	④
ဆူးလေစေတီတော် (န)	小金塔	⑦
ဆေးညွှန်း (န)	药方	⑧
ဆေးထိုး (ကြိ)	打针	⑧
ဆေးပြား (န)	药片	⑧
ဆေးရည် (န)	药剂	⑧
ဆိုရှယ်လစ် (နဝ)	社会主义的	③

ဆုံ (က)	相会	⑨
ဆက် (က)	继续、联系	⑨
ဆက်ဆံမှု (န)	联系	⑩
ဆက်ဆက် (ကဝ)	务必、一定	⑨
ဆက်သွယ် (က)	联系	⑦
ဆိုက်ရောက် (က)	抵达	⑫
ဆင်ခြင် (က)	思考、考虑	⑮
ဆင်နွှဲ (က)	进行、举行	③
ဆင်မြန်း (က)	穿着打扮	⑤
ဆင်ယင်ထုံးဖွဲ့မှု (န)	梳妆打扮	⑤
ဆောင်ရွက် (က)	执行、干	⑫
ဆောင်ပုဒ် (န)	口号	⑧
ဆောင်းရာသီ (န)	冬天、凉季	④
ဆိုင် (က)	相关	⑫
ဆည်းပူး (က)	学习、研究	③
ဆန်း (နဝ)	新奇、奇怪	⑤
ဆိပ်ကမ်း (န)	港口	⑦
ဆွစ် (န)	瑞士	⑧
ဆွစ်ဇလန် (န)	瑞士	⑧
ဆွဲ (က)	绘画	⑦
ဆွဲ (က)	拉、提、拽	⑪
ဇယား (န)	图表、表格	②
ညာ (န)	右	⑪
ညှပ်ဖိနပ် (န)	夹脚拖鞋	⑤
ဌာန (န)	地方	⑦
ဌာန (န)	系	③

ဝေါဟာရများ		
ဌာနမှူး (န)	系主任	③
တကယ် (ကဝ)	真实地、实在	⑭
တကွဲတပြား (ကဝ)	四分五裂地	⑭
တချို့ (န)	一些	③
တပုံတခေါင်းကြီး (န)	一大堆	⑫
တပေါင်း (န)	缅历十二月	④
တဖန် (ကဝ)	再、其次	④
တဖြေးဖြေး (ကဝ)	渐渐地、慢慢地	⑬
တရား (န)	道理	⑪
တရားသူကြီး (န)	法官	⑪
တရံရောအခါ (န)	从前	⑭
တလျှောက် (န)	一带、一条、沿线	⑩
တဝိုက် (န)	一带	⑧
တဝင်းဝင်း (ကဝ)	闪闪发光地	⑦
တားမြစ် (က)	阻止	⑮
တီး (က)	弹奏	⑨
တော် (က)	够了	⑮
တော် (နစ)	你	⑪
တော်လှန်ရေး (န)	革命	③
တိုးတက် (က)	进步	③
တံခါးဝ (န)	门口	⑦
တံဆိပ်ခေါင်း (န)	邮票	②
တက်ကြွ (က)	积极	③
တက်ရောက် (က)	出席	⑫
တိုက် (န)	洲	③
တင် (က)	运载、装载	⑪

တင်ဆက် (က)	演出	⑨
တင်ပို့ရောင်းချ (က)	外销、出口	⑩
တင်ပြ (က)	告诉、报告	⑥
တောင်စဉ် (န)	山脉	⑦
တောင်သူလယ်သမား (န)	农民	⑤
တောင်းပန် (က)	请求	⑪
တိုင်း (က)	测量	⑧
တိုင်းပြည် (န)	国家	⑥
တိုင်းရင်းဆေး (န)	草药	⑧
တစ်ချက်ခုတ်နှစ်ချက်ပြတ် (ပုံ)	一举两得	⑥
တည့် (က)	适合、适应	⑧
တည်ခင်း (က)	摆设,举办（宴会）	⑫
တည်ခင်းညှိခံ (က)	款待、招待	⑫
တည်တံ့ (က)	巩固	⑫
တည်ထောင် (က)	建立	③
တည်ရှိ (က)	存在	⑫
တတ် (ကထ)	会、能够	⑬
တန် (က)	值	②
တန်ခူးလ (န)	缅历一月	⑤
တန်ဆာ (န)	服饰	⑤
တန်ဖိုးထား (က)	珍视	⑫
တပ်ဆင် (က)	安装	②
တုပ်ကွေး (န)	流行性感冒	⑧
တိမ် (နဝ)	浅	⑪
တယ်လီဖုန်း (န)	电话	⑨
တယ်လီဖုန်းဆက် (န)	打电话	⑨

တွေ့ကြုံ (က)	遇见	⑧
တွေးတော (က)	思考、思索	⑮
ထမီ (န)	女式筒裙	⑤
ထိခိုက် (က)	碰伤、伤心、破坏	⑧
လူးခြားချက် (န)	特点、特性	⑦
ထောက်ပံ့ကြေး (န)	补贴	③
ထိုက် (ကထ)	应该、值得	⑤
ထင် (က)	以为、猜想	⑦
ထင်ရှား (နဝ)	著名的	⑦
ထင်းစည်း (န)	柴捆	⑭
ထိုင်း (န)	泰国	③
ထည့်သွင်း (က)	放入、加入	⑫
ထုတ် (က)	取出	⑤
ထန်းပင် (န)	棕榈树	⑮
ထန်းရွက် (န)	棕榈叶	⑮
ထိန်းသိမ်း (က)	维护	⑤
ထပ် (မ)	层	②
ထမ်းပိုး (က)	挑、扛	⑪
ထွား (နဝ)	高大、强壮	⑦
ထွက်ပြေး (က)	逃跑	⑨
ထွက်ကုန် (န)	产品	⑦
ထွန်းကား (နဝ)	盛行、发达	⑤
ဒဂုံ (န)	德贡，仰光市的旧称	⑦
ဒီဂရီ (န)	温度、度数	④
ဒီမိုကရေစီ (န)	民主	③
ဒုတိယဝန်ကြီး (န)	副部长	⑫

缅甸语	中文	课次
ဒေသ (န)	地区、地方	④
ဒေါင်း (န)	孔雀	⑥
ဒိုင်ဗင် (န)	跳水	⑬
ဒဏ်ရာ (န)	伤痕、伤口	⑧
လေ့ထုံးစံ (န)	风俗习惯	⑤
ဓာတုဗေဒ (န)	化学	③
ဓာတ်သတ္တု (န)	矿产	⑩
နဂါး (န)	龙	⑦
နာကျင် (က)	疼痛	⑪
နားကြပ် (န)	听诊器	⑧
နီလာ (န)	蓝宝石	⑩
နီးပါး (ပ)	大约	③
နေ့စဉ်သုံးပစ္စည်း (န)	日用品	⑥
နိုး (က)	醒	①
နံပတ်စဉ် (န)	编号	②
နောက်ကျ (က)	落后	⑬
နောက်ဆုံးပေါ် (နဝ)	最新的	②
နောင် (န)	今后、未来	⑥
နိုင် (က)	胜利、赢	⑪
နိုင်ငံခြားရေး (န)	外交	⑫
နိုင်ငံရေး (န)	政治	⑦
နန်းတော် (န)	宫殿、皇宫	⑥
နိဗ္ဗာန် (န)	天堂	⑦
နိဗ္ဗာန်ဘုရားကျောင်း (န)	天坛	⑦
နိမ့် (နဝ)	低	⑬
နယ်ချဲ့ (န)	帝国主义	⑧

နယ်ချဲ့သမား၊ (န)	帝国主义者	⑩
နွေရာသီ (န)	夏天、热季、旱季	④
နွေရာသီနန်းတော် (န)	夏宫（尤指颐和园）	⑥
နာစေး (က)	感冒、伤风	⑧
နိုး (က)	叫醒、唤醒	①
နိုက် (က)	掏	⑤
နှစ်သက် (က)	喜爱	⑤
နုတ်သီး (န)	（鸟、鸡）喙	⑨
နှိပ်စက် (က)	欺负	⑭
နှမ်း (န)	芝麻	④
နှဲပျော် (က)	欢度（节日）	⑤
ပညာတော်သင် (န)	留学生	③
ပါဏဗေဒ (န)	生物学	③
ပါရဂူ (န)	专家	⑫
ပါရဂူဘွဲ့ (န)	博士学位	③
ပါရှား (န)	波斯	③
ပါဝင် (က)	参加	③
ပါဠိ (န)	巴利文	③
ပါးစပ် (န)	嘴	⑧
ပီတိ (န)	幸福、愉快	⑨
ပီတိဖြစ် (က)	高兴	⑨
ပုစွန် (န)	虾	⑮
ပုစွန်ထုပ် (န)	大对虾、大海虾	⑮
ပုဆိုး (န)	男式筒裙	⑤
ပုသိမ် (န)	勃生市	⑦
ပူအိုက် (နဝ)	炎热	④

ပူးပေါင်း (က)	联合	⑫
ပူးပေါင်းဆောင်ရွက် (က)	合作	⑫
ပေးအပ် (က)	交给	⑭
ပဲ (န)	豆类	④
ပေါ် (က)	产生、出现	⑨
ပေါများ (န၀)	多、丰富	⑩
ပို့စကတ် (န)	明信片	②
ပိုး (န)	细菌、病菌	⑬
ပိုးမွှား (န)	细菌	④
ပိုးသတ် (က)	消毒	⑬
ပုံတူကူး (က)	复制	②
ပက် (က)	泼	⑤
ပေါက်ဖော် (န)	"胞波", 同胞兄弟	⑩
ပေါက်ရောက် (က)	生长	⑩
ပင်လယ်ကမ်းရိုးတန်း (န)	海岸线	⑩
ပင်လယ်အော် (န)	海湾	⑩
ပိုင် (က)	掌握	⑭
ပတ်သက် (က)	有关	⑤
ပုဒ် (ပ)	首	⑦
ပန်းကန်လုံး (န)	碗	⑤
ပန်းကန်ပြား (န)	盘子	⑤
ပယ် (က)	去除、排除	⑤
ပျားရည် (န)	蜂蜜	⑪
ပျံ့နှံ့ (က)	扩散、传开	⑧
ပျက်စီး (က)	破坏、损坏, 死亡	⑧
ပျောက် (က)	痊愈	⑧

ပျောက် (က)	丢失	⑪
ပျောက်ကင်း (က)	痊愈	⑬
ပြု (က)	照顾	⑧
ပြေ (က)	散、松	⑭
ပြေးခုန်ပစ်ပြိုင်ပွဲ (န)	田径比赛	⑬
ပြောကြား (က)	说、讲	⑫
ပြောင်း (န)	高粱、玉米的总称	④
ပြောင်းပြန် (ကဝ)	相反、颠倒	⑧
ပြည့်စုံ (က)	完全、具备	⑥
ပြန်လည် (ကဝ)	重新、反过来	⑫
ဖိနပ်စီး (က)	穿鞋	⑥
ဖိလစ်ပိုင် (န)	菲律宾	③
ဖူးမျှော် (က)	朝拜	⑦
ဖိတ်ကျွေး (က)	请客	⑮
ဖျားနာ (က)	生病	⑧
ဖြေ (က)	解开	⑭
ဖြည်းညင်းစွာ (ကဝ)	轻手轻脚地、轻轻地	①
ဖြတ် (က)	插（话）、打断	⑪
ဖြုတ် (က)	解开	⑧
ဖွဲ့စည်း (က)	组织、成立	⑧
ဖွံ့ဖြိုး (က)	发展	⑫
ဖွင့် (က)	开、开放	②
ဖွင့်လှစ် (က)	开办、开幕	⑧
ဗဟုသုတ (န)	知识	⑥
ဗီယက်နမ် (န)	越南	③
ဗေဒ (န)	学、学问	③

ဗုဒ္ဓဘာသာ (န)	佛教	⑤
ဗိုလ်စွဲ (က)	夺冠	⑬
ဗွီဒီယို (န)	录像	②
ဘာသာပြန် (န)	翻译	③
ဘားလျှမ်း (န)	体操	⑬
ဘုရားကျောင်းကန် (န)	寺庙	⑤
ဘုရင့်နိုင်ငံ (န)	王国	⑩
ဘေး (န)	灾难	⑧
ဘေးမဲ့လွှတ် (က)	放生	⑤
ဘော် (န)	银	⑩
ဘောဂဗေဒ (န)	经济学	③
ဘက်မင်တန် (န)	羽毛球	⑭
ဘင်္ဂလားဒေ့ရှ် (န)	孟加拉国	⑩
ဘင်္ဂလားပင်လယ်အော် (န)	孟加拉湾	⑩
ဘုန်းကြီးကျောင်း (န)	寺庙	⑪
ဘယ်နယ် (နဝ)	如何、怎样	④
ဘယ် (န)	左	⑪
ဘွဲ့လွန်ကျောင်းသား (န)	研究生	②
မနီးမဝေး (န)	不远处	⑪
မလှမ်းမကမ်း (န)	不远处	⑪
မဟာ (နဝ)	伟大的	⑥
မဟာတံတိုင်းရှည်ကြီး (န)	长城	⑥
မအီမသာ (ကဝ)	身体不适	⑧
မိသားစုစိတ်ဓာတ် (န)	团结友爱精神、亲情	⑬
မီ (က)	赶上、够得着	⑪
မီတာ (န)	米	②

မူလ (န)	本来、原来	⑧
မေးမြန်း (က)	询问	⑮
မိုးရေ (န)	雨水	④
မိုးလေဝသ (န)	气象、气候	④
မိုးလေဝသခန့်မှန်းခြေ (န)	气象预报	④
မိုးအုံ့ (က)	天阴	④
မောင်းဂွတ် (န)	蒙古	③
မိတ္တူကူး (က)	复印	②
မုတ်သုံရာသီလေ (န)	季风	④
မန္တလေး (န)	曼德勒市	⑦
မိန့်ခွန်း (န)	演讲、讲话	⑫
မိန်းမကြီး (န)	年龄较大的妇女	⑪
မယ် (မ)	样、种	⑤
များပြား (နဝ)	很多	⑤
မျိုးချစ်စိတ် (န)	爱国心	⑥
မျက်နှာထား (န)	表情、神态	⑨
မျက်လုံး (န)	眼睛、眼球	⑪
မြား (န)	箭	⑭
မြေပြို (က)	地陷	⑮
မြေသြဇာ (န)	土质、肥料	⑩
မြေး (န)	孙子	⑩
မြို့တော် (န)	首都	⑦
မြက် (န)	草	⑪
မြောက် (နဝ)	杰出	⑦
မြစ်ကြီးနား (န)	密枝那市	⑦
မြစ်ဝကျွန်းပေါ် (န)	三角洲	⑩

မြစ်ဝှမ်း (န)	流域	⑩
မြတ်နိုး (က)	珍视、珍爱	⑥
မှည့် (နဝ)	成熟的	⑮
မှတ်ဉာဏ် (န)	记忆力	⑦
မှတ်ပုံတင် (က)	挂号	②
မှုတ် (က)	吹奏	⑨
မျှော်မှန်း (က)	展望	③
ယခုတလော (န)	最近	②
ယမန်နေ့ (န)	昨天	⑫
ယုံ (က)	相信	⑪
ယုတ် (နဝ)	坏	⑨
ယှဉ် (က)	对比	⑬
ရေခဲ (န)	冰	④
(က)	结冰	④
ရေခဲပြင် (န)	冰面	④
ရေခပ် (က)	打水	⑪
ရေတွင်း (န)	水井	⑪
ရေနံ (န)	石油	⑩
ရေပုံး (န)	水桶	⑪
ရေသပ္ပါယ် (က)	浴佛	⑤
ရေး (န)	耶市	⑦
ရေးရာ (န)	事情、事务	⑤
ရောဂါ (န)	病	⑧
ရိုးရာ (န)	传统	⑤
ရိုးရိုး (နဝ)	普通	②
ရိုးသား (နဝ)	诚实	⑪

ရင်းနှီး (နဝ)	亲近、亲密、熟悉	⑩
ရောင် (က)	肿、红肿	⑧
ရိုင်းပင်း (က)	帮助、协助	⑧
ရည်ရွယ်ချက် (န)	目的、目标	⑧
ရန်သူ (န)	敌人	⑧
ရပ်တန့် (က)	停止	⑮
ရုပ် (န)	形象、相貌	⑥
ရုပ်မြင်သံကြား (န)	电视	⑥
ရွာသွန်း (က)	下（雨）	⑩
ရွာဦး (န)	村头	⑪
ရွတ် (က)	念、读、朗诵	⑭
ရှာဖွေ (က)	寻找	⑪
ရှေ့ (နဝ)	下一个	⑨
ရှေးပဝေသဏီ (န)	从前、古时候	⑫
ရှေးပဝေသဏီကာလ (န)	从前、古时候	⑩
ရှေးဟောင်းနန်းတော် (န)	故宫	⑥
ရှင်မ (န)	老大姐	⑪
ရှောင် (က)	忌讳、忌口	⑧
ရှည်လျား (နဝ)	长	⑩
ရွှေတိဂုံစေတီတော် (န)	仰光大金塔	⑦
ရွှေတံဆိပ် (န)	金牌	⑬
လဆန်း (န)	月初	⑨
လားရှိုး (န)	腊戌市	⑦
လူနာ (န)	病人、患者	⑧
လူဦးရေ (န)	人口	⑦
လူမျိုး (န)	民族	⑩

လေကြောင်း (န)	航空	②
လေဆိပ် (န)	机场	⑦
လေတိုက် (က)	刮风	④
လေယာဉ် (န)	飞机	⑦
လေးစား (က)	尊重	①
လောက (န)	社会	③
လိုလေသေးမရှိ (ကဝ)	无微不至地	⑬
လုံချည် (န)	筒裙	⑤
လုံး (ပ)	枚、颗、粒、只	②
လက်တွေ့ (ကဝ)	实践地、结合实践地	
(န)	经验、实践	⑮
လက်ထက် (န)	时期、时代、朝代	⑧
လက်ထောက် (န)	助理、助手	⑫
လက်ဖွာ (က)	大手大脚	⑥
လက်ရာ (န)	作品、手艺	⑥
လက်ရာမြောက် (က)	手艺高超、艺术水平高	⑦
လက်လွတ် (က)	放弃	⑨
လိုက် (က)	根据、依照	④
လိုက်ပါ (က)	跟随	⑪
လင်း (က)	天亮	①
လိုင်း (န)	线路	⑨
လည် (က)	参观、游览	⑥
လည်ချောင်း (န)	喉咙、咽喉	⑧
လတ် (နဝ)	中间、中等的	⑪
လုပ်ငန်း (န)	事业、企业	③
လမ်းညွှန် (န)	指南	⑦

လမ်းပန်းဆက်သွယ်ရေး (န)	交通	⑦
လမ်းလျှောက် (က)	步行	①
လိမ်း (က)	涂、搽、抹	⑬
လျော့ (က)	减少	④
လွတ်ကျ (က)	掉下、掉落	⑨
လု (ကထ)	非常	⑤
လှည့် (က)	转身、转过头去	⑪
လှည့်လည် (က)	周游	⑧
လှိမ့် (က)	滚动	⑪
လျှာ (န)	舌头	⑧
လျှော့ (က)	减少	⑮
ဝါ (န)	棉花	④
ဝါဂွမ်း (န)	棉花	⑩
ဝါဆို (န)	缅历四月	④
ဝိုင်းဝန်း (ကဝ)	一起、共同	⑧
ဝိုင်းအုံ (က)	包围	⑪
ဝတ် (က)	穿	⑥
ဝတ်စား (က)	穿戴	③
ဝန် (န)	包袱、重物	⑪
ဝန်ကြီး (န)	部长	⑫
ဝန်ကြီးဌာန (န)	部	⑫
ဝန်ထမ်း (န)	工作人员、公务员	⑧
ဝပ် (က)	趴	⑦
ဝမ်းမြောက်ဝမ်းသာ (ကဝ)	高兴	⑨
ဝှန်း (န)	一带	⑦
သကြားစက် (န)	糖厂	⑫

သတိရ (က)	怀念、思念	⑥
သဘာဝပစ္စည်း (န)	自然资源	⑩
သဘော (န)	意思、态度、含义	⑨
သဘောတူစာချုပ် (န)	协定、条约	⑫
သမင် (န)	鹿	⑮
သမိုင်းဝင် (နဝ)	载入史册的、历史性的	⑦
သာမိုမီတာ (န)	体温表	⑧
သာမန် (နဝ)	平常、普通、一般	⑭
သာယာဝပြော (နဝ)	富足、富饶	⑩
သာသနာ (န)	宗教	⑤
သား (န)	肉	⑮
သားကောင် (န)	野兽	⑮
သားစဉ်မြေးဆက် (ကဝ)	世世代代	⑩
သားမောင် (န)	孩儿	⑭
သိရှိ (က)	知道	②
သုခုမအနုပညာ (န)	艺术	⑨
သုတေသန (န)	研究	③
သူ့ထက်ငါဦး (ကဝ)	争先恐后地	⑪
သူငယ် (န)	小孩	⑮
သေကြေ (က)	死亡、灭亡	⑧
သဲကန္တာရ (န)	沙漠	⑪
သဲမုန်တိုင်း (န)	沙尘暴	④
သံခွေ (န)	铁环	⑪
သံဃာ (န)	僧侣	⑤
သံအမတ်ကြီး (န)	大使	⑫
သက်ကြီးရွယ်အို (န)	老人	⑤

သက်ကြီးသက်ငယ် (န)	老少	⑤
သက်ဆိုင် (က)	有关	⑤
သက်တမ်း (န)	年龄、年限、寿命	③
သင်ကြားပို့ချ (က)	教、教学	③
သသံကရိုက် (န)	梵文	③
သစ်တော (န)	森林	⑦
သတ် (က)	杀死	⑬
သတ္တဝါ (န)	动物	⑤
သတ္တု (န)	矿物	⑩
သန်းခေါင်စာရင်း (န)	户口	⑦
သပွယ် (နဝ)	雄伟、壮观	⑦
သိပ္ပံ (န)	学院	③
သမ္မတ (န)	总统	⑩
သယ်ယူ (က)	搬运	⑪
သွေးတိတ်ဆေး (န)	止血药	⑬
ဟလို (အ)	喂	⑨
ဟီဗရူး (န)	希伯莱语	③
ဟောက် (က)	吼	⑮
ဟင်းချို (န)	汤	⑤
ဟန်ကျ (က)	正好、合意	⑥
ဟိန္ဒီ (န)	印地语	③
အကာ (န)	糟粕	⑤
အကျနေ့ (န)	泼水节第一天	⑤
အကျိုးဆောင် (က)	做出贡献	⑥
အကျဉ်းချုပ် (န)	概要	③
အကျယ်အဝန်း (န)	面积	⑩

ဝေါဟာရများ 289

缅甸语	中文	课
အကြား (န)	中间	⑫
အကြံ (န)	主意	⑨
အကြံပေး (က)	建议	⑧
အကြံယုတ် (န)	坏主意、阴谋	⑨
အကြောင်းပြန် (က)	回话、答复	⑨
အကြောင်းရင်း (န)	原因	⑫
အကြောင်းအရာ (န)	事情、内容	⑤
အကြတ်နေ့ (န)	泼水节第二天	⑤
အကြွေ (န)	钢镚儿，零钱	②
အခိုက် (န)	时候	⑪
အခိုင်အမာ (ကဝ)	牢固地	⑫
အချိုမှုန့် (န)	味精	⑮
အချက် (န)	要点、时机	⑤
အချက်အချာ (န)	枢纽	⑦
အချိန်မီ (ကဝ)	及时	①
အခြေခံ (န)	基础	⑩
အခွင့် (န)	机会	⑥
အစစအရာရာ (န)	方方面面	⑥
အစာရှာ (က)	觅食	⑨
အစီရင်ခံ (က)	报告	⑥
အစဉ်အဆက် (န)	代代、世代	⑫
အစဉ်အလာ (န)	传统、习惯	⑫
အစမ်း (န)	试验性	⑨
အစွဲပြု (က)	以……为根据	⑧
အဆမတန် (ကဝ)	成倍地、猛增	⑧
အဆီ (န)	油腻的食物	⑧

အဆိုပါ (န)	上述的	⑫
အဆောက်အအုံ (န)	建筑物	②
အဆင့်အတန်း (န)	水平	③
အဆင်ပြေ (က)	顺利	⑥
အဆင်သင့် (ကဝ)	准备好	①
အဆောင်ခ (န)	住宿费	③
အညစ်အကြေး (န)	污垢	⑤
အတိဒုက္ခ (န)	深重的灾难	⑧
အတီးအမှုတ် (န)	演奏	⑨
အတုယူ (က)	学习	⑬
အတော် (ကဝ)	比较、相当	⑬
အတက်နေ့ (န)	泼水节第三天	⑤
အတိုင်းမသိ (ကဝ)	无比地、无限地	⑨
အတန်ငယ် (ကဝ)	稍许、一些	⑪
အတွင်း (န)	中间、之内	①
အထူး (ကဝ)	特别	③
အထူးသဖြင့် (ကဝ)	特别	⑬
အထောက်အကူပြု (က)	有助于……	⑫
အထိမ်းအမှတ် (န)	标志、纪念	⑧
အနာ (န)	伤、创伤	⑬
အနာဂတ် (န)	未来	③
အနီးအနား (န)	附近、周围	⑧
အနေအထား (န)	状态、姿态、位置	④
အနည်းငယ် (န)	少许，稍	①
အနိမ့်အမြင့် (န)	高低	④
အနှောင့်အယှက် (န)	妨碍、干扰	①

အနှစ် (န)	精华	⑤
အပါအဝင် (န)	包括	⑤
အပူချိန် (န)	温度、热度	④
အပေါင်း (န)	全体、所有	⑥
အပိုင်း (န)	部分	②
အပန်းတကြီး (ကြ)	劳累不堪地	⑮
အပန်းဖြေ (က)	休息	⑪
အပြင်လိုင်း (န)	外线	⑨
အပြန်အလှန် (ကြ)	相互	⑫
အဘိုးနှုန်း (န)	价格	②
အမေရိက (န)	美洲，美国	③
အများ (နဝ)	大家	⑬
အများအပြား (ကြ)	许多	③
အမြဲ (ကြ)	一贯	⑥
အမြော်အမြင် (န)	远见、见识	⑫
အမြော်အမြင်ကြီးမား (နဝ)	有远见卓识的	⑫
အမြောက်အမြား (ကြ)	许许多多、大量地	⑦
အမှတ် (န)	分数	⑭
အရေးတော်ပုံ (န)	运动、革命	③
အရေးအသား (န)	书写、写作	⑥
အရက်ပျံ (န)	酒精	⑬
အရင်း (န)	本钱	⑮
အရည်အချင်း (န)	水平	⑥
အရပ်ရပ် (န)	各地	⑦
အရှေ့တိုင်း (န)	东方国家	③
အရှင်လတ်လတ် (နဝ)	鲜活的	⑮

အလကား (န)	没用、白费	⑭
အလားတူ (ကဝ)	同样地	⑩
အလံ (န)	旗帜	⑧
အလုပ်အကိုင် (န)	工作	③
အလျှင်စလို (ကဝ)	迫切地、急切地	⑪
အလွတ်ပြန်ကျက် (က)	背诵	⑭
အလွန် (ကဝ)	非常	⑤
အလွယ်တကူ (ကဝ)	方便地、容易地	②
အဝတ် (န)	服装	⑤
အဝတ်အစား (န)	衣服、服装	⑥
အသားတစ် (န)	肉块	⑨
အသီးသီး (ကဝ)	各自、不同	③
အသုံးပြု (က)	利用、使用	②
အသက်မွေး (က)	谋生	⑩
အသင် (နစ)	你	⑮
အသင်း (န)	协会、团体	⑧
အာဖရိက (န)	非洲	③
အားကျမခံ (ကဝ)	不服气地、不甘示弱地	⑪
အားမလိုအားမရ (ကဝ)	不过瘾地	⑬
အားလပ်ရက် (န)	休息日	⑧
အီကွေတာ (န)	赤道	④
အူရဒူ (န)	乌尔都语	③
အော်တိုမက်တစ် (နဝ)	自动的	②
အော်ပရေတာ (န)	（电话）接线员，报务员	⑨
အိုလံပစ် (န)	奥林匹克	⑬
အိုလံပစ်အားကစားပြိုင်ပွဲ (န)	奥运会	⑬

အံ့ဘွယ် (န)	奇迹	⑦
အုံတုံတုံ (က)	头晕脑胀	⑭
အောက်ခံ (န)	底	⑧
အောက်မေ့ (က)	以为、想	⑭
အင်တိုက်အားတိုက် (ကၐ)	积极地	③
အင်ဒိုနီးရှား (န)	印度尼西亚	③
အင်မတန် (ကၐ)	非常	⑤
အင်အားစု (န)	力量	③
အောင် (က)	毕业、胜利	③
အုတ်အုတ်ကျက်ကျက် (ကၐ)	乱哄哄地	⑮
အပ် (န)	针	⑬
အပ်စိုက် (က)	针灸	⑬
အိပ်ရာဝင် (က)	睡觉	①
အုပ် (ပ)	群	⑮
အမ်းငွေ (န)	找的钱	⑮
ဥပဒေ (န)	法律	③
ဥပမာ (န)	例子	②
ဥရောပ (န)	欧洲	③
ဥသျှစ်ပင် (န)	孟加拉苹果树	⑮
ဥသျှစ်သီး (န)	孟加拉苹果	⑮